法之晨曦

大秦帝国之卫鞅前传

李嘉禾 著

民主与建设出版社
·北京·

图书在版编目（ＣＩＰ）数据

法之晨曦：大秦帝国之卫鞅前传 / 李嘉禾著. --
北京：民主与建设出版社，2019.4
　　ISBN 978-7-5139-2456-6

　　Ⅰ．①法… Ⅱ．①李… Ⅲ．①商鞅（约前 390- 前 338）
一传记 Ⅳ．① B226.25

中国版本图书馆 CIP 数据核字（2019）第 070254 号

法之晨曦：大秦帝国之卫鞅前传
FA ZHI CHENXI DAQINDIGUO ZHI WEIYANG QIANZHUAN

出 版 人	李声笑
著　　者	李嘉禾
责任编辑	程　旭
封面设计	刘昌凤
出版发行	民主与建设出版社有限责任公司
电　　话	（010）59417747 59419778
社　　址	北京市海淀区西三环中路 10 号望海楼 E 座 7 层
邮　　编	100142
印　　刷	三河市元兴印务有限公司
版　　次	2019 年 8 月第 1 版
印　　次	2019 年 8 月第 1 次印刷
开　　本	880 毫米 ×1230 毫米 1/32
印　　张	9.25
字　　数	220 千字
书　　号	978-7-5139-2456-6
定　　价	59.80 元

注：如有印、装质量问题，请与出版社联系。

作者自序◎

一

春秋战国时期是中国五千年文明史中最重要的一个时代。而战国时期的重要性比之春秋可能还犹有过之。

法家在战国初期逐渐成型，以其理念崛起的大秦帝国对中国文明的影响深远。

而这一切的起源，都离不开商君。

不幸的是，受后世占据封建王朝正统地位的儒家影响，商君在许多人眼中一直是一个刻薄寡恩的酷吏形象。而我最初接触商君，便是在读《大秦帝国》时，故在我眼中，商君是神采飞扬的白衣士子，是名留青史的千古法圣，真正做到"极心无二虑，尽公不顾私"。看到商君在别人眼中是如此形象，不禁痛心不已。

回望两千多年前那个"凡有血气，皆有争心"的大争之世，那个创造了新文明的伟大时代，我始终相信商君不应是如今许多人眼中的酷吏权臣，商君应该有过一段和其他天纵之才相似的少年经历，诸如张仪、苏秦、孙膑、鲁仲连。幸运的是，历史上商君的师承不明，给了我一段发挥的空间。

于是就有了这一本《法之晨曦：大秦帝国之卫鞅前传》。

二

执笔写作的时间里，心态其实是逐渐发生变化的。最开始对少年卫鞅的定义，总脱不开天资过人、无所不能的完美形象。但最终笔下流淌出的，是这个犯过错误，有过挫折，也曾沮丧，多次死里逃生，最终才有超乎常人之阅历与令人敬佩之才学的卫鞅。

写这本书，是我在与卫鞅共行。其实书中诸多政论甚至情节，都不是事先构思好的，而是在"一千字底线"的"逼迫"下，边写边想，不断追溯前文，不断思考得来的。最初给我开始写作之勇气的，仅仅是一点点模糊的构想和少得可怜的读《大秦帝国》的感悟。

但随着故事的发展，情节自然地开始首尾圆合，卫鞅站在他该站的位置上，说着他该说的话，其实也是我想说的话。笔下的卫鞅外形是商君，灵魂则大半是我自己。这本书不是历史，而是借了一段时代背景，取了其中的一些典型事件来表达我个人感悟与思考的小说。但这个卫鞅的形象，是我要给别人看到的。甚至就连我自己，在写完这本小说后，也觉得脑海中的商君更加清晰。我希望让别人知道，商君是何等的神采飞扬，何等的坚忍不拔，是畏惧过，但最终战胜畏惧的形象！

三

写这本书，对当时读初中的我来说是一个写作的考验，也是一次成长的历练，虽然当时学力笔力都卑微弱小，但已是那时我所能达到的最高水准，谈不上殚精竭虑，但确是绞尽脑汁。

老舍先生说过，自己的书和自己的运气，好像永远是一对累赘。

如今回看，感觉笔下不足之处颇多，希望在将来能够有机会弥补当初的缺憾，在保留原本内容情节的基础上对语言有所改良，以更好地展现那个伟大时代所诞生的千古法圣的风采。

李嘉禾

目录

楔子

病榻，火炉，老人，士子。

"先生，犬子便托付于您了，但愿他能人如其名，使公孙一族重现光彩！"老人似乎行将辞世，挤出全身力气说出这句话。

"卫君，你放心，你于我有恩，我便是终老山林，也要教出一个不世大才！"士子泪如泉涌。

"好……好……"老人闭上了眼。

"爹！"一个少年冲了上来，"爹，你醒醒啊！爹……"

第一章 拜师求学

一、九层之台，起于垒土

王屋山正是初春时节，料峭的春风吹在脸上，没有多少冰冷的气息，而是恰到好处使人清醒。在群山环绕的一座山中小屋前，士子与少年都表情肃然。

"卫鞅，你既决定师从于我，便当听从为师之令，不得以师名混世，不得弄权败国，要以对抗腐败旧制为己任，不与其共处一片苍天之下，你做得到吗？"

"老师，我做得到！"少年昂昂然道，"弟子定当使一国一统天下，终战息乱！"

"如此，自今日始，你便为我之弟子，为师之名，不告于你，以免你以师名混世。待为师认为你学业有成之际，便告你为师之名。"

卫鞅一生中崭新的一天，便在这个初春的早晨开始了。

"子曰：……"

"老师！我们法家不是为对抗腐败旧制而存在的吗？为什么我还要学习孔子的思想！他只不过是个迂腐的老头罢了！还有什么《道德经》，我为什么要学！"听到老师又在重复《论语》中的内容，小卫鞅一脸不耐烦地打断道。

"卫鞅！你就只有这点耐心吗？你难道不想完成你父亲的遗愿了？"老师板着脸，"你竟如此令人失望，这么多天，你连《论语》都无法背诵！"

"我是要完成父亲遗愿！但不学这无用之物！"小卫鞅脸色突兀涨红，大喊着冲出房间，向山中跑去。

老师追出门外，小卫鞅已不见踪影。

天渐渐阴暗下去，飘起了细雨，小卫鞅在一个山洞口抱膝而坐，心中犹不服气，来到王屋山已然一月，老师每天除了教字便是让背这儒家之学，明明说自己是法家之士，却教儒学，真是可笑！

小的时候，小卫鞅便展现出了过人的智慧，刚学会说话就学会了习字，三岁时已经将方圆数十里的先生所知学了个遍，但有一点，小卫鞅从不学自己不喜欢之物，譬如父亲要教自己经商之事时，小卫鞅一句话便使父亲语塞："学商能安天下否？若不然，卫鞅不学此等无用之学。"之后便不屑一顾了。

这个先生，本是一游学士子，在卫国劝说卫君变法强国，被当作祸国之辈乱棍赶出，在街头垂死之际，卫鞅父亲卫嗣将其救出，在家居住几日，卫嗣觉其不似凡俗之辈，便求其为卫鞅之师，先生念卫嗣救命之恩，便决定收卫鞅为徒。没想到他竟也是顶着法家士子名头的欺世盗名之徒。

想到父亲一生的期望就要落空，小卫鞅的眼中溢满了泪水。

洞口突然传来"嘶"的一声，小卫鞅猛地回头，这声音他再熟悉不过，来王屋山的第一天，老师就告诉他，王屋山上有一种蛇，名为黑眉蛇，没有毒性，但体型较大，嗜杀成性，一旦遇到，不要纠缠，快速离开。这一个月，他们遇到过数十只这种蛇，每次都被老师轻易解决，可这次老师不在……

再看这蛇，体长十数尺，碗口粗细，浑身黑纹，弓起腰身，跃跃欲试，小卫鞅知道自己决然不是对手，便猛地转身向回跑。

跑了数十步，小卫鞅回头一看，黑眉蛇早已不见踪影，这么容易就逃得一命？这么想着，他继续向前跑，抬头顿时心凉了半截，原来黑眉蛇早已晃动着庞大的身躯在前方等候。

见逃跑无望，小卫鞅拿出父亲给自己的短剑，此乃楚国铸剑大师风胡子所铸，利可斩金断玉。小卫鞅抚摸了一下剑身，冲向了黑眉蛇，可黑眉蛇如一道闪电，轻松躲开后，小卫鞅才堪堪赶到，短剑没入石块之中。

见卫鞅手有利器，黑眉蛇不敢马上扑来，便采取偷袭战术，每次一沾即走，绝不停留，几下过后，卫鞅身上便满是伤口。

"看来今天难逃此劫，可我不能死于你手！"小卫鞅喘着粗气，缓缓地举起短剑，便要自刎。

"且慢！"一声大喝，旁边走出一个中年士子，头戴高冠，大袖飘飘，在雨中显得英俊潇洒。

黑眉蛇见又来一人，但手中却没有武器，便立刻扑了上去。

小卫鞅急忙喊道："小心！"

士子微微一笑，不见他如何动作，只见黑眉蛇"咔擦"断为两截。断口整齐平滑，竟无鲜血喷出。

好身手！小卫鞅心想，走上前拱手道："在下卫鞅，多谢先生相救。"显出和年纪极不相称的成熟。

中年士子没有丝毫惊讶，只道了一声："跟我来。"便向山中飞奔，小卫鞅没有丝毫犹豫，立即跟了上去，只见中年士子步伐灵动，身体在山中一点一跃，速度便越来越快，小卫鞅只得咬牙苦追，走了一段路，中年士子回头一看，小卫鞅还跟在后面，脸色涨红，分明已到极限，却默不作声，心中惊讶道："尸佼竟得此弟子，心智这般坚毅，令人羡慕也。"

过了小半个时辰，到达了一个瀑布前，中年士子终于停下，小卫鞅再也支撑不住，扑通一声倒在地上，不省人事。

中年士子抱起小卫鞅，纵身向瀑布中跳去，没入其中。

老师追到一处山洞，发现地上有蛇留下的痕迹，心道不好，卫鞅还是个孩子，无法对抗黑眉蛇，希望他能坚持到我赶到。便飞速沿着蛇路追了上去，可是只找到了蛇尸，只见蛇身断为两截，断口整齐平滑，无丝毫鲜血渗出。

"难道是他？"老师眉头紧皱，"这个老家伙，就会跟我过不去。"又发现一旁有血迹，跟着血迹追了过去。

"喂，醒醒！"中年士子摇晃着小卫鞅的脑袋，见他毫无反应，便点燃了洞顶的火烛，又从瀑布口用碗接了水，倒在了小卫鞅的脸上。

"咳咳。"小卫鞅醒了过来。

"醒了？孩子，你为何一人来此深山，还与那黑眉蛇纠缠？"中年士子问道。

小卫鞅略一犹豫，将自己跟随老师前来，又不愿学习儒道两学的事告诉了他。

"唉，"中年士子一声叹息，"你老师本欲让你先学儒道两学，了解它们的不切实际之处，日后好在学习法家之学时，能吸取教训，不想你对其偏见过深，竟未理解你师之意。"

"竟是如此？"小卫鞅豁然开朗，"可老师为何不对我明说？"

"你老师希望你能自己理解，可你没有。"

小卫鞅陷入了沉思，他一直认为，自己的见识十分广阔，能够发现、洞察一切思想，但他却没有理解老师的意思，还对老师大吼大叫，真是让人惭愧。

"先生，"小卫鞅终于下定决心，"卫鞅要向老师道歉，感谢先生救命之恩，先行告辞。"

"不必，"中年士子见他终于想通，微微一笑道，"你的老师来了。"

话音未落便听得"哗"一声水响，一个人跃入山洞，可不正是老师？

见到老师满头汗水，小卫鞅眼眶顿时湿润了："老师，卫鞅有错，没有理解老师真意。"

老师见卫鞅平安无事，欣慰地笑了笑，将小卫鞅抱在怀中："没事。孩子，记住，欲筑百尺高台，先打万丈土基。"

"好，师徒重聚，闲话少说，卫鞅，老夫有一问。"中年士子沉默片刻后突然道。

"李悝，别以为我不知道你想什么，自从出山以来，你就跟我过不去，当初我去齐国劝说齐公变法，你来横插一杠，我去楚国，你又跟来，在魏国，我好不容易快成功了，你一句话，害我在魏国吃了好几年的闲饭，要不是你，我至于去一个小小的卫国，被一帮无识之人乱棍打出吗？"老师喘了口气，"现在我收了一个好弟子，你放着官不做，又来搅和，究竟想干什么？"

小卫鞅在一旁听着，已经陷入呆滞，这个先生，竟是被尊为法家之祖的李悝，老师跟其乃是师出同门？

"尸佼，你切莫着急，我此行来不是跟你抢弟子的，而是觉得以前之事有愧于你，特来向你道歉的。"李悝见尸佼脸色阴沉，急忙解释道。

老师闻言一愣，面色稍缓道："那你要问什么问题？"

李悝从衣袖中掏出一捆竹简，递给老师道："此书名为《法经》，是我凝毕生所学之作，你没有变法经验，如何教徒？我本想向卫鞅传授些变法所需知识，见你如此恨我，只得以其为补偿了。"

老师没有犹豫，将竹简收好，又道："既然如此便谢你好意，我们师徒先行告辞。"便抱起小卫鞅，纵身跃出瀑布。

"李悝呀李悝，你骗了我那么多次，终于轮到我骗你了！哈哈哈哈……"回到小屋，老师一句没头没尾的话，把《法经》拿出递给小卫鞅，又道："给你了，为师没有变法经验，这《法经》恰可补此缺。"说完便大笑着返回自己的房间。

……

另一边，瀑布内，李悝微微一笑，"尸佼想必正在沾沾自喜吧，殊不知卫鞅看老夫《法经》，实已为老夫之徒也。这孩子。"又叹息一声，"尸佼，我本不想处处与你作对，可老师说你命中注定为官必死，唯教徒才可长寿，此举实非我本意也。"

小卫鞅仔细打量《法经》，此书包装并不浮华，反而透出一股严肃之气，肃杀之风，刚想再看内容，便一阵睡意上涌，未看得几字，就倒头大睡了。

片刻老师又冲进来，大喊："不对，《法经》我先拿走，待你……"见小卫鞅倒在地上，愣怔了一下，嘿嘿一笑，将卫鞅抱上榻，拿起《法经》走了。

次日，小卫鞅冲进房间："老师！《法经》不见了！咦！在您这里？"
老师正拿着《法经》翻看，故意板起脸："《法经》为师先收着，待你将为师要求之书学完，为师再归还于你。"
"好，老师。"小卫鞅欣然答应。

一年过去。

"《道德经》第五十章。"

"出生入死，生之徒，十有三；死之……"

"《山海经大荒西经》。"

"西北海之外，大荒之隅，有山而不合，名曰不周，有两黄兽守之。有水曰寒暑之水，水西有湿山，水东……"

"对这些书有何见解？"

"《道德经》适于修身养性之人，亦适于民众所读，不宜为治国所用。《山海经》多为奇异之事，可为少年启蒙之书。"

"今天下要者何？"

"息乱！"

"何家可息乱？"

"尚未有分晓。"

"为何？"

"弟子尚未阅读法家之书，无法确定法学可否为治国利器！"

老师终于笑了，"卫鞅，你这是变着法来跟为师要书来了，"随即板起面孔，"为师认为你虽对诸子百家有所见识，然你之毅力尚缺，创新之能不足，令你先练毅力，后练创新之能！"

小卫鞅拱手道："弟子谨遵老师之令。"

二、三年磨心性，卫鞅初习剑术

"卫鞅，快走，马上就到了！"老师在一边催促着。

"老师，您就别骗弟子了，弟子之前去瀑布，拼命跑还用了半个时辰，何况如今还背着这么多东西。"小卫鞅一边苦笑一边指着背上堆成一座小山的行李。

"你懂什么，为师这是在锻炼你之意志，学习法家之学十分枯燥，你要是没有坚强的意志力，只能学个一知半解，出山只能败坏为师名声。"老师道。

小卫鞅见老师如此说话，只能闭上嘴，老老实实地走着。

终于到了那处瀑布，小卫鞅如蒙大赦，快走几步，在瀑布边放下行李。

"老师，这么多行李，如何带进瀑布？"小卫鞅满头大汗地问道。

"坐下。"老师命令着。

卫鞅点点头，坐在地上。

"好了，你把这些东西一件件分类，每次带一件，全部送进去。"

"啊！"小卫鞅大吃一惊，这些东西足有数十件，且他又没有老师和师伯那么好的身手，需要助跑很长一段距离，才能跳进瀑布。

老师见小卫鞅没动静，又从一边包裹中拿出一个面饼，递给小卫鞅："这是你的午饭，从现在起，你什么时候送完，什么时候吃饭。"

不知过了多久，瀑布外再无一样东西遗漏。

"呼，终于送完了，"小卫鞅倒在地上，"老师，卫鞅可以吃饭了吧？"见老师没有回应，小卫鞅站起来，望向老师原来坐着的地方，没看见老师，反而看到师伯李悝。

小卫鞅一拱手："师伯，您看到我老师了吗？"

李悝微微一笑："你的老师已经走了。"

小卫鞅大吃一惊，老师竟然走了，莫非出了什么事？又道："师伯，您可知我老师去了何处？”

“你不用找他了，从现在开始，我便是你这三年的新老师。”李惺道。

“老师不要我了吗？”小卫鞅惊讶道。

“你老师的老师，也就是你师祖，他老人家仙去了，”李惺面露悲伤之色，“我赶来叫他去为老师祭奠，可你老师说自己没见到你师祖最后一面，是大不孝，要为你师祖守灵三年，我说不过他，只能让他去，他临走前，要我在这三年内代替他教你剑术。”

“师祖走了？”小卫鞅虽没见过师祖，但从老师对自己讲述的故事中，也知道师祖是一位伟大的人，早有崇敬之心，不禁面露唏嘘之色。

一夜无话。

第二天清晨，小卫鞅被李惺带到瀑布下一处巨石上，巨石一半在瀑布中，一半在瀑布外。

“卫鞅，今天，你为期三年的剑术训练开始，”李惺一身白衣在瀑布激起的风中飞扬，颇有些凌风出世之风，“第一年，我们只练体，站在瀑布中。”

小卫鞅听李惺的命令，站在了瀑布中。只一下，便被瀑布的重力击倒，滑入河内。

李惺一跃，便追上了小卫鞅，将他从水中捞出，在河面上轻轻一点，又回到了巨石上。

“练习的头三天，一旦你落入水中，我会将你捞出，但一旦过了三天，我便任你被冲走，那时你只能自己走回来，所以你一定要勤加练习，不可懈怠。”

小卫鞅一声“谨遵师令”，便又进入瀑布中。

"扑通"一声，小卫鞅滑入水中，距训练开始，早已过了三天，李悝也已不再救他，刚开始，他还不习惯，被冲走好几次，但现在他只需一跃，便能离开水中，饶是如此，他也只能在瀑布中撑一会儿，毕竟，瀑布落差巨大，压力当然很大。

又一次被冲入水中后，小卫鞅终于决定，向李悝询问如何在瀑布中坚持更长时间。小卫鞅找到李悝，向他提问。

"你的秉性太刚强，不懂得变通，所以你在水中是与水作正面对抗，当然坚持不久。"李悝一边回答道，一边跳上巨石，站在瀑布中，纹丝不动，如同和巨石连在一起。

"你过来感受一下，我是如何站住的。"

小卫鞅凑近一看，恍然大悟，原来，李悝站在水中，虽然看起来是与水作正面对抗，但他浑身的肌肉不断震颤，化解水的冲击力，使自己稳立于水中。

"师伯，我明白了。"小卫鞅道。

李悝一皱眉，按道理，小卫鞅早该叫他老师，他和小卫鞅已有师徒之实，可在小卫鞅心中，尸佼永远是自己唯一的老师，硬是只叫李悝师伯。他又不好意思叫小卫鞅改称呼，只能一直带着师伯的名头。

卫鞅才不管李悝想什么，又到瀑布中练习，刚开始还不能灵活运用这种方法，可他天资聪慧，很快适应了。

"别练了，从今天起，你的练法改了，"李悝道，一脚把小卫鞅踹下河，"跟河水一直到山下，再跑回来吃饭。"

小卫鞅无话可说了，师伯跟老师一个脾气，都喜欢用"不准吃饭"

来训练。王屋山足有五六百丈，算上下山来回足有千丈，他又不能真跟着河水一直到山下，那不死也退层皮，只能走。"看来，今天的午饭是吃不上了，不知道能不能吃上晚饭。"小卫鞅想。

　　如此一月过去。

　　"师伯，我今天来回了多少趟？"小卫鞅顾不上抹一下脸上的汗，问道。

　　"上山下山各十趟。"李悝打了一个哈欠。

　　"那我是不是完成训练了？结束了吗？"

　　"还远着呢，以后背上五十斤的沙袋继续跑。"

　　"啊？"

　　倏忽一年，卫鞅的练体训练结束，开始练习剑术。

　　"啊！呃！"卫鞅倒在地上，难以站起。

　　经过一年的锻炼，卫鞅的意志力已经远超常人，连他都如此痛苦，可想而知这个锻炼方法有多残酷。

　　"不受些苦难，怎能有所成就？"李悝沉着脸，"继续。"

　　卫鞅打起精神，从地上站起，摆好练剑姿势道："师伯，我明白了，请您继续。"

　　"啊！呃！"李悝一挥木剑，卫鞅抬剑抵挡，不过几招，又倒在地上。

　　李悝对卫鞅的训练方法是，先不教剑术，而是先实战，若先教习剑术，虽然开始进步快，但是以后限制人的发展，使人拘泥于招式；而先实战，可以锻炼反应力和变通力，等实战有成时，再学剑术，弥补不足，才是正道。

卫鞅原本对于先实战，做了充分的吃苦准备，可实战之残酷，还是超乎预料，李悝对卫鞅毫不留情，虽然都用木剑，但他剑术超凡入化，凌厉无匹，常常一天下来，卫鞅遍体鳞伤，眼前一花，便倒在地上。可卫鞅毕竟天资过人，几天下来，也能挡上李悝几剑，但也就是几剑。

而在李悝看来，卫鞅的毅力惊人，今天遍体鳞伤，明天便生龙活虎，且进步之快，令人吃惊，要知道，就算是剑术高手，一般也挡不了自己几招，可卫鞅几乎是以一天一剑的速度进步，令人难以置信。

又一次把卫鞅打倒在地后，李悝望了望天边的夕阳："今天的练习结束。"

"是。"卫鞅有些意犹未尽地答道。卫鞅对于自己这几天的进步，非常满意，他发现，自己的反应力，简直是在飞速增长，而且感觉世界的速度都变慢了，原本李悝的剑，在他眼中几乎是看不见的，可现在他甚至觉得有些缓慢，要不是李悝的剑总是带着一种奇怪的劲力，使他要比李悝多花几倍的力量抵挡，李悝几乎对他无可奈何。卫鞅也曾向李悝请教关于这种劲力的问题，可每次李悝总是笑而不答。

又过了数月，卫鞅的剑法开始停止增长，他现在最多能接李悝三十剑，一旦超过，体力便跟不上了，只能认输。

"呼。"练了一天的剑，卫鞅有些劳累，又开始琢磨起劲力的问题，师伯的劲力十分巧妙，如水般无孔不入，又如山般力重千钧。嗯？山……水……对了，师伯不是让我在瀑布下练了通过震颤化解力量的方法了吗？难道和这有关？

想到这里，卫鞅一天的疲劳顿时一扫而光，拿起剑演练起来，一试果然有效，本来用剑刺石头根本不行，可现在居然能刺入石中一尺，变化之大，卫鞅苦练十年未必能达到。

卫鞅兴奋地叫李悝陪他练习，李悝打了一个哈欠，表面不在意，心中却十分惊讶，"难道这小子这么快就顿悟了？我当初参透这种劲力可用了一年之久。"

卫鞅摆好拿剑姿势道："师伯，请。"

李悝一剑刺出，卫鞅举剑抵挡，剑刃微微颤抖，化解了李悝剑上的巨力，甚至还有些要反震李悝的意思，李悝知道卫鞅顿悟了这种剑法，心中惊讶得无以复加，卫鞅所用时间足足比自己少了一半，果然是天资过人。

卫鞅见其中诀窍竟如此简单，不禁哈哈大笑。

李悝却好像做出了一个决定，面色严肃道："跟师伯来。"

卫鞅从未见师伯这个表情，不敢说话，连忙跟上，二人一直到山下，向东方奔去。

路上卫鞅问道："师伯，我们到底去哪？"

李悝道："去见你老师，他在泰山。"

卫鞅一听要见老师去，有些兴奋，毕竟他还是个孩子，有些少年心性也再正常不过。

连夜赶路，卫鞅与李悝到了轵县⁽¹⁾，找到一处商社，李悝进了门，对伙计说了一句话，伙计便匆匆去了。不一会儿，一位白发苍苍的老人走了出来，李悝恭敬地一拱手，“秦老，晚辈见礼了。”

老人爽朗一笑：“李悝，你平时总是神龙见首不见尾，这回终于想起来见我这个老头子了吗？”

李悝却没有玩笑的心情，走到这位秦老身边，低声耳语。

秦老的面色严肃下来，有些惊讶地看着卫鞅：“他是你弟子吗？竟有此大机缘？”

“不，”李悝否定道，“他是尸佼之徒。”

“既是尸佼之徒，为何在你身边？”

李悝有些悲伤地道：“老师他老人家故去了，师弟未能见老师最后一面，决定为老师守灵三年。”

秦老眼神顿时黯淡下来：“你老师是一位贤者，可惜了。既然你想让他试试那个方法，那就试试吧，对了，你做这个决定，尸佼知道吗？”

李悝凑到秦老耳边，低声道：“尸佼视此弟子如生命，断不会让他尝试此法，可此子有此天资，不试此法，断送一位天才，才是害了他。”

秦老又道：“可你小师弟当年……”

李悝摇了摇头，显然是下定了决心，但神色却黯淡下来。

秦老见他如此决然，便不再犹豫，道：“既然如此，我便领其去那机缘之地了。”又看了一眼卫鞅，道：“你们来既到此处，老朽便做东，来人，摆酒设席。”

酒宴完毕，秦老道：“卫鞅，在去那机缘之地前，我先给你讲个故事吧。”

卫鞅听秦老说“去机缘之地”，心中有些疑惑，但想到此时打断并不妥当，便耐心细听。

"在四十年前，有一个和你一样天资过人的人，在我的引导下，去了一处机缘之地，在那里有一个家族，他们世代守护着一本法学著作，自称祖上与此书作者为莫逆之交，作者将书托付给他们，希望他们能找到一位法家奇才，将此书交给他。这个天资过人的人，认为自己可以拥有这本书，可这个家族要他通过考验获得此书。他历尽千辛万苦，却在最后一刻失败，他不甘心，想依仗自己的武功抢夺此书，在惹怒了家族中一位高手后，被处以曤目之刑，终身不得离开此地。"秦老顿了顿。

李愊接着道："这个人，就是你的师叔，我的小师弟。"

卫鞅问道："您所说的'机缘之地'，究竟是何处？难道您现在便要带晚辈前往？"

"我无法向你形容，也不能给你任何提示，我只有一句话，在那里，一定不要放弃。"秦老说着，把手放在卫鞅的肩上拍了拍，卫鞅感到一阵头晕目眩，倒在李愊怀里。

不知过了多久，卫鞅醒来，发现自己在一个木屋中，木屋样式独特，有些古风，"难道我已经到达'机缘之地'了？"卫鞅想着，站了起来。

这时进来一个小童，见卫鞅醒来，大惊失色，跑了出去大叫道："那个人醒啦！那个人醒啦！"

不一会儿，外面来了一群人，除了为首之人，个个表情严肃，咬牙切齿。一个满脸络腮胡子的壮汉道："谷主，您为什么非要将那个人接进谷中，您可是亲眼见过四十年前另一个人的所作所为，外面的人都是一丘之貉，万一……"

被称为"谷主"的人长须飘飘，气度不凡，微微一笑道："无妨，我们必须完成祖上的任务，若错过这个机会，不知又要到何年何月了。"他打量了一眼卫鞅，又道："若此子果真如秦兄所说，则他必不会如那个人一样。"

卫鞅对谷主一拱手："前辈，晚辈为求先贤之书而来，不知您是否是此书守护者？"

谷主道："正是。"

卫鞅见自己的推测正确，又紧接着问："听秦老说，要得此书，需通过您的考验，不知是何考验？"

谷主道："远道而来，不先款待，反谈考验，岂是待客之礼？贵客饭毕，再细谈可否？"

"前辈面前不敢当贵客。"卫鞅道。

饭毕，卫鞅被谷主请到正厅，谷主开始向卫鞅介绍和考验有关之事。

"你既然到此，想必秦老已将我谷中之事对你说了，自四十年前，我谷中受此大难，后来便改了考规。"谷主略一提顿，又道："秦老也是因为考规过难，才在四十年内没有带人入谷。"

"谷主，鞅可否知晓考验内容？"卫鞅没有被吓倒，接着问道。

"获得我谷中指定十人的认可，就能通过考验。"谷主又道，"这十人分别是：我，刚才那个壮汉，和另外八位长老。"

卫鞅心中一凛，从刚才大家对他的态度就能看出，谷中人经过上次师叔的事后，明显对外人有所排斥，这认可极难获得，但卫鞅经过这几年的磨砺，心志极为坚毅，便道："卫鞅不才，愿一试。"

　　谷主对他的态度非常欣赏，道："我告知你考验顺序。前三考是速、力、敏。这对你应该不是很困难，从第四考开始，难度骤增，第四考由农堂长老对你进行考验，第五考是商堂，第六考是兵堂，第七考是文堂，第八考是武堂，第九考是古堂，最后一考由我把关，暂时保密。"

　　卫鞅道："速力敏，农商兵，文武古，晚辈记住了。"

　　谷主道："明日开考。"

　　注：（1）轵县是战国魏轵邑，秦置县，属河内郡。故址在今河南济源市轵城镇。

第二章 贤相遗书

一、农为国本，兵为国盾

第二日，卫鞅轻松通过前三堂的考验，第四堂堂主对卫鞅开始考验。

"农者，为国家之本也，农兴，国必兴也，欲使农兴，如何为之？"

卫鞅老师虽然是法家弟子，但对农工商多有涉猎，卫鞅本身就对农耕有所理解，回答自然不在话下。当即道："农耕，乃是集法治、地理等世间万物的民生大事，一国君主贤明与否，治理好坏与否，都与此有关，不重农而能王者，未之有也。"

农堂长老有些惊愕，原来前来求书之人，少有能将农耕提升到与自己相同高度者，这个人竟如此重视农耕，真知音也。

卫鞅又道："农之根本，在于垦田，田众，则农必兴。"

"如何使田众？"

"使农人闲矣。"

"生产在于勤劳，如何得闲？"

"此'闲'非彼'闲'，此'闲'之要，在于使农人不受官事滋扰，专心务农。"

"如何为之？"

"建设完备法令，使官府之人无腐败之心，无剥削农人之意，农人不用应对这些叨扰，便有闲时去开垦新地了。"

"还有否？"农堂长老听得如痴如醉，见卫鞅停下，问道。

"然。无宿治为第二法。"

"何为无宿治？"

"无宿治者，不准官府事务拖办，使农人不必将时间浪费在官府公事中，便有闲时去开垦新地了。"

"还有否？"

"然。……"

卫鞅回到自己的住处，坐在椅子上思考，明天要考商学，关于商学，老师也对自己讲过，尤其是对管仲的变法，通过改革商业制度，获得税收，进行了仔细的研究。而且，卫鞅家本身也算是商业大家，虽然到了卫嗣这一代有些没落，但卫鞅也算对"商"有深刻了解，并不担心。卫鞅真正担心的，是兵学考验，对于兵法，有很多考法，要是考理论，卫鞅自信自己没问题，可如果考实战，卫鞅毕竟只有七岁，实战没有任何经验，如何能考得过？

"算了，想也没用，休息吧。"卫鞅自言自语道。

"鞅哥哥！"

"是那个小童？"卫鞅听出了来人是谁。

只见小童抱着几捆竹简跑了进来，把竹简递给卫鞅道："这是谷主爷爷要我给你的。他说你年纪小，没有实战阅历，这几捆书给你留作参考。"

卫鞅大喜过望，道："替我谢过谷主。"

"好的。"小童答应了一声，飞快地跑了。

卫鞅翻开竹简，竹简上讲的多是各国军法和行军打仗的技巧，卫鞅有些失望，这些东西虽然有用，但太过琐细，一天如何记得住？卫鞅合上竹简，竹简中掉出了一个竹片，落在地上，卫鞅捡起来一看，只有一句话："世间万物皆相通，兵、法、商、农莫不如此，但可据理推测也。"

"据理推测？"卫鞅喃喃自语。

第二天，卫鞅轻松通过商学考验，获得了第五块令牌。

第三天。

兵堂长老，一个精瘦的老人走上前，道："兵学，开考！"

"兵争，自古以来，无非分三类：以少对多之战，以等对等之战，以多对少之战，长老以为然否？"卫鞅道。

"然。"兵堂长老有些不明白卫鞅说这话的用意。

"此三类中，长老以为何者最难？"

"不然，自古以来，以少胜多者广矣。"长老反问道，"那，以等对等然否？"

"也不然。"卫鞅答道。"而今，以多胜少，才为难矣。"

"竖子胡言！"兵堂长老勃然变色，"自古以来，以多对少之胜数不胜数，如何为难了？"

"长老，鞅所说者，为而今也。"卫鞅没有丝毫畏惧，"柏举之战，孙武以三万胜十万，战而胜之，遂开天下以少胜多之例。适时后人纷纷效法，以少胜多之战数不胜数。"

"以少胜多之战，古来有之。为何孙武开此一例？"

"并非古代先贤不如孙武，而是孙武生而逢时。"

"何为生而逢时？"

"举例言之，若古代军争，一万人对一万人，若敌方不反抗，一弹指能伤敌一百，奇袭可使敌人十弹指无反抗能力，则可伤敌一千，现在兵器先进，一弹指能伤敌五百，则十弹指能伤敌五千。是以孙武能开创以少胜多之先河，古代先贤不能。以少胜多，靠的是敌方将领的骄傲自大，以为兵力多就一定取胜，蒙蔽了自己的双眼，反而看不到原来能看到的漏洞。"

"子之所言，乃将领才具不相当，若将才相当，此战法可还有效？"兵堂长老虽然对卫鞅所言基本认可，却仍有些不服气。

"将才相当，将领能看到漏洞，可士卒不能，若将领在军中无威望，则士卒不信也，此法依然有效。"

"若将领有威望，如何？"

"将领虽有威望，士卒听其言，然国君不明战场之情，将领若按兵不动，则国君必问之，如君臣不相互信任，则君必命将强攻，将若不从，君必起疑心，换将、罢将乃至杀将，皆有可能。其后敌军必强攻，又中计也。"

"若君臣互信，如何？"

"长老所言，何其难得也！"卫鞅哈哈大笑，"此种情况，百年难得其一，是故，以多胜少难得矣。"

兵堂长老换了一个角度问道："何为以少胜多战法？"

"以少胜多战法，分长久对峙和短时速胜。"

"何为长久对峙？"

"长久对峙，宜于敌我悬殊，短时无法战胜时采用，可化整为零，分多股小部队骚扰敌军，蚕食敌军兵力，敌军大部队来攻时，我方人少灵活，便于藏匿，敌军一无所获撤退时，我军相机偷袭，或渗透进敌军重要城市，进行破坏。长此以往，敌疲而力衰，我逸而力盛，必可胜之，但此法耗时巨大，期间敌方占领我方城池，或对百姓行不义之举，所以非万不得已，不可用之。"

"何为短时速胜？"

"短时速胜者，使大部队作拼死状，纠缠敌军，使其不敢轻易出战，但也不敢离开，再使一部分精锐军队轻装急进，袭击敌方营帐，此时大部队掩杀，可收以少胜多之效。但弊端有二：一，若敌军主帅临危不乱，则可能弄巧成拙，败于敌手；二，无法保持战力，我方可能伤敌一千，自损八百。但此法较长久对峙，损失小矣。毕竟，两军对战，我方居弱，无伤亡胜之，妄想也。"

兵堂长老一挥衣袖，道："子之战术通过考验，不知实战如何？"

卫鞅心中一凛，该来的终究躲不过，只能试试谷主的办法了。一拱手道："请长老考校。"

"魏文侯时，曾派吴起率军夺得秦军河西之地，秦国经数年休养，夺回河西，已成势不可当之态，如若开战，魏国于河西之地，只有数万士卒，而秦军兵卒，足有数十万，如何抗敌？"

"欲退敌，唯有两法，鞅权且说来，请长老听之。"卫鞅顿了一下，道："一，于秦军必经之地设伏，或依鞅之前所说短时速胜之法，作拼死状，使敌不敢向前，等待援军，击退敌军。二，鼓舞士气，与敌拼死一战，长老以为然否？"

"然。"

"长老必以为战法一为上策。"

"此法可稳胜敌军，必为上策。"

"鞅以为不然，战法二为上策。"

"小子先前精明，如何一谈实战便愚钝起来？"兵堂长老哈哈大笑，"与敌硬拼，岂为上策？"

"此战应以发生，可消息未到，长老若不信鞅之所言，派一人前去，静待几日，看吴起如何作战可否？"卫鞅微微一笑道。

"小子，便依你言，看你到时有何话讲！"

"好，长老，卫鞅静待佳音。"卫鞅说完，便要离开。

"小子站住！"兵堂长老道："小子虽缺乏实战阅历，但论战出色，堂上考校，堂下依旧是客人，不如留在兵堂，小住几日可否？"

卫鞅有些意外，但还是道："尊长老之令。"

"什么长老不长老的，小子是除了谷主以外第一个论战说过我的人，算是知音吧！"长老一改刚才的严谨性格，豪爽地说："走，今日不醉不归！"

卫鞅吓了一跳："堂主，鞅还是幼儿，如何能喝得了酒？"

"瞧我这记性！以茶代酒！"

吃完饭，卫鞅到兵堂的一间空房之中住下，盘算着对策，兵堂应该没问题了，这文堂，考的应该是各种书籍的理解、背诵，这对自己不成问题，武堂由那个壮汉把关，看他对自己的态度，想必很难让自己通过，必须想出对策才是。

几日后。

"长老，长老！"一个弟子跑进兵堂。

"哦？回来了？怎么样，吴起胜了秦军了吗，用的什么方法？"兵堂长老胸有成竹地问道。

"吴起五万精兵大胜秦军，战前吴起鼓舞士卒，士兵以一当十，战而胜之！"

"咋咋咋！就这些？"兵堂长老差点把那个弟子提起来。

"弟子不敢隐瞒！"

"这小子神了！"兵堂长老朝卫鞅住所跑去。

卫鞅正在院子里练剑，见兵堂长老急匆匆跑过来，微微一笑道："长老，何事如此着急，可是消息到了？"

"小子，我不信你如此之神，吴起选择了与敌人硬拼，怎么可能！"兵堂长老大吼道。

"长老，鞅也是据理推测，断定吴起必与秦军硬拼。"

"据理推测？"卫鞅的话把兵堂长老的注意力吸引了过去。

"世间万物，本质皆相通，只要掌握了它们的规律，便可推算其变化。"

"少给我绕圈子，直接说！"

"吴起所为，看似愚蠢，实则乃深思熟虑之法也！"卫鞅一句感叹，开始分析，"秦军战力极高，统帅又极具将才，若以晚辈所说的第种一战法，必被秦军识破。是故只能采取奇策。"

"小子，难道我说的不是奇策？"

"所谓奇策，乃常人不知，不常用之策，再好的策略，经常使用，也成了下策，只有出其不意，才是上策。

"秦军知吴起兵少，猜测其必定采取防守战略，故而统帅必令部队歇息，准备，然后速战。吴起趁此时派兵猛攻，乃攻其不备之策。当然必胜秦军。"卫鞅分析道。

"子虽未经历实战，然战场见识，竟在老夫之上，令人佩服啊！"兵堂长老一句感叹。

"卫鞅惭愧，望长老准卫鞅通过兵堂考验。"

"给，这是兵、文两堂的令牌。"兵堂长老掏出两块牌子。

"文堂令牌？"卫鞅有些疑惑。

"听秦老所说，你熟读百家著作，谷主特准你直接通过文堂考验，进入武堂。"

"啊，请长老代卫鞅谢过谷主。"卫鞅喜出望外。

"武堂长老，乃小一辈中的领袖，下一任谷主，其父为二十年前一谷外人所杀，故对谷外人极为憎恨，你想通过他的考验，难哪！"

"不是说秦老四十年内未带人入谷吗？"

"未带人入谷是事实，可难保不会有人闯入谷中。"

"卫鞅明白。"

第二日，卫鞅离开兵堂，前往武堂。

"小子，祝你成功！"兵堂长老道

"长老，晚辈定然不负所望。"

"卫鞅小兄弟，努力！"一帮兵堂弟子喊道。

在兵堂住的这几天，卫鞅待人仁厚，论战严谨的性格，使不少原本对谷外人有些仇视的兵堂弟子对他有了好感，见卫鞅要走，都来相送。

依依惜别之际，小童跑了过来，道："不好了，不好了！"

卫鞅见是那个小童，亲切地问："什么事呀，急成这样？"

"古爷爷听说鞅哥哥你通过了兵爷爷的考验，要提前考验你！"

"老古想干什么？"兵堂长老急了。

"长老，有什么不妥吗？"卫鞅问。

"老古是我们这一辈里出了名的奇才，要不是无心当谷主，这谷主之位早就是他的了，本来你应当先通过武堂考验，然后得到一些提示，再去古堂，可现在他要提前考验你，连谷主也没拦住，这可如何是好？"

"不怕！"卫鞅的眼神中流露出一种精神，它透着坚定、无畏。

兵堂长老震惊了，这种精神，在那个人身上也看到过，那是怎样一种眼神，令人情不自禁就去相信，他能成功，他会成功！

"好！老夫陪你赌这一把！既然老古不按规矩来，老夫也不按！"兵堂长老下定了决心，对卫鞅道，"跟老夫来。"

"我们祖先，受好友之托来此后，创立九堂一谷主制度，九堂主分别从各自堂中选择，再从九堂主中挑选谷主，挑选出谷主的一堂，再在堂中重新选堂主，一直到现在，我们九个堂主与谷主乃是一代，本来谷主应当由老古来当，可是出了意外。"

"意外？"卫鞅问道。

"是的，四十年前，一位谷外人来谷中求书，其天资极为聪慧，连续通过九堂考验，在当时，九堂考验虽没现在那么难，可能够通过九堂考验的，他还是第一个，但他在最后一刻功亏一篑，狂性大发，连杀九位堂主，最后被谷主制服，谷主惜其天资，处以曛目之刑，囚禁于此。随后退位，当时古堂中有二奇才，即谷主与老古，老古天资更胜谷主，可执意要去谷外周游七国，回来时便自愿让出谷主之位，似受到了打击，心灰意冷，从此待在古堂之中，研究古史，不问外事。"

"长老是说，古堂堂主性格阴鸷，可能为难卫鞅？"

"正是，所以你想不用提示就通过考验，绝无可能。"

"那如何是好？"

"老夫有一计。"兵堂长老露出了狡猾的笑容。

古堂。

"堂主，您一定不要让那个卫鞅通过考验，凡是谷外人，没一个好东西！"一个声音道。

"老夫知晓，不必再提。"古堂堂主冷笑道，"我谷中之书，乃先贤圣书，岂可为肮脏的谷外人所玷污？放心，等师兄让出谷主之位，老夫便全力支持你得到此书。"

"那就先谢谢堂主了。"那人道。

卫鞅来到古堂，遇上了武堂堂主，那个络腮胡大汉。

大汉恶狠狠道："小子，没有提示，看你这次怎么通过考验，顺便告诉你，考验不光越往后越难，而且一旦没能通过古堂和谷主的考验，就终生不能离开谷中，为的是防止你们这些阴险的谷外人泄漏我们谷之所在。你现在后悔还来得及！"

卫鞅微微一笑道："堂主如何知晓卫鞅通不过考验，若是通过了，又将如何？"

"哈哈哈，竖子狂妄！就凭你一个少年，如何能通过古堂主的考验？"

"既然堂主如此自信，那不如打个赌如何？"

"你且说来听听。"

"鞅若能通过古堂考验，堂主就直接让我通过武堂考验，如何？"

"大胆！"大汉勃然变色，"考验关乎祖训，岂能儿戏？"

卫鞅存心要逼他与自己打赌，故意大声道："想不到谷中人如此胆小，明明必胜，却不敢与人一赌，比起谷外人差远矣。"

此时周围已聚拢了许多古堂弟子，闻听此言，皆愤愤然道："竟敢说我谷中人胆小，堂主，不妨与此竖子一赌！"

大汉骑虎难下，又想到卫鞅绝不可能获胜，便大声道："就与小子一赌，不知如不能通过考验，如何处置？"

"卫鞅愿自废双目，终生不离开谷中。"

"好！"大汉又喊道。

"什么事啊，这么大动静？"一个枯瘦的老人从内堂走出，双眼射出两道锐利的光芒，与卫鞅的眼神碰撞在一起。

"好一个古堂堂主！"卫鞅很惊讶，知道今天必是一场苦战。

二、旷古难题摆在了卫鞅眼前

卫鞅仔细打量，这位古堂堂主，面色阴鸷，但眼中的光彩显示，他曾是一个天赋迥异之人，究竟是何原因，让一位不世大才落到如此田地？

古堂堂主道："贵客既然来到古堂，先不开始考验，我先对贵客说一下考验内容，贵客再决定是否开考，如何？"

大汉嚷道："堂主，这小子已与我打赌，待会儿他若听到考验内容害怕了，毁约怎么办？"

古堂堂主瞥了大汉一眼，训斥道："住口！"

"我谷中考验，乃先祖所定，竟被你拿来做赌注，真是丢尽了我谷中人的脸！"古堂堂主厉声道。

大汉还想反驳，但硬生生忍住了。

"不过，"古堂堂主面色缓和下来，"赌约既已立下，就当遵守，但此赌约是你在不知考验内容时所立，不如折中，老夫告诉你考验内容，你准备一月，再来挑战。"

"堂主！"大汉连忙阻拦。

"不必多说。"古堂堂主大袖一挥，"就如此罢了。卫鞅，跟老夫来。"

卫鞅道："遵命。"

小半个时辰后，卫鞅跌跌撞撞地走了出来，扶住墙壁喘息。

"这下可怎么办？没想到这考验竟如此艰难，之前赌约已下，可赢的希望渺茫。难道我卫鞅真要一辈子留在谷中了？"卫鞅想着，不禁悲从中来。毕竟，自己是老师唯一的弟子，若被困于此地，老师的心血岂不白费了？不，决不能输。

卫鞅又振作了起来，还有一月时间，胜负未定！

谷外，轵县商社。

李悝正在写信，边写边想："不知道卫鞅闯到哪一堂了？"写好信后，引吭长啸，唤来一只黑色的鸽子，"师弟也该来了。"

数息之后，黑色鸽子飞向了遥远的东方。

另一边，卫鞅正在苦思冥想，前几堂的考验，看似简单，实际上是卫鞅精心计算的结果，开头以惊人之语吸引堂主注意力，将话题转移到对自己有利的地方，才获得胜利。可这位古堂堂主，一眼就识破了自己的计谋，要指定一个论战题材，然后卫鞅来反驳。而这个题材竟是——礼乐！古堂堂主竟然要卫鞅分析礼乐于国家之益！

卫鞅本是法家弟子，虽还未接触法家圣书《法经》，但以对法家之学有所了解，法家与儒家的礼乐，本为天敌，这叫卫鞅如何分析？尽管如此，但卫鞅极高的禀赋还是让卫鞅有了一些方向，周，乃是礼乐发源之国，其能够统治中原如此之久，在匈奴的攻击下屹立不倒，必定有所凭借。

卫鞅思考着，搜罗自己所知道的一切，穷究自己的智慧极限，终于颓然倒在椅子上。

这一日，卫鞅正在苦思冥想，一阵清脆歌声却不合时宜地出现，打断了卫鞅的思路，那歌声在翠绿的山谷中弥漫开来：

> 别我灵修，渔舟飘荡
>
> 幽谷日出，远我故乡
>
> 云遮明月星斗暗，山水无尽路长长
>
> 东望故土，思我庙堂

念我灵修，我独悲伤

忽闻灵修一朝去，魂归大海永流浪

卫鞅知道这首歌是齐国的《海风》，只是歌词有所更改，听起来似乎别有一番深意，未及细想便抬头一看，原来是小童。

小童一蹦一跳地来到卫鞅跟前，笑嘻嘻地道："卫鞅哥哥，古爷爷的考验内容难不难啊？是不是正在苦思冥想呢？"

卫鞅有些烦闷，搪塞道："是有些难，那个，你如果没事就走吧，我还要想想对策呢。"

"不要老是板着脸嘛！你也比我大不了几岁，整天装得跟一个小老头一样，别老闷着自己啦！"小童顽皮地笑道："小心有一天从床上起来，突然发现自己满脸皱纹，一头白发呦！"

卫鞅经他一闹，心情稍好，不禁笑了笑。

见卫鞅终于收起了"老头脸"，小童高兴道："卫鞅哥哥，听说你剑法很好，要不你教教我吧，谷主爷爷每天就知道打坐悟道，什么也不愿意教给我，哼！还说什么要收我为徒呢！"

卫鞅当时并没有意识到"谷主收徒"有什么特殊意义，只是以为是平常的收徒而已，于是呵呵笑道："小子想让我教你剑法，总不能白教吧？"

"想不到卫鞅哥哥也这么小气！好，如果你愿意教我剑法，我就把我珍藏的东西都拿出来，让你选一样，怎么样？"小童一翻白眼，露出一个"你占了大便宜"的表情。

卫鞅大感兴趣，但又想到，这个小童一看就是一个小机灵鬼，若被他骗了怎么办，不能着急，再跟他聊聊，说不定能有意外收获。想到这里，卫鞅装作漫不经心的样子，不紧不慢地道："你一个乳臭未干的小孩，能有什么好东西？"

"卫鞅哥哥，你竟然小看我！"小童有些生气，作为谷主的弟子，自己还没有被人小瞧过呢！

"我就是小看你，你如果再不拿出点诚意出来，这事就算了，我还要思考对策呢！"卫鞅见小童生气了，又道。

眼看卫鞅就要下逐客令，小童着急起来，刚才的怒气瞬间消失得无影无踪，口不择言大喊道："我可是谷中除了谷主爷爷外唯一知道藏书阁所在之地的人了！我谷中藏书千千万，包罗万象，数都数不清，我拿了好几本出来……"忽然意识到自己说错了话，连忙噤声，同时向四周张望，见没人在附近，才松了口气。

卫鞅大喜，这些书说不定对自己有所帮助，真是天助我也！心里想着，嘴上却道："哦？你说你拿了好几本，好像不对，是不是用'偷'更贴切一些呢？"

小童急了，连忙道："不是偷，是，是拿！"一边说，一边点头，"对，就是拿。"

卫鞅一步得手步步紧逼，狡狯地笑道："好，我们去问谷主，这算偷还是拿。"

"别，别！"小童认输了，"我让你先看看书的内容总行了吧？"

卫鞅这才道："好，先给你一次机会。"心中却想："我怎么变得这么卑鄙了？居然欺负一个少年。"又想到李悝，心中顿时释然，和这位师伯比起来，自己还算好的多，"师伯这么大年纪了，还变着法地折磨我，自己一点都不惭愧。"又道："带路吧！"

谷外，轵县商社。

李悝连打几个喷嚏："不会得风寒了吧？为了卫鞅那小子，这几天没少忙。"一边说，一边端起茶杯抿了一口，"师弟应该已经接到飞鸽传书了吧？"李悝喃喃道。

小童带卫鞅离开了古堂，向山中走去，卫鞅趁机观察谷中的环境，此谷四面环山，且每座山都仿佛被切断般拔地而起，千峰万仞，绵亘蜿蜒，偶有低缓处也是山林茂密，很好地掩饰了谷中的房屋，使其不会被人轻易发现。见小童正在逐渐进入密林，卫鞅疑惑地问道："为何非要将书藏于此地？空气阴湿，不利于竹简保存。"

小童笑道："谷主每天都要在此悟道，说什么贴近自然，有利于和天地沟通，参悟宇宙之道。我倒没什么感觉，不过这里有好多动物，都跟我很熟。"

正说着，一只猴子从头顶飞快地窜过，卫鞅敏锐的眼力使他看到，那个猴子的头上有一缕金毛。

"是金丝！"小童也看到了那缕金毛，飞快地说出了那个名字。他对卫鞅说："鞅哥哥，你千万不要招惹这些猴子哦！它们的报复心可是很强的。"卫鞅笑着点点头。

又走了一会儿，卫鞅和小童来到了一处山洞，小童马上低下头来，一副鬼鬼祟祟的模样，一边对卫鞅说："你在这里等，我去看看谷主爷爷在不在。"

卫鞅点了点头。

小童一蹦一跳地进入山洞，片刻后又走了出来，招呼卫鞅道："谷主爷爷不在，快来！"

卫鞅连忙跟小童进入了山洞，小童一拍洞壁，原本严丝合缝的洞壁顿时裂开一个大口子。卫鞅啧啧称奇道："好厉害的机关术！"

小童顽皮地一笑，走了进去。卫鞅也跟了进去。

卫鞅本以为其中应该别有洞天，没想到空间很小，堪堪容下他们两人，一个金属箱子放在那里。

小童把手放在箱子上，也不知按了哪几个地方，箱子缓缓开启。见卫鞅一脸惊讶，小童又悠然一笑道："这是我们谷中的机关箱，寻常人若想打开，没有一千斤以上的猛击之力是不可能的。谷主与墨家巨子为挚交，墨家巨子传我谷中人此术以存贵重之物。这就是我全部的宝贝了，你可以选一件。"

卫鞅拿起一捆竹简，打开一看，竟是《孙子兵法》！又拿出一捆竹简，差点跌倒在地，竟是《易经》！卫鞅连忙查看后面的内容：

第一卦乾乾为天乾上乾下

乾：元，亨，利，贞。

初九：潜龙，勿用。

九二：见龙再田，利见大人。

九三：君子终日乾乾，夕惕若，厉无咎。

九四：或跃在渊，无咎。

九五：飞龙在天，利见大人。

卫鞅没有继续看下去，他的手有些颤抖，这竟然真的是《易经》！

《易经》，相传为上古伏羲所作，伏羲又称青帝，乃上古第一位帝王，是真正的华夏始祖，传说中，他人首蛇身，观天地之奥秘，开占卜之先河。但其所作《易经》因未有文字记载而失传，只留下了六十四卦，后周文王依据六十四卦，又作《周易》，又经孔子校注，方成儒家第一经典。虽说为儒家第一经典，但其中内容包罗万象，涵盖儒法道三家思想，实乃华夏文明核心之书！

卫鞅的反应让小童吃了一惊，不就是本书吗，至于如此激动？不过小童十分开心，终于找到对付卫鞅的方法了，于是小眼珠滴溜溜一转，走上前说道："鞅哥哥，不要这么激动嘛。这只是《易经》的一卷，谷主爷爷那里还有好几卷呢！"

"什么！"卫鞅差点跳起来，竟然有好几卷！但卫鞅毕竟心思敏捷，料想小童必定要以此要挟自己教他剑法，可《易经》的诱惑使他毫不犹豫答应了，"小兄弟，只要你把剩下的《易经》拿来，哥哥我就教你一套厉害剑法，如何？"

小童不紧不慢地道："首先，我是谷主之徒，谷主与你师祖同辈，所以我应是你师叔，不是什么'小兄弟'。其次，你刚才还说是偷，不是拿。再者，师叔为你冒如此大的危险拿书，你就用一套剑法来报答师叔？"

卫鞅见底气一弱，原来的"小兄弟"立马成"师叔"了，不禁有些愤慨，可一想到《易经》，顿时气软，只得道："那你想怎么样？"

"三套！"小童道。

第二天，小童来到藏书阁，藏书阁外表看起来就是一个比谷主洞大不了多少的山洞，任谁也想不到，这里竟然藏着数部华夏巨著。

小童飞快地跑进山洞，丝毫没有注意身后有个黑影一闪而过。走进山洞，小童一拍洞壁，如谷主洞一样，裂开一个口子，小童环顾四周，然后闪入洞中。黑影悄然跟入。

洞中放有数个书架，其上陈列着许多竹简，小童却看也不看，一直往洞中走去，在一个箱子面前停下，这个箱子，明显比小童的机关箱大了数倍，但小童却知道，里面放物品的空间，比自己的机关箱小了许多，如此之大的体积，完全是为了保护里面的东西。

深吸一口气，小童打开了箱子。只见箱中放着几捆竹简，小童看也不看，用绢布包上，抱出了藏书阁。

洞外，小童离开后，黑影现出身形，正是谷主，谷主微微一笑道："这个小家伙，还真是胆大啊，不过如果没有他，卫鞅恐怕过不了古堂考验了。"

三、古堂一考，卫鞅背水一战

一月时间很快过去，到了古堂考验的日子了。

卫鞅来到古堂正厅，古堂堂主已等候多时，见卫鞅到了，点点头道："古堂考验，开始！"

卫鞅一拱手，道："请堂主指教。"

"礼乐，自华夏起源便存在，于周公手中臻于鼎盛，至春秋时期，礼乐名义虽已崩坏，然各国无不遵循礼乐规定，将其发展为本国文化，可礼乐经百年演变，已经逐步变为食人猛兽，譬如'刑不上大夫，礼不下庶人'，使官吏腐败严重，百姓民不聊生，礼乐之害，显而易见，然凡事总有利弊，阴阳互补，才可为万物。然何为礼乐之利？老夫尚无分晓，子可否解老夫之惑？"

卫鞅心中一凛，该来的，终究躲不过，这时，卫鞅想起了兵堂长老的话："老古为人高傲，不能忍受他人讥讽和轻看，适当时，可采激将之法，或收奇功。"

"堂主所问，实小技耳！"卫鞅一句感叹，接着道，"显然因堂主于谷中钻研学问数十年之久，眼界已只局限于此了。"说完又叹了一口气，一副十分惋惜的样子。

一旁的大汉忍不住了，怒道："竖子，竟看不起我谷中人！我代替堂主教训你！不知天高地厚！"朝卫鞅扑将过来。

"放肆！"古堂堂主一把抓住大汉，往后一推，大汉连连跌退数步。

卫鞅脸色一变，从刚才大汉的速度来看，自己是绝对做不到如此利落地拦住他的，这位古堂堂主身手远胜自己。

"小子，休说大话，答上提问，才算本事。"古堂堂主淡淡道。

"卫鞅且问堂主一个问题：匈奴战力极强，实力远超中原任何一国，然却与中原纠缠数百年无法得胜，此中原因，堂主知否？"卫鞅见激其不成，遂答其问。

"无非是我中原有齐桓公任用管仲为相，九合诸侯，尊王攘夷，方才团结各国，战胜匈奴。然此与老夫所问有何关系？"古堂堂主问道。

"堂主莫急，管仲虽提出'尊王攘夷'口号，然为何各国皆尊其号令，难道仅仅因为齐国势大，无法对抗？实则不然，还有其他原因，一，匈奴残暴，若其攻入中原，则各国无一可以幸免。二，则是因为华夏人民具有'民族优越感'，这种优越感从华夏文明源头——伏羲时代便已存在。"

"民族优越感？"古堂长老首次闻此新词，有些好奇。

　　"所谓'民族优越感'，其中心便在于礼乐，华夏人认为自己是文明之人，自己的国家是文明之国，而匈奴人则是未脱离野蛮之人，位置低等。所以无法接受身为文明人的自己被野蛮人统治，故要抗击匈奴。贤相管仲正是因为看到了这一点，才提出'尊王攘夷'的口号，令中原各国将战争重心转移到外族，使中原战火减少，百姓休养生息，人民安居乐业。"

　　"此虽为礼乐之利，然若只有此一利，恐怕过少吧？"古堂堂主又道。

　　"礼乐之利，绝不止于此，其真正厉害之处在于'民族同化'。"卫鞅又道。

　　"何为'民族同化'？"又闻新词，古堂堂主更好奇了。

　　"堂主毕竟久居谷中，对外界变化一无所知，若肯到边塞一瞧，便会发现，如今边塞百姓中，有许多都是外族归化而来，其无论穿着礼仪，已有明显华夏文明特征了。毕竟，匈奴人不会耕种，只能依靠放牧，所以粮食短缺，然华夏人民精通耕作，食物来源有保障，如果有选择的话，谁会愿意去挨饿呢？"卫鞅悠然一叹，又道："照如此下去，匈奴被同化为华夏民族，只是时间问题，期间若有贤明君主改革措施，加强与匈奴通商，吸纳匈奴人入中原学习耕种与华夏礼仪，则同化速度必定极为迅速。到时，原来的敌人变成朋友，还会有战争吗？"

　　一旁的大汉已经听傻了，想不到这个卫鞅竟有如此能耐，论说天下大势如庖丁解牛一般，大刀阔斧，几下就料理得清清楚楚，堂主若败于此人手下，则无人可阻他获得谷中世代守护之书了，要不是自己太急躁，怎么会被他逼得下了赌注？

古堂堂主见卫鞅竟然答出了自己的提问，也有些惊讶，但很快就想出了反驳的方法，于是问道："如你所说，礼乐有如此之多的益处，那为何如今中原各国皆不尊礼乐，唯好变法呢？"

卫鞅本以为胜券在握，没想到古堂堂主竟然还是注意到了这一点，这一个月中，卫鞅思考到了所有提问，并且几乎都能做出回答，但这个问题，是他唯一无法回答的，想不到竟被古堂堂主问了出来。

是啊，这个问题对于卫鞅来说，的确很难，因为他是法家人士，自然不能说这是一种错误认识，况且法家之学，的确于国有益，每一个变法的国家，其国力都有所增强便是实证。可礼乐的确有很多益处，为何如今中原各国皆不尊礼乐，唯好变法呢？

卫鞅为难了，大脑飞快地思考着，怎么办怎么办？必须想出对策，不然以后再也见不到老师了，师伯也无法向老师交代啊。

为何法家之学太平之时不受人尊重，一到战乱之时便受欢迎？太平之时比战乱之时多了什么？快想起来了，就差一点儿！

一旁的大汉见卫鞅答不上来了，顿时大喜道："答不上来了吧，叫你小看我谷中之人，来人，将此人拿下……"

"且慢！"卫鞅突然大吼一声，镇住了众人，然后又道，"我想起来了！"

大汉浑身一颤，随即发现，卫鞅一声大吼后，整个人的气势忽然一变，原来他站在那里，像一只猛虎，带着一往无前的锐气，势不可当，但现在，他的气势忽然变得平和、沉稳，这种气势，他只在三个人身上看到过，那两个分别是谷主和古堂堂主，另一个就是眼前的卫鞅了。

古堂堂主也震惊了，这，怎么可能？他这么快就达到此境界了，要知道，就是他自己，达到此境界也是在外出云游回谷后，那时，自己已经二十岁了呀！

卫鞅可不知道此时自己身上发生了什么，他已经找到了答案，于是他清了清嗓子，开口了。

"天下万物，无不有利有弊，有阴有阳，唯其如此，才有阴阳相和之理。"卫鞅开场一句，后又道，"自大禹创立夏朝，其子启继位后，天下遂入'家天下'时代，适时为加强统治，中央集权；为镇压叛乱，建立军队；为统治方便，设立官职，划分九州；为不生盗窃乱贼，编写法律，法家逐渐走上历史舞台，但纵观历史，法家之兴亡，却与国家之盛衰恰恰相反！夏朝之亡，亡于法律过于苛刻，商朝之兴，兴于宽以待人，后世商之亡，周之兴，与此原因类似。为何法律明明于国有益，却间接成为国家灭亡的帮凶？此中原因，在于法之最大优点，也是法之最大缺点。"

"何优何缺？说来听听。"古堂堂主脸色恢复平静，问道。

"法之利，在于简洁明了，巨细无遗，几乎所有的案例，都能从法律中找到相应罪名，不用反复斟酌，大大节省了百姓与官吏的时间，不必把时间都浪费在公堂上，使百姓有更多时间耕耘土地，开垦荒地，有利于国家发展；使官吏有更多时间来备战，免得敌人来到时措手不及。所以，法律更适合在战乱之时使用，不适合于和平之期使用，因为和平之期官吏不必备战，百姓不必拼命耕地（不打仗，要那么多粮食干吗），有充足时间斟酌，而一旦官吏的空闲时间过多，他们就会贪图享受，久而久之就会从勤劳敬业变得贪污腐败，就会欺压百姓，百姓一旦忍不住了，就会造反，造反的人多了，国家自然就灭亡了。此即法之缺。如今天下大乱，诸侯争霸，各国的大部分时间都用于积极备战，强化军队，所以变法便成为潮流，可一旦天下一统，变法之风，必罕见矣。"

似乎说不过他了，古堂堂主有些后悔给卫鞅一月之机了，想不到这小子竟然有如此能耐，在一月之内做出如此突破，他到底经历了什么？但他还不准备放弃，又问道："既然已经看清法之真谛，那如若你来秉政，如何利用法治而不受其之害？"

"问得好！"卫鞅一句赞叹后缓缓答道，"万物皆变，不变者唯有变化，所以如我秉政，必先采用中央集权，以法治国，待天下一统后，逐步采用人治，达到礼、法合一，互相平衡，互相补助。"

"哈哈哈！小子有远见，难怪秦老敢带你入谷！"一个熟悉的声音不合时宜地响起，卫鞅闻声大喜道："兵老！"

只见谷主与兵堂长老联袂而来，谷主微笑道："古师弟，难为贵客半天了，如今服输否？"

古堂堂主颓然道："小小年纪有如此见识，老夫自愧弗如，古堂考验，通过。"眼中原本的阴鸷变成了敬佩，看来是放过卫鞅了。

谷主又看了看卫鞅，也感觉到了卫鞅气势的变化，但却丝毫不惊讶，卫鞅原本就天资聪颖，又看了《易经》，有此改变并不意外。

另一边，壮汉悄悄退下，露出一个恶毒的眼神，然后转身离开了。

第二天，卫鞅在武堂正式通过了考验，成为第二个要接受谷主亲自考验的人，但卫鞅却高兴不起来，毕竟谷主的考验迄今还没有人能通过，连师叔都被施以曜目之刑，终身不得离开此地，自己又能有多少胜算呢？

谷外，轵县。

一个白衣士子正骑马在街上疾驰，来到了轵县商社，他连忙下马，神色焦急地走了进去。

四、欲成大才者，品行为本

谷中。

卫鞅正在谷内散步，谷主告知他，在考验之前，他可以在谷中休息三天，四处转转，到了卫鞅这个境界后，埋头苦读已经没有了任何意义，必须创造出属于自己的思想，要想做到这个，必须多增加自己的感悟，也许就在某个瞬间，就会豁然开朗，且卫鞅天资聪颖，更容易从自然中获得感悟，因此多见识一下外面的世界是很有必要的，当然，多读一些先贤之书，也很有用。

卫鞅在谷中走着，欣赏着谷中的景色，心却早已飘到了千里之外，不知道老师怎样了，自己未经他允许，就来到谷中接受考验，成则罢了，万一败了……不，绝不会！

卫鞅紧握双手，突然看到前方出现了一座堡垒，为什么说是堡垒呢？因为它整个由石头砌成，石头间结合紧密，唯一的一个窗口，还被铁栏杆封死了，说是监狱也不为过。

难道这就是关押师叔的地方？卫鞅跑了过去，却被几名弟子拦住，问道："你是什么人？为何擅闯曜牢？"

曛牢？师伯不就是被处以了曛目之刑吗？这里一定是关押师叔的地方。卫鞅心想。

"问你话呢！哑巴了？再不回答问题，就把你送到谷主那去！"其中一名弟子威胁道。

卫鞅正要开口，弟子们忽然面色严肃地道："谷主。"

谷主来了？卫鞅连忙转头，见果真是谷主，连忙拱手道："谷主。"

"不必多礼，你是想来看你的师叔吧？这也是人之常情，毕竟，师叔被关押于此，竟不去探望，确实不好。"谷主一眼就看出卫鞅的想法。

"不错，请谷主命弟子放行。"卫鞅又拱手道。

谷主递给卫鞅一个令牌："持此令牌，你可以去我谷中任何一地而不受阻拦。"

"谢谷主。"

卫鞅终于见到了师叔，只见一个瞎子被关于一间小屋中，双眼紧闭，披头散发，衣衫破烂。卫鞅低头道："师叔。"

"你是谁？为何喊我师叔？"瞎子问道。

"我师名为尸佼。"卫鞅回答道。

"你是师兄的弟子？你如何到了此地？你可知，此地一旦来了，就离不开了！"瞎子闻言，大惊道。

"卫鞅为瞻仰先贤圣书而来，置之死地而后生。"卫鞅肃然道。

瞎子良久默然，突然一句赞叹："尸佼好眼力，竟得如此之徒！"他又问："不知你闯到哪一堂考验了？"

"三日之后，谷主亲考。"卫鞅回答道。

瞎子闻言，并不吃惊，又道："秦老能带你到此地，说明你有此能力，可惜，一个不世大才，就要永远留在这里了。"瞎子惋惜道。

"为何？"

"因为你绝无通过谷主考验的可能。"

"卫鞅相信，凡事无绝对，师叔如此颓废，不见昔日大才之态也。"卫鞅有些失望，又一拱手道，"卫鞅先走了。"

"大才之态？想当初，我也是英姿勃发啊！"瞎子喃喃道。听见卫鞅离开，他又大声道："小子，师叔送你八个字：永不放弃，持之以恒！在你选择时，记住这八个字！"

卫鞅闻言，脚步一顿，随后快步离开。

三天后，谷主考验开始。

"卫鞅，"谷主的表情出奇地严肃，一反平时的微笑示人，"在考验之前，我最后问你一遍，参加这个考验，如果失败，你将付出很大的代价，现在放弃，或可全身而退。"

"鞅愿受考验。"卫鞅没有丝毫的犹豫。

"不，他不接受考验！"一个声音突然响起。

卫鞅听到这个声音后，呆滞了一下，随即猛然转身，是老师！

只见老师气喘吁吁地跑了过来，原本灵动的身法早已无影无踪。

"老师！"卫鞅叫道："您如何来此地？"

老师没有理会卫鞅，而是一把拉起卫鞅的手，就要带他离开。

"尸佼！"谷主威严的声音响起，"你以为我谷中是想来就来，想走就走的吗？你弟子已经答应考验，你却横加阻拦，是不是不太好啊？"

老师闻言，脚步一顿，把卫鞅护在身后，道："我不会让卫鞅接受考验的，如果失败了，且不论我师徒情谊深厚，我一生的心血就白费了。"

"可你不经允许，擅闯谷中，此事如何说？"谷主又道。

"待我送卫鞅出谷后，再回来受罚。"老师果断道。

"卫鞅已知我谷中太多机密，不能离开，除非他通过考验。"谷主一反常态，处处计较。"不如问问卫鞅之意，看他如何定夺？若卫鞅不愿接受考验，老夫也无话可说，权当看错了人，即刻放你师徒离开。"

"好，就听卫鞅的！"老师道，又对卫鞅说，"卫鞅，自古以来，无人可通过谷主考验，你也不要再任性了，老师不想看到你受伤。"

"老师！卫鞅不肖，私自入谷，但既已答应考验，就绝不反悔！若卫鞅失败，来世报答您教育卫鞅之恩。"卫鞅决断道。

"卫鞅！你糊涂啊！老师这辈子就收了你一个弟子啊！罢了，你若失败，老师就归隐山林，不再教徒！今天为师陪你赌一把！"老师叹道。

"谷主，卫鞅愿受考验！"卫鞅见老师不再阻拦，遂对谷主道。

"卫鞅，你真的想好了？"谷主最后问道。

"卫鞅既做决断，绝不反悔！"

"哈哈哈！"谷主闻言，仰天长笑道："好一个绝不反悔！卫鞅，通过谷主考验！"

卫鞅愣住了，老师也愣住了，谷主继续笑道："作为一名大才，最重要的，不是学识，而是品行，卫鞅已经用行动证明了自己有得到我谷中圣书的资格。"

卫鞅肃然一鞠道："谷主真是高人，卫鞅佩服！"

老师也肃然一鞠，道："尸佼也服了。"

"哈哈哈，过奖了，其实谷主考验，在我谷中创立考验制度时就已作了如此规定：谷主考验，只考品行，但能通过，即可获得我先辈真传。"谷主道，"我早就知道尸佼你会来，正好利用此事来考卫鞅是否能信守诺言，坚持到底，事实证明，秦老眼光不差。"

"卫鞅，跟我来取书吧。"谷主道。

卫鞅却没有答话，而是一头倒在了地上，进入谷中这几月，他每天都处于极度紧张的环境中，兵堂考验、古堂考验这两大考验早已耗尽他全部的精力，为了能获胜，他一直在房中一个人不停地推导各种可能性，各种问题的答案，都被他熟记于心，他曾数次连续几夜不眠不休，今天来挑战谷主考验，他本来已经做好了背水一战的准备，故而精神一直极度紧绷，老师的到来，让他心中一松，考验意外通过，他又心中一喜，如今完全放松下来，再也抑制不住，沉沉睡去。

老师扶起卫鞅，叹道："这几月，累坏这孩子了，都是我这个老师不尽责，弟子只身来此，我却最近才知道，难为他了。"又看了一眼谷主，道："让他好好休息一下吧。"

"好。"谷主道。

三日后。

卫鞅醒来了，迷迷糊糊揉了揉眼睛，忽然好像想起了什么，从床上一跃而起，整理好衣着，冲出了屋子。"哈哈哈！通过考验了！哈哈哈！"卫鞅仰天长笑道。

"鞅哥哥！"小童见卫鞅冲了出来，也笑道："恭喜你通过了考验，成为第一个有权知道我谷中秘密的谷外人。"

"秘密！是和你们祖辈有关吗？"卫鞅问道。

"跟我来吧！谷主会告诉你的。"小童收起嬉笑的表情，严肃地说道。

"好。"卫鞅不再出声，跟小童走了。

到了一处庭院，谷主早已在此等候，见到卫鞅，道："跟我来吧。"

卫鞅跟上，小童却留在了原地等候。

卫鞅跟谷主来到堂后，谷主在墙壁上拍了一下，顿时，墙壁裂开，谷主带头走了进去。

卫鞅已经见惯了这种机关，没有惊讶，也进去了。

谷主进入密室后，点燃了一盏油灯，然后将油灯向右旋转，之后又点燃了对面的油灯，向左旋转，只听见机枯咔咔作响，地面上出现一个石盒。

谷主拿起石盒，按了几个按钮，石盒打开，里面有几捆竹简。谷主拿起一捆，递给卫鞅。

卫鞅接过竹简后，谷主道："我谷中秘密，全在此简中。"

卫鞅没有吭声，翻开竹简，只见上面写道：

> 管仲夜观天象得，今姜齐气数已尽，仅有数年时光，田齐代之已成定局，管仲受桓公大恩，不为田齐效力，已决意归隐，桓公虽宠信内侍，然其昔为明主，定不会拒绝。管仲虽退，然法学必不会因此而衰，为使后世英才有所借鉴，遂著《管子》一书，托好友鲍叔牙之后代为保管。

卫鞅大为惊讶，此书竟是管仲所作！托好友鲍叔牙之后代为保管，那岂不是说谷中人即是……卫鞅连忙继续翻看，下面的内容就是说给卫鞅的了：

子既能得此书，说明又一位英才已出世，天下格局，必然大变矣！愿子能完成管仲未竟之事业，一统天下！

卫鞅合上竹简，交予谷主。

谷主摇头道："不必还我，此石盒内之物，今后皆为你所有了。"

卫鞅点了点头，把竹简放回石盒，盖上盖子，没再说什么。

王屋山峰顶，两人正在持剑相斗。

"砰"！木剑相击，发出巨响，持剑之人正是卫鞅和李悝。

距离卫鞅出谷已有数日，这数日中，尸佼先带着卫鞅去找李悝，借机好好数落了李悝一顿，一吐胸中的郁气，顺便感谢秦老引卫鞅入谷之恩，秦老也很高兴，鲍氏家族已守护了《管子》数百年，期间虽然因远离世事而未遭战火侵袭，然对于谷外的世界，还是很渴望的，如今先祖之命已了结，也可以逐渐离开谷中，回归天下了。

"好精彩的对决呀！"小童在一旁拍手叫好，又对李悝道："师兄，你也真是，和卫鞅一个不满十岁的少年比剑术，竟然无法取胜，一张老脸往哪放呦！"

李悝在一边是一百个后悔，怎么会把这个小毛头接来的？

时光回到李悝等人和秦老告别前。

李悝道："秦老，您老人家多保重，李悝告辞了。"一旁尸佼、卫鞅也道："告辞。"

秦老微微一笑道："会再见面的。"

三人骑上了马，卫鞅最后看了秦老一眼，到现在，他都没有看出老人的深浅。

纵马疾驰，正要出轵县地界，忽然前方一个少年拦住去路。

小童！卫鞅笑了，早该料到这小子不会轻易放过自己。

"鞅哥哥，你这是要去哪啊？"小童也认出了卫鞅，笑道。

"谷中历练已毕，卫鞅该回王屋山继续修习了。"卫鞅淡淡道。

"你不能走！"小童闻言，再也没有了先前的淡定从容，连忙道："你答应要教我剑术，还没兑现诺言呢！身为名士大才，你不会不讲信用吧？"

卫鞅本已打定主意，要将这个小童带回王屋山，一则是为教他剑术，二则离开山谷时谷主也曾说要他带小童出去历练一下，磨磨他骄傲的性格，只是走时有些匆忙，忘记了。但卫鞅还想借机逗逗小童，于是道："教你剑术可以，但谷主同意你离开了吗？"

小童一听，顿时老实了不少，支吾道："我，我的事，为什么要别人同意啊？"

卫鞅心中大喜，果然，他是偷跑出来的，不知谷主已同意他出谷了。叹道："你擅离谷中，我怎可带你去王屋山？还是将你送往秦老处吧！"

小童大急道："不，我不去！"又央求卫鞅道，"鞅哥哥，只要你带我走，以后你干什么，我都帮你！"

卫鞅眉毛一动："此话当真？"

小童哭丧着脸道："当真。"

就这样，小童被带回了王屋山，一路上，经过无数次试探，小童发现，尸佼是卫鞅的老师，不能欺负，但对于李悝，卫鞅的感情很微妙，于是小童经常利用自己的"师弟"身份，与李悝嬉闹，李悝也只能暗自叫苦了。

时间又回到眼前，卫鞅经谷中历练，不仅学识大涨，剑法也有所提高，已经能隐隐与李悝分庭抗礼了，而关于《管子》《法经》二书，卫鞅还未完全看完，但已受益匪浅，《管子》是对话式的语录，内容稍稍有些零碎，且其中有相当大的篇幅用于论商，而《法经》对于法令的介绍更多一些，主要是以耕战为主，二者恰可互补。

卫鞅认为，大争之世，商旅虽然能够给国家带来很高的收入，但弊端也很明显，那就是：商旅并不稳定，一旦战争开始，必然商旅绝迹，若一个国家只依靠商旅来维持，灭亡之期必不久也。但商旅在某些地方还作为国家的命脉存在，例如盐，内陆国不产盐，一旦没有商旅周流，岂不是灭顶之灾？所以，卫鞅对于商的看法是，鼓励通商，绝不依赖，既要利用商旅，又不能过度依赖，基于这个理论，卫鞅有了一些想法，是否可以将商旅进行规划，使其相互竞争，这样，他们就会尽量压低价格，提高质量，于国于民，都大有好处。

卫鞅曾与老师探讨过自己的这个想法，但老师却提出了此想法的一个致命缺陷，那就是：商旅只去强国、富国，若想实现自己的想法，还是要以强国为主，国家富有了，商旅才会竞相前来，才会听官府规划，国家不强大，一切都是空谈。

卫鞅又一次为老师的智慧折服了，是啊！国家不强大，谁愿意去做生意？

于是，卫鞅开始研究《法经》和《管子》中与耕战有关的内容，卫鞅发现，《法经》中非常重视官府的信用，认为要想变法成功，必须取信于民，只有百姓信任官府，国家的法令才能得到执行，卫鞅还对《法经》和《管子》中对于法令的篇幅做了总结和分类：第一，农耕。两本书都对农耕十分重视，认为农耕为国之本，一个国家要想强大，农耕必须发达，试问，如果国家连基本的粮食储备都没有，国民甚至连温饱也做不到，百姓岂不会大量外逃，军队岂不会战力低下？第二，法令。《法经》中提出，农耕是国家强大的基础，法令则是维持国家万世不衰的良药，卫鞅认为，这句话的意思是：一定要坚守法制，绝不能让后代随便更改法律条文，当然，一些易变法律，诸如农商税收，还是要随实际而变化的，所以，卫鞅还要思虑清楚，究竟哪些法律可改，哪些不可改。这也是卫鞅今后的任务。第三，吏治。对于如何使官吏勤奋敬业，不贪污腐败，法家可是深有研究，甚至为此专门诞生了一种新治——术治，但卫鞅认为，吏治虽然十分重要，但并不能为此舍本逐末，法制才是正统，但卫鞅也对术治稍稍做了研究，不可否认，术治也很有作用。

卫鞅还对军制、工商做了一些研究，但与上面三大方面相比，就无足轻重了。

第三章 初出茅庐

一、苍苍王屋，卫氏商社

数月后。

卫鞅正捧着《法经》，认真地阅读着，对于《法经》，卫鞅觉得自己还远远没有研究透彻，师伯李悝的智慧真是深不可测，经谷中历练后，卫鞅本以为自己已经学有所成，但现在卫鞅意识到，自己要学的东西，还有很多，要想成为师伯那种旷古贤相，要走的路还很长。

意识到这些后，卫鞅心中的紧迫感骤然加剧，更加努力学习了。

"当当"的敲门声响起，卫鞅头也不抬地说道："请进。"

木质的房门"吱呀"一声，小童推门而入，见卫鞅又在读书，顽皮地笑道："鞅哥哥，整天闷在房中，小心未老先衰，变成小老头哦！"

卫鞅一动不动，仿佛没有听见小童的声音一般，继续读着书。

小童见卫鞅不搭理自己，有些生气，决定要捉弄一下卫鞅，于是蹑手蹑脚地走上前去，准备一把抢过卫鞅手中的《法经》。哪知刚一伸手，就被卫鞅挡了下来。小童又气又恼，跺脚道："真是服了你了！一点幽默感都没有。"见卫鞅还是没有反应，小童说出了自己的真实来意："你师伯新收了一个弟子，叫'魏熊'，好像是魏国人，佼师兄要你过去认识一下。"

卫鞅的头猛然抬起。师伯收徒了？他拉起小童便走。出了门，才想起自己不知道在哪儿，于是看向小童。

"嘻嘻，你也有求我的时候！"小童十分开心，但是看到卫鞅还是毫无表情，失望道："他们在论政台。"

论政台，是卫鞅向老师请教之地，虽然是台，但其实只是几块巨石堆叠而成的小丘，不过对于卫鞅而言，那是个神圣的地方，他经老师指导，数次于那里领悟法家真谛。老师竟然在论政台见那个魏熊，想来其才学不低，禀赋也很超群。

卫鞅心中揣摩，脚下却未停止，到了台上，见老师、师伯和一位和自己年龄相仿的少年正在等候。想来，这位少年就是师伯的弟子魏熊了。不禁仔细打量，只见魏熊一身红衣，手持一把长剑，与卫鞅对视着，眼神明亮，但脸上两腮鼓起，眼睛硕大，身材极胖，卫鞅忽然觉得他的长相有些眼熟，又凝神细想，却想不出来。

小童见卫鞅眉头紧皱，于是踮起脚在卫鞅耳边道："这个魏熊，生得不像熊，却如一只大蝉。"

闻小童此言，卫鞅恍然大悟，是啊！真如一只大蝉！不禁哑然失笑。

老师道："卫鞅，今后他就是你的师弟了，你们要多多交流。"

魏熊双眼眨了眨，对卫鞅拱手道："师兄，今后多多指教。"

卫鞅也一拱手，道："师弟过谦了，我们今后共同交流。"

老师道："远道而来，先吃点东西吧。"

魏熊抱着一只烤鸡大啃，不一会儿，一只硕大的烤鸡就变成了一堆鸡骨，又端起一边的汤饼，一仰头，嚼也不嚼，直接咽下了肚，还不满足，又抱起另一只烤鸡，继续大啃。

卫鞅和小童在一边已经陷入呆滞，一炷香的时间，魏熊已经吃下三只烤鸡，两碗汤饼，而且没有丝毫吃饱的迹象。这是什么饭量？按他这个吃法，山上原本一月的存粮能不能撑一周，都很难说。

老师也很惊讶，只有李悝早已见惯这个景象，仍在从容地喝茶。

又喝下两碗汤饼，魏熊终于停了下来，不是他不想继续吃，而是已经没有食物了。小童马上道："我再去拿。"

"不必了。"李悝道，"魏熊，饭也吃完了，该说正事了。"

魏熊一抹嘴上的油渍，道："弟子遵命。"又想了想，好像不知从何说起，才道："魏熊是魏国王室。"仅此一句，在座的人除了李悝和小童外，都是一惊。

魏熊脸上却没有丝毫的骄傲，反而有些淡淡的，不易察觉的忧伤，顿了一下，又继续道："曾奉文侯之命，前往墨家修习秘事之术，至今已有数年，略有小成后，又奉魏王之命，拜于老师门下。"

李悝接着道："魏熊是王室偏枝，乃这一辈王室子弟中天资最为卓越的英才，年少时文侯曾对其下过断语，说'此子虽禀赋过人，然贪玩之心过甚，为给我大魏谋一栋梁之才，需将其送入墨家磨炼，我大魏王室虽然人丁兴旺，然其中大多为庸才，不堪重任也，此子日后若能玩心尽退，可拜李悝为师，若旧习不改，则万万不可让其入李悝门下，不然反害我大魏一贤相矣！'"李悝说到这里，想到魏文侯早已逝去，不禁悲从中来，"文侯如此关心李悝，李悝无以为报！"

魏熊见李悝悲伤过度，想要过去搀扶他，李悝忙摆摆手，示意自己无事，要魏熊接着说，魏熊才道："如今魏熊已学成归来，已无浮华之心，丞相方才收魏熊为弟子。"

李悝从悲伤情绪中回过神来，又道："魏熊虽禀赋过人，然王室子弟终不能如平常布衣士子一样治理国家，老夫再三思考，决定使其学习纵横之学，可专事邦交。"又顿了顿，看了一眼尸佼，道："师弟此处，乃修学佳地，老夫遂将魏熊送来，与卫鞅共学。"

尸佼道："可师兄似乎并不会纵横之学，我处亦无与纵横之术有关之书，如何教魏熊纵横之学？"

魏熊从怀中掏出本羊皮书，递给卫鞅，道："魏熊于墨家修习之时，曾与老师一起前往云梦山会见鬼谷子，鬼谷子称道魏熊之才，特赠《鬼谷子》一书与魏熊，此书堪为纵横学之书。"

卫鞅接过羊皮书，见其封面"鬼谷子"三个大字烁烁生光，又还给魏熊，道："此既为鬼谷先生相赠，卫鞅如何看得？"

魏熊道："鬼谷先生曾云'日后若遇英才，可与其共阅此书，无门第之见也！'不然魏熊岂能给他人观看？闻老师之言，师兄乃当世之大才，如何不能阅得此书？"

卫鞅这才道："既然鬼谷先生有此言，卫鞅就与师弟共阅《鬼谷子》！"

尸佼道："天色已晚，魏熊，你可与卫鞅、小童共宿一房。"

第二天，早晨。

卫鞅醒来，见房中小童睡得正香，于是蹑手蹑脚起身，发现魏熊的卧榻上早已空无一人，心想："这个魏熊，如何醒得这般早？"连忙穿好衣物，出门寻找。

魏熊正在山顶盘腿打坐，如今已是深秋，山顶上寒风呼啸，他却岿然不动，仿佛一尊铜像，这是他在墨家修习时养成的习惯，每到凌晨时分，他就要醒来打坐，这可以帮他静心，使情绪保持冷静。

其实魏熊知道，自己对于情绪的控制的确不好，要不是魏文侯当年将自己送入墨家磨炼，他或许就被别的王室子弟同化，沉迷于声色犬马了。

也许，文侯正是看到了这点，才将自己送入墨家吧。心念及此，魏熊忽然感到身后有异，猛地回头，长剑已然在握，厉声质问道："谁？"但突然发觉自己现在在王屋山，山上只有老师等人，于是放松了警惕。

来人正是卫鞅，见魏熊如此警觉，不禁打趣道："师弟，切莫激动，是我。"

见是卫鞅，魏熊连忙站起身来，道："原来是师兄，刚才得罪了，魏熊于墨家学习秘事之术时，老师曾有告诫：无论处于何地，切勿放松警惕。故魏熊养成这种习惯，如今一到王屋山，旧习未改，吓到师兄了。"

卫鞅哈哈大笑，道："不必担心，师兄胆子大着呢！"

魏熊恭敬地道："师兄敢一人独闯圣书谷，此等胆气，魏熊难及。"

卫鞅惊讶道："咦？你如何知我前往圣书谷之事？莫不是师伯说与你的？"

"正是。"

卫鞅叹道："唉，卫鞅年少轻狂，不知天高地厚，不经老师允许，擅闯圣书谷，险些连累老师，自此，方知天外有天，人外有人也！"

"天下英才虽多，然有一处，无人可与师兄匹敌。"魏熊语气很是诚恳。

"哦？"

魏熊道："天下英才虽多，然其才堪与师兄匹敌者，年龄皆比师兄大了不止一筹，故虽人外有人，然无人潜力可与师兄相提并论。"

卫鞅摇摇头，故作老成道："此话有理，然与人对决时，可无人言'竖子年龄尚小，可回家休息几年，再与吾对决！'"

魏熊先是一愣，然后哈哈大笑，道："师兄真是可爱！"

卫鞅道："不多说了，回去修习吧！"

在北风呼啸中，王屋山迎来了入冬的第一场雪，原本青翠的山峰，为大雪所盖，山中寂静了不少。

正厅。

卫鞅、魏熊与小童正在统计山中所缺物资，大雪一下，山中再无野兽，粮食便是大问题，再加上盐、酒等用品，还有其他琐碎，都要下山购买。

又忙活了一会儿，卫鞅道："山中所缺，已清算完毕，即刻下山。"

原本，采购这种事，是由师伯来安排，但这次，老师却说："事事都帮他们，今后如何自理？"硬是说服了师伯李悝，让卫鞅他们几个自己下山，到高都去购置所需物品。

卫鞅对此，倒是毫无怨言，因为他觉得，老师说的对，如果自己连购买点东西都做不到，如何能做一番大事业？于是卫鞅接受了这个任务。当然，卫鞅也是有所凭借的，要知道，卫鞅的父亲可是卫国名商，卫鞅自小耳濡目染，对商道也是颇为熟悉。

卫鞅此去，还有一件十分重要的事要做，当然，他对此事已不抱太大希望，只是要看看，究竟如何罢了。

雾蒙蒙的一片。

一辆马车飞驰在田间小道上，一人道："师弟，此去高都，还有多远？"

另一人道："不远了，还有不到一个时辰的路程。"

第三人道："高都是什么地方？有没有什么好玩的？"

这三人，正是卫鞅、魏熊和小童，三人兼程行进，马不停蹄，即将到达高都。

魏熊只淡淡一句道："高都，夏朝最后一位国君，夏王桀曾定都于此。"短短一句话，引来小童一声惊呼。

卫鞅却不惊讶，他的思绪已飞向了远方……

下山前，老师对卫鞅道："卫鞅，你此去高都，有两个任务。一是购置我山中所缺之物。二则是寻找你父亲留下的商社。"

卫鞅闻言，先是一愣，继而大喜道："我父之产业，尚有遗留？"

老师幽幽一叹，道出了事情的来龙去脉：

他带卫鞅离开卫氏商社时，卫氏商社的老总事与一班家丁拦住了他，老总事没有多说，只硬邦邦一句："少东主虽走，然卫氏商社绝不败落，老朽与一班后生，死等少东主归来！"

尸佼大为感动，随即对老总事道："尸佼将带少东主前往王屋山，老总事若想等待，可前往高都，重开商社。"

"如今，距你上山，已有数年，卫氏商社是否尚存，为师尚未确定，今你前往高都，寻找卫氏商社，若其尚存，可善加使用，若已败落……"

心念及此，卫鞅连忙摇了摇头，不，父亲的产业，不会这么快败落的。

一路无话。

不久，眼前出现了一座大城，卫鞅三人走马入城后，分头行事，魏熊带着小童去购置盐、粮等大宗货物，卫鞅则负责零碎，见二人走远，卫鞅随即找了一位路人，询问道："城中是否有一'卫氏商社'？"

路人一笑，道："小兄弟，怕是第一次来高都吧？卫氏商社的名气可大着呢！"随即伸手指了一个方向，"向那边走，最大的那一座商社，就是卫氏商社了。"

卫鞅拱手谢过，连忙前往。

没走多远，就见到一座商社，虽然房屋十分朴素，然人群熙熙攘攘，显示出它的繁华，房上挂着一个牌匾：卫氏商社。

就是这里了，卫鞅刚下马，就有一人走上前，一边道："贵客，请进。"一边接过了卫鞅手中的马绳。

卫鞅却只一句："请对管事之人说，'公孙氏故人来访'。"

那人闻言，脸色一变，道："贵客稍候。"说罢，急匆匆跑进了商社。

不一会儿，一个年轻人走了出来，看见卫鞅，遥遥一拱手道："贵客来此，报出'公孙氏'之名，敢问乃我公孙氏哪一脉？"

卫鞅道："我父卫嗣。"

那人闻言，先是一愣，继而大惊，颤抖道："可是少东主？"

卫鞅从怀中拿出一块令牌，道："有物为证。"

那人见令牌上用少有人识得的金文刻着"公孙"二字，"扑通"一声跪下，道："卫氏商社假总事卫和，见过少东主。"

卫鞅见路人纷纷驻足观望，大为尴尬，连忙将卫和扶起，道："不必如此多礼。"

卫和起身，好似忽然想起了什么一般，一把拉住卫鞅道："少东主，请速跟卫和来。"眼中颇有急色。

卫鞅也不多问，跟卫和进了商社。一进门，正好看见魏熊和小童，二人见卫和急匆匆拉着卫鞅，也不阻拦，和卫鞅交换了一下眼神，继续与人商谈。

卫鞅一直到商社深处，一处小院内。

小院内，一少年正持剑守护，见卫和拉着一个陌生人来，少年横剑挡住，雄赳赳问道："总事，此乃何人？大父交代过，外人不得进入。"

卫和见状，忙对卫鞅一拱手，急切道："请公子速速出示令牌。"

卫鞅掏出那块老师临行前给他的令牌，给少年看。

少年一看令牌，手中长剑垂下，跪倒在地。

卫鞅刚要将少年扶起，卫和却拉着卫鞅进入院子中的一间小屋。

小屋内，一个老人躺在床榻上，手中拿着一卷竹简阅读，但脸色有些苍白。见卫和拉一人进屋，微微一笑，问道："卫和所带何人？"

卫和肃然一拱手道："老总事，少东主来了。"

老人一惊，原本有些浑浊的双眼爆出两团精光，就要艰难地翻身而起。忙问卫和道："人在何处？"

卫和连忙拦住老人，卫鞅走上前，对老人肃然一鞠，道："老总事，卫鞅在此。"

老人看着卫鞅，两眼骤然射出明亮的光彩，道："卫封终于等到少东主归来，虽死无憾！"

卫鞅不知如何说话，只得沉默。

老人咳嗽了一声，对卫和道："叫卫英进来。"卫和应声而去。

数息之间，少年进入房中，对老人道："大父，您叫我？"

老人剧烈地咳嗽，然后道："卫英，大父自知命不久矣，待我死后，你就跟随少东主吧，少东主的安全，就由你负责了。"

卫英颤抖起来，默不作声地点点头。

卫鞅却对老人道："老总事，卫鞅学业尚未大成，山中孤独寂寞，如何能让总事之孙跟卫鞅受此清苦？"

老人却微微一笑道："卫英精修剑术，有他在少东主身边，老朽放心。"说完又是一阵剧烈的咳嗽。

卫和在一边，见老人不停地咳嗽，心中急切万分，但他知道，老人已经命不久矣，救不回来了，前几日，他曾请来城中最高明的医师为老人诊治，可医师见了老人，一声不吭，只悄悄对卫和说了一句："最多旬日。"要不是这样，卫和岂会因卫鞅的到来如此急切？他是怕老总事的愿望无法实现。

卫鞅见推辞不过，只能道："卫鞅尊老总事之愿。"

老人又转头对卫和道："卫氏商社，就托付于君了。"

卫和强忍悲意，道："卫和遵命。"

老人吩咐完身后事，又剧烈地咳嗽，渐渐没了声息。

卫和再也忍不住了，放声大哭道："老总事！"

卫英也"扑通"跪地，却不作声，显然在强忍。

卫鞅泪水上涌，急忙走出屋子，他不想再看下去。

过了一会儿，屋中传来一声悲吼："大父！"

卫鞅一颤，随即抬头望天。

二、洞香春卫鞅论棋

卫鞅忽然想起，魏熊和小童还在外面等着呢，于是顾不上卫英和卫和，赶忙去找二人。

到了外厅，魏熊正和一位商人交谈。卫鞅快步上前，魏熊见卫鞅来了，问道："师兄，刚才那个总事急匆匆拉你进去，难不成你们认识？"

卫鞅道："说来话长，先谈正事。"然后就不再言语。

魏熊知道卫鞅有苦衷，就不再追问，继续与商人交谈："五十金暂存于此，所需各种物品，具按今日商谈价格，日后但有所需，到此直接提取？"

商人毫不犹豫，道："便是如此。"

魏熊见对方答应，正要去取金，看到卫和匆匆而来，于是停下了脚步。

卫和径直走到卫鞅身前，一拱手道："少东主日后但有所需，可凭'公孙'令牌到任何一家卫氏商社求助。"

商人在一旁听得呆了，忙问道："总事，他是少东主？"

卫和斥道："本总事所言，你不信？"又叹了一声，对商人说："老总事去了。"

商人愣了愣，泪水涌上眼眶，然后小声道："我知道了，举丧事宜，由我负责。"

卫和拱手道："拜托了。"

商人一拱手，又对魏熊道："先生所需物事，已经开始置办，不久即可领取。我商社将派人送上山。"

魏熊道："多谢。"

卫鞅问卫和道："所需物品，既已置办齐全，我三人到何处等待？"

卫和道："高都中，有一'洞香春'，少东主可前往休息。"

卫鞅道："'洞香春'？名虽好，然是否安静？我们三人，不愿去喧嚣之所。"

"我高都之中，若论安静，无地可胜洞香春，少东主可放心前往。"卫和道。

"这就是洞香春了？"小童指着一块巨大的牌匾道。

卫鞅抬头一看，门上果然挂着"洞香春"三个大字，于是把马交给一边等候的牵马童，走了进去。

刚进门，便见一个侍女走上前，问道："公子，欲往何所？"

卫鞅道："选一僻静之处，越安静越好。"

侍女道："公子请。"在一旁领路。

卫鞅三人跟侍女到一安静房间，房中放着一张宽大的几案，周围是三张坐榻。

待卫鞅三人坐下后，一旁的侍女才问道："公子所欲者何？茶乎？酒乎？"

卫鞅道："巴国香茗。"

侍女一点头，转身悄然离开房间。

不多时，茶已送上，卫鞅吩咐道："若无呼唤，任何人不得进入。"

魏熊等侍女离开后方才问道："师兄，为何刚才那个总事称呼你为'少东主'？"

卫鞅于是把自己从接到老师的嘱托开始，到老总事去世的事说了一遍。最后，还把卫英要跟自己上山的事也说了。

魏熊听罢，不禁一声长叹，道："老总事一生忠于卫氏，如今也算是心愿已了，无憾而终了罢，师兄，你不必过于伤心。"

卫鞅道："唉，这个老总事，在我记事起，就在我卫氏商社了，也不知与我父有何往事，对我卫氏忠心耿耿，如今我父一辈，皆已逝去，令人神伤也。"

魏熊道："往事何必追究，老总事在天有灵，见师兄如此神伤，也不会安心的。"

卫鞅道："不谈这个了，不知洞香春中可有围棋？我师兄弟也好消遣一番。"

魏熊高声道："侍女何在？"

"在此。"轻柔的一声，方才那个侍女闻声而入。

卫鞅问道："不知贵店可有棋具？我们三人闲来无事，欲作消遣。"

侍女闻言，扑哧一笑，道："公子想必是第一次进洞香春吧？我洞香春中，最为有名的，就是对弈博彩了。"

卫鞅喜道："既然如此，鞅真要一试了。"

侍女听出卫鞅有此意，飘然而出，不多时，抱着两个棋篓进来。

卫鞅见侍女放下棋篓后就停下不动了，笑道："有棋无盘，莫非想让我们胡乱摆置？"

侍女又是一笑，对着宽大的几案一阵敲敲打打，桌面便翻了过来，露出背面的棋盘，又飘然离去。

三人却不惊讶，卫鞅在谷中，早已见识过比这巧妙得多的机关，小童更是几乎天天摆弄，对此熟得不能再熟，而魏熊本来就是墨家出身，对于机关暗器更是了如指掌。

三人中，小童不会弈棋，只能是卫鞅和魏熊了。卫鞅道："师弟请先。"

魏熊道："好！就先一回！"言语间竟是从未有过的豪迈。

卫鞅的心中却是越发的谨慎，他知道，不管是做什么事，到了一定境界后，在做这件事时，心中都会有固定的情绪，一旦有了情绪，才说明这个人在这方面，已经有了极高水准。魏熊平时为人冷静，一下棋却如此豪迈，想必他的棋路也应是以大局为重，不计较一城一地的得失，这种对手最难对付。

卫鞅也有自己的棋路，那就是以稳为主，奇兵制胜，用简单的话说，就是先想出战略，确定战术，自己于不败之地，然后出其不意取胜。看起来自己的棋路并不克制魏熊，魏熊的棋路也不克制自己，这是一场势均力敌的战斗。

卫鞅把眼睛眯了起来，他仿佛看见，棋盘上的棋子，演化成千军万马，在冲撞，在搏杀，在纠缠，最后归于一清。

　　魏熊下子了，招式狠辣，直击卫鞅后方薄弱处，卫鞅却毫不在意一般，指挥自己的部队在魏熊的包围圈内横冲直撞，但却处处碰壁，魏熊的包围圈逐渐缩小，卫鞅的活动范围也在减小，就好像一根绳子，勒在卫鞅的脖子上，逐渐收紧，卫鞅的呼吸渐渐减弱，逐渐停止……

　　"啪"！卫鞅又落一子，冲出了魏熊的包围，与另一股部队合为一部，魏熊的部队紧跟其后，准备重建包围圈。

　　"啪"！又是一子，卫鞅又与其他部队合兵。魏熊继续围堵，但他没看到，他的包围圈已经越来越大，越来越薄弱……

　　"啪"……

　　终于，卫鞅的部队实现了反包围，卫鞅在绳子系在脖子上时，并未把所有的力量用于反抗，而是找了一把刀，一刀割断了绳子。现在，轮到卫鞅用自己的绳子，勒在魏熊的脖子上了，只是，魏熊已经没有了刀。

　　魏熊的脸上满是汗水，落子也没有了原先的豪迈气势，手甚至微微发抖。终于，眼前已是死局，魏熊见自己已败，反而放松了下来。

　　卫鞅长吁一声，终于结束了。

　　魏熊佩服道："师兄棋艺，魏熊心服口服，只是，魏熊不知师兄是如何以败势翻盘的？"

　　"棋，乃上古帝王尧根据战争场面，结合星空所作，因此，棋与兵相通，弈棋即御兵，讲究度量战场大势，但更为重要的，则是战略。"卫鞅侃侃而谈，"师弟之棋路，战术已臻化境，然战略却只窥皮毛，故而虽占优势，卫鞅却能凭战略翻盘。"

　　魏熊问道："何为战术、战略？二者有何不同？"

　　卫鞅道："所谓战术，即是战场之间统御之术，将领与士兵如同合为一体，出其不趋，攻其不备，以少胜多，以巧胜拙也。"

魏熊道："若如师兄所说，魏熊的确于战术颇有心得。那，战略又如何？"

卫鞅道："所谓战略，在乎战场之外。"

魏熊奇道："战场之外？请师兄详加拆解。"

卫鞅笑道："战略，即是于战场之外，统筹谋划，战术定小，战略定大。简单说，就是战略决定打何处，战术决定如何打。"

魏熊恍然大悟，道："如此说来，魏熊对于战略确实只窥皮毛，未深入研究。"又对卫鞅一拱手，"多谢师兄指点。"

卫鞅道："师弟不必如此，你我本为同门，卫鞅略加纠正，原是应该。"又见小童在一边听得如痴如醉，忙摇摇他的肩膀，道："小子痴呆了？"

小童被卫鞅一摇，方从刚才的状态中恢复，顽皮地一笑道："哎呀，一不留神，被鞅哥哥绕进去了！"卫鞅与魏熊哈哈大笑。

卫鞅好像忽然想起了什么，一拍脑袋，叫道："哎呀，只顾弈棋，不知过了几个时辰了？"忙呼唤侍女。

侍女道："三位来时，尚是清晨，如今太阳已经偏西了。"

小童叫道："啊呀，这可如何是好，想必总事已经等我二人多时了。"

卫鞅见时间已晚，反而轻松下来，道："既然如此，我等不如在此留宿一晚，明日再走。"

魏熊道："便是如此吧。"

次日。

卫鞅道："和兄，我等先回山上，等操办完老总事的丧事，你可送卫英上山。"

卫和一拱手道:"如此甚好,少东主保重。"

卫鞅也一拱手道:"保重。"便招呼魏熊、小童和一干人士道:"走。"

隆隆一声,马车启动,拉着卫鞅等人购置的众多物什前往王屋山。

一路上,卫鞅很是高兴,此次高都之行,不仅找到了父亲留下的卫氏商社,发现商社不仅没有衰败,反而愈加兴盛。而且解决了山上的过冬问题,还得到了历练,真是不虚此行。

一月时光过去,卫英在操办完大父的丧礼后,听从大父的遗愿,来到了王屋山,一时间,原本寂静的山中,算上卫鞅的老师、师伯,竟有六人常住,真是任谁也想不到。

卫英的剑术,果真如老总事所说,极为高超,他使楚国吴钩,且剑路怪异,寻常剑士还真不习惯他的路数。这楚国吴钩形如弯月,一般剑手对于如何格挡对手的剑都有一种感觉,而吴钩的弯曲形状使它在该到时慢了一拍,不该到时又快了一拍,难怪中原剑手大多不敌楚国剑手。

卫鞅在卫英刚来时,见他带来一只如此怪异的长剑,也是极感兴趣,与卫英较量数次,每次都败于卫英之手,但卫鞅没有放弃,反而琢磨起如何对付卫英的吴钩,要一举破之。

不过卫英虽然剑术高超,但在其他地方却十分迟钝,可即便不解卫鞅之意,卫英却从不询问,每次卫鞅对他有所吩咐,他都立即执行,绝不拖泥带水。卫鞅本想教他一些为政之术,但每次卫英都只一句话便叫卫鞅没了话说:"卫英上山,乃是奉大父之令保护少东主,不欲学政事!"

再说小童,小童在跟卫鞅学习了一段时间后,发现卫鞅剑术不如卫英，于是转而向卫英求教，但卫英总是唯卫鞅马首是瞻，平常时刻一步不离卫鞅左右，不愿教小童剑术。

但小童是个鬼精灵，见卫英不教，就去缠着卫鞅，让卫鞅一刻不得清净，卫鞅要修学，只能让卫英去教小童，小童最终还是如愿以偿。

还有魏熊，魏熊从高都回来后，整日在房中读那本《鬼谷子》，仿佛着了迷一般，整日见不到人，只有吃饭时才能见到他的身影，整个个人瘦了一圈，但眼神却爆射出精光。

转眼间，又是一月，感觉学问已经大成的卫鞅找到老师，请求下山历练。

老师等卫鞅说明来意后，不置可否，反而问卫鞅道："你认为自己的法家之学已经学到家了吗？"

卫鞅心中已经认为自己学得差不多了，但见老师这么问，于是道："弟子不知何为'到家'，还请老师示下。"

老师冷冷一笑，道："你可知法家为政精要在于何处？"

卫鞅心中疑惑，于是道："弟子且试言之，法家之精要，在于立威，使民不敢违反国法，官吏不敢玩忽职守，从而使国力强盛。"

老师又道："那你可知立法之要在于何处？"

卫鞅脸上有些冒汗，惭愧道："这个，弟子不知。"

老师冷笑道："连立法之要都不知道，如何秉政执法？谈何下山历练？"

卫鞅只得拱手道："敢请老师教我。"

老师却没有开口的意思，只说："此问，为师不能回答，你只有自己领悟，方才明白此中真谛。为师若全告知与你，反而是害了你。"

卫鞅闻言，深以为然道："弟子明白。"

回去之后，卫鞅便将自己锁在了房中，日夜思考，他本以为自己已经能够下山历练了，但老师却只用了一个问题，就将他难住，谈何下山？卫鞅直到此时才意识到自己的急躁，自己不过十二岁而已，何必要如此急火？

想通了这些，卫鞅的心静了下来，但他对于老师的问题依然没有答案。这种无力感，在这之前只有一次，就是谷中的那次历练，古堂堂主的问题，那次，他最终顿悟，那么这次呢？

屋内，卫鞅已经连续思考了三天三夜，终于按捺不住睡意，一下子倒在桌上。

不一会儿，尸佼和李悝缓缓推开了房门，李悝看了一眼趴在桌上睡得正香甜的卫鞅，摇了摇头，对尸佼沉声道："绝不能如此对他，年纪尚小就如此空乏其身，不是良兆。"

尸佼却悠然一叹，道："我本也不认为他能解得此问，只是叫此子时刻想着，自己还有不能解决的问题，不能松懈而已。"

李悝闻言，脸色稍缓，但却依旧道："可是他铁了心要解决此问，你作为老师难道能阻止他不成！"

尸佼道："这有何难？明天我就带他下山。"

李悝大惊道："下山？你失心疯了！"立即意识到自己声音太大，连忙低声道："他还不到加冠之年，如此年纪就下山，岂不凶险万分？"

尸佼傲然道："不经过人事磨砺，如何能成就一位不世大才？这小子若是连这一点困难都怕了，凭何成为我尸佼弟子？"说罢长叹一声，又道："谷中一行我是醒悟了，若有天命，便当冒奇险成大业，若无天命，我等再加以保护也不过是徒劳而已。"他转头看向李悝，戏谑道："你当初带卫鞅入谷冒险却不告诉我，那谷中考验比起下山历练也不遑多让，如今我要带自己徒弟下山，你却横加阻拦，岂不可笑？"

李悝默然良久，终于微微一叹道："你自己的弟子，随你便了，反正我弟子也该下山了，就让他们一起去吧。"

尸佼似乎早就料到李悝会如此说，断然道："不可！魏熊纵横之学虽已有小成，但还未达到大成。现在下山，反而于他有害。再者，这第一国的历练，我想带他单独前去。"

李悝无奈道："便是如此吧。"说完，就要去把卫鞅扶到卧榻上。

尸佼一挥手拦住李悝，小声道："你现在去，万一把他惊醒，他又钻研起来该如何是好？让他好好休息吧。"

李悝一点头，与尸佼一起关上房门，走了出去。

三日后，洛阳。

洛阳，作为早已名存实亡的天下共主，东周的都城，虽然早已丧失它曾经的繁华，但这里的百姓仍然保持着"国人"的风范，街道上的行人来来往往，却没有丝毫声息，唯恐破坏了安静的气氛，就连购买物品的人，也都是商家张口报出价钱，就直接购买，没有丝毫的讨价还价，天子都城的气质油然而生。

卫鞅和老师刚到洛阳郊野时，正赶上大雪纷飞，城外全部被冰雪覆盖，可一到城内，满地的冰雪便荡然无存，被百姓自发地扫得干干净净。卫鞅不禁感叹道："周人虽无争霸之志，却有团结之心。且行使王道日久，将来若推行法家之学，必定极为艰难。只能老汤慢炖，极需耐心也！"

老师也叹道："周虽实行王道之治，令国家有力难聚，国力不支，但其体贴百姓，故文王、武王才可完成灭商大业。想来，法家之学不足之处，正是易入穷兵黩武的死胡同，今后你若秉政变法，切记，一定要忍耐，小不忍则乱大谋。记住了？"

卫鞅道："弟子谨记老师教诲。"

老师道："不必多说，到你秉政之事，再看你表现，便知你是否记住为师今日所言。"

三、哀时命之不及古人兮，夫何予生之不遘时

话音刚落，老师已经带着卫鞅来到一处府邸，洛阳虽然早已不复往日繁华，但这处府邸却豪华非常，高大的墙壁、宽敞的大门，无不宣示着此处所居之人的非凡地位。卫鞅抬头一看，门上挂着一个三个大字的牌匾："太师府"。

老师哈哈一笑，走上前去，卫鞅心中疑惑，但也不便多问，只得紧跟老师。

"站住！什么人敢擅闯太师府？"守门卫士拦住了老师。

老师一愣，随即笑道："小子，不认识我了？"

卫士嘟囔道："谁认识你……"又仔细打量了一眼老师，认了出来。卫士忙拱手道："先生请进，刚才多有冒犯。"将老师和卫鞅迎了进去。

到了正厅，卫鞅见到一个白发的老者正向一位官员吩咐着什么，眉宇间威严之气横生。"想必这就是太师了。"卫鞅心中揣度着。

老师远远就看到了这位白发老者，却不吱声，直到老者察觉到有

人来了，抬起头一看。

见到老师，白发老者先是一愣，继而大笑道："尸佼，你可好久没来了！如何想起到老夫这里来消遣？"

"我可不敢消遣你这当朝太师，否则岂不又要被逐出王宫，露宿街头了？"尸佼玩笑道。

白发老者脸上却没有了笑容，对一边的官员使了个眼色，待其离开后，方才小声道："你在卫国的事情我听说了，本来以为你早已不在人世，想不到你竟然还能活下来。卫国的君臣真是可恨啊！"

尸佼却坦然一笑，道："这怨不得他们，谁让我一见卫君，未取得其信任就大谈强国变法之术，以致其以为我是欺世盗名之徒呢？"

老者又道："那你此次来周，有何要事？不瞒你说，当今周君颇有谋略，正搜罗天下人才，欲图变法，你若有意，我可将你介绍到国君处，以你之才，我大周必然振兴！"

"我可不敢再见国君了，而且，你就不怕我抢了你太师的位子？"尸佼继续打趣道。

太师求饶道："你就别取笑我了，论打嘴仗，我颜率纵横天下，却偏偏不是你的对手，真是恨煞我也！赶快说你的来意吧，我还有很多公事呢！"

"谁不知道当今周室只有'王地三百里'，你能有多少公事？"尸佼先是一句，继而颇为神秘地一笑，"我今天来找你，却有一件大事。"

颜率正要反唇相讥，听尸佼如此说，又来了兴致道："何事？"

尸佼先是拿起一旁早已斟好的茶水，然后不紧不慢道："尸佼此来，是要向太师介绍一人，周室若用此人，不出数十年，虽不敢说能称霸天下，但实力定然能超越齐、楚之流。"

颜率知道尸佼从不在大事上开玩笑，急道："此人现在何处？"

尸佼笑道："就在这大厅之内。"

颜率先是一愣，继而大笑道："尸佼，你这不还是来找我要官来了吗？这大厅之内只有三人，我颜率自认无此本事，那不只有你了！难道这个少年还能振兴我大周？"

尸佼脸上却没有丝毫的玩笑之意，肃然道："正是。"

"如何如何？一介少年，数十年就能振兴我大周？"颜率还是不信，故作痛心状，"尸佼啊！难道你千里迢迢来此，就是为了戏耍我颜率？"

尸佼见颜率不信，只得解释道："此乃我弟子，若不是没有执政经历，何须数十年？不出二十年，周室定然称霸天下！"

颜率还是半信半疑，道："就算是天生聪慧，也不能在如此年纪就能执政变法，事一国之称霸大业啊！只怕他连一本《老子》也未背会吧？"

尸佼见颜率固执己见，只得道："卫鞅，《管子·任法篇》。"

卫鞅见终于轮到证明自己的时刻了，快步上前，清了清嗓子，开口了——

"圣君任法而不任智，任数而不任说，任公而不任私，任大道而不任小物，然后身佚而天下治。失君则不然，合法而任智，故民舍事而好誉；舍数而任说，故民舍实而好言；舍公而好私，故民离法而妄行；舍大道而任小物……"卫鞅洋洋洒洒，将一篇千字大章背了下来。然后盯着颜率，眼睛一眨不眨。

颜率也盯着卫鞅，那眼神中，有惊讶，有质疑，也有钦佩。虽说《管子》一书为鲍氏后人珍藏，但还有零星一些底稿传于世，颜率在当政之余，派人于天下搜索，竟然也大有收获，其中就有《任法》篇，颜率也是珍藏在库，从不示人。今天见一个还未加冠的少年如此轻松地就背了出来，心中顿时有些沮丧，但又联想到尸佼之前所说，难道此子真能振兴我大周？不禁老泪纵横，仰天大呼："我大周衰败数百余年，今天终于又要龙翔九天了！"于是一把抓住卫鞅的手，就要拉他去见周王。

尸佼急忙阻拦，道："他现在还不能跟你走。"

颜率几乎快要急疯了，吼道："为何！"随即发现自己的失态，道："尸佼，你有所不知，当今周王已经病危，再不觐见，我大周就要丧失最后的振兴机会了！"

尸佼却不急不慢，打断道："不然，我夜观星象，见大周之星虽略有黯淡，然仍旧光芒甚亮，至少还有数百年时光。"

颜率又急了，道："星象乃无准之事，如何可轻信？"

尸佼见无法说服他，只得大声道："你若现在去，教他见了周王，周王临终之时教他变法，岂不为太子所妒？日后老国王一旦归天，此子必有杀身之祸，君岂不见吴起之事呼？"

颜率一听，顿时没了脾气，这吴起原是魏国上将军，后为奸臣所害，被迫逃离魏国，到楚国变法，不想变法激怒了老氏族，楚悼王一死，老氏族当即在葬礼上乱箭射死吴起，甚至不惜将老国王的尸体损伤。武功赫赫、出将入相的不世大才吴起，就这么死了。此事一出，列国无不叹息。尸佼说出这个活生生的例子，颜率怎能不幡然醒悟？只得道："那你说该当如何？"

尸佼似乎心中早有定计，道："我等可先见太子，再做打算。"

颜率一声叹息道："只得如此了。"又招呼了一声："来人！"家老就急匆匆赶来。颜率道："备车。"

家老却不吱声，而是在颜率耳边耳语了一阵，颜率立即哈哈大笑，道："好，就是这般。"然后对尸佼和卫鞅一拱手道："请。"

洛阳一酒肆。

只见一个年轻人迈步进入，旁边立即有侍女上前，询问所需。

年轻人似乎是常来此地，直奔店内而去，侍女见如此气势，知道不是达官显贵就是商贾巨富，于是跟在后面，不敢阻拦。

不久，一辆青铜轺车在店前停下，一旁立即有仆人上前引领，车上三人也不言语，直接让仆人驾车离开，直奔店内而去。

进了店，便有一人匆匆而来，在为首之人耳边说了一阵，为首之人听完，带着另外两人也直奔店内。

一直到最深处一个房间，房门外有两名仆人。见三人前来，其中一人上前询问道："可是太师大人？"

颜率应道："正是，太子可在此处？"

那人道："太子刚来不久，正在房内。"

颜率一声："甚好。"然后推门而入，留下卫鞅和尸佼。

进到房中，太子正在坐榻上饮茶，颜率一来，马上放下手中的茶盏，忙道："太师！父王的病，前日已找太医看过了。"

颜率一听，顿时急迫道："我王如何了？"

太子痛苦地闭上了眼睛，做了一个"三"的手势。

颜率一看，顿时老泪纵横，瘫在地上大呼道："我王！"颜率知道，老国王的病情极其严重，太子做了一个"三"的手势，显然不可能是三月，更不可能是三年，只能是三天了。想到老国王一生致力于强国变法，如今却大志未酬就要殡天，不禁悲从中来。

太子在一边，看着颜率伤心流泪，却不知如何劝说。只能等颜率自己冷静下来。

过了一会儿，颜率似乎想起老国王还没有死，而且自己并不是来询问老国王的事情的，忙从地上站起来，用宽大的衣袖擦了擦脸上的泪水，对太子道："老臣失态了，此次来见殿下，是有要事相商。"

太子一听，忙请颜率坐下，询问是何要事。

"太子可想振兴我大周？"颜率先是一问。

太子不明就里，答道："当然。振兴大周，不光是父王一生的愿望，也是姬喜 [1] 的志向啊，想我大周刚刚建国时，四海臣服，普天之下，莫非王土，率土之滨，莫非王臣。如今竟只有区区'王地三百里'在握，不能强我大周，姬喜有何颜面见列祖列宗！"太子越说越激动，最后竟然"砰"地一拍桌子，脸色涨红地站了起来。

颜率却不为所动，继续道："太子若想振兴大周，当寻一良才治国变法，在此处拍案，可是无用也。"

太子被颜率点醒，歉然道："姬喜一时激动了。不知如今良才何处去寻？"

颜率见状，道："现就有一良才在洛阳，若得此人，定能振兴我大周！"

太子一听，连忙拉住颜率的手问道："此人既有如此大才，太师如何不向父王引见？莫非无意于助我小邦治国？"言语间颇为急切。

颜率又道："此人并非无意于我大周，只是担心重蹈吴起之覆辙，现正在观望局势，能否将其留下，全在太子了！"

太子大喜道："如此甚好，太师放心，只要此人专心强我大周，姬喜定然不会负此人！"

卫鞅在门外听得一清二楚，见如此，大喜，就要进门。尸佼见状，一把拉住他匆匆离开了酒肆。

到了外面，卫鞅才问道："老师，我观这个太子颇有振兴之意，为何不让我与其交谈一番？"

尸佼严肃道："今后切莫做如此想，这个太子虽有振兴之意，然则性格过于暴烈，不懂得隐忍，你又是初次下山，无为官经验，你若在此变法，招惹了天下这几个大国，定然变法未成就兵败身死。为师带你来周，本来就没抱多少让你在此变法的期望，今天见这个太子，如果他是个懂得隐忍的人，也许你还有一线成功的机会，为师或许会让你试一试，但可惜他不是。况且周室位于各国包围中，国土甚小，无山川之险，此乃大忌也！"

卫鞅恍然大悟，对尸佼一鞠道："弟子学识浅薄，心浮气躁，谢老师纠正！我等何日离开？"

尸佼笑道："何必如此着急？且等上几月再作打算。"

卫鞅疑惑道："老师，既然在此已无变法之望，为何还要逗留？"

尸佼狡黠地一笑，道："且看看这个莽撞太子如何治国。"卫鞅连连点头。

三天后，老周王崩于洛阳王宫中，太子贤德，丧礼一切从简，一月后，太子正式即位，老国王谥号"安"，意为在位之时国家安定之意，当然，这个"安定"只是指周室王土，其余各国还是各打各的，见老国王死了，派了使节来悼念一番，之后继续大战。

太子即位后，重用颜率，在国内进行了一些小的改革，周室的国力略有增长，但颜率所说的"大才"却已不见踪影，太子，不，应该说是周王，很是失落，认为大周又错过了一次振兴良机。终于，在大雪消融之后，尸佼带着有无尽感慨的卫鞅离开。

一路上，卫鞅不断回想着在此地的经历，这一月内，他对于为官有了不少的认识，毕竟他天赋迥异，即使不当官，也能对此有所了解。不禁庆幸老师阻止了自己与周王的见面，不然后果难知也！

"老师！我们再去哪里？"马背上，卫鞅问道。

尸佼的手指向遥远的东方，大声回答道："我们去齐国。"

卫鞅又是一问："为何不去西方一看？"

尸佼明白卫鞅说的是秦国，笑道："蛮荒之地，有何可去？"

他们不知道，在遥远的秦国，秦献公正在改革国法，发展经济，筹划着与魏国的大战……

注：（1）太子之名，根据卫鞅年龄计算，此时的周王当是周安王，太子当是周烈王姬喜。

第四章 异变横生

一、血云生乐安，稷下大争鸣

卫鞅一觉醒来，顿时惊愕了。

原本此时天空应当微微明亮，太阳将出，可今日不知如何，天空黑乎乎一片，连月亮也倏忽不见，忒是怪事！卫鞅连忙穿好衣服，走出房间。从洛阳周室到齐国临淄有千数百里，这一路上，净是中原富庶之地，百姓尚有多余的房屋，卫鞅与老师走走停停，每到傍晚，就寻一处村庄住下。既察看了当地的百姓生活情况，又无人扰乱，真是清净自在。当地百姓又对士人极为尊重，都拿出自家珍藏款待他们，卫鞅不禁感慨："进得山野，方知何为人性本色也！"

到院子里一看，尸佼已经披了一件斗篷在院中观看天象，卫鞅小步走到老师身边，静静等待。最近卫鞅发现老师越发高深莫测，经常在观天象后默默沉思。

尸佼忽然一转头，向东方看去。卫鞅的思绪随即停止，也向东方看去。只见东方广阔的天空上，隐隐露出一点猩红，在空中翻涌着，滚动着。尸佼脸色一沉，随即拉住卫鞅就要走。

"哎哎，先生如何要走？小民上山捕了一只野鸡，今晚正要与先生痛饮一番。"一个憨厚的大汉拦住了尸佼和卫鞅。

尸佼猛然醒悟，连忙一拱手道："多谢兄台这几日款待，尸佼刚才观天象，东方有大难，需速往救援，日后若有闲暇，当回来与兄台痛饮，再会！"尸佼拉着卫鞅跑出院子，牵起一边的马，上马急速离开了。

"哎！先生日后但有闲暇，定要回来！"憨厚大汉追出院子大喊道。

路上，卫鞅不禁问道："老师，究竟是何大难？"

尸佼见天边的血云还较为稳定，没有变化的兆头，脸色稍有和缓，解释道："你师祖教过我，血云当空，所在处不久后将有将星陨落，且正值将星幼年，未得有成便有大难，故上天为此流血泪也！"

卫鞅大惊道："竟是如此？那可有挽回之法？"

尸佼叹了一口气，道："就算仅有一线生机，我师徒二人也要试他一试！岂能坐视大才死于非命？"

尸佼与卫鞅快马兼程，竟在半日走完了数日路程，到达血云源头不远处，只见天空忽生大变，自西方吹来一阵大风，竟神奇地将血云吹散，血云未及抵抗便随风远去。

尸佼一见如此大变，忙停下马观看，静了一阵，仰天长笑道："哈哈，大才有救矣！不知何方高人相助？"又对卫鞅道："快走，我师徒二人或许可与此高人一见。"二人快马加鞭直奔血云源头而去。

到城下，卫鞅见城楼上赫然写着"乐安"二字，不禁暗暗惊讶，乐安可是兵圣孙武的出生地，如今竟然又有兵家大才显露，真是上天独厚此地。

进了城，卫鞅不知该往何处去，只得问道："老师，如何去寻这高人？"

尸佼却似成竹在胸，只是随便乱逛，悠然笑道："高人隐士，气场必不同于常人，不必寻找，但遇此人，必能认出。"

卫鞅却着急与这"兵家大才"相见一谈，但无处寻找，只能跟在老师之后。

在街上逛了一天，也没有见到什么气度非凡之人，卫鞅也曾向城中百姓询问和今日血云有关之事，但是除了一点对血云更确切的描述外，其他一无所获。老师却极为豁达，一点儿也不着急，还常对卫鞅道："我等如若寻不到此人，便是无缘，何须计较？"

到了傍晚，街上行人少了许多，卫鞅才悻悻地跟着老师找了一家客栈住下。

第二日清晨，卫鞅与尸佼出了乐安，继续向临淄前行，一路上卫鞅默默无话。

忽然，前方二骑进入视野，为首者满头白发，身后跟着一位少年，卫鞅眼睛一亮，忙快马赶上，在马上拱手道："不知前辈高姓大名？可与昨日血云有关？"

老者闻言，微微转身打量着卫鞅，却不言语。

卫鞅却是一惊，这个老者眼神中仿佛有光芒闪烁，仿佛宇宙变化都在这光芒中更替着，改变着。卫鞅从未见过这种眼神，其中没有血腥之气，没有浮华之气，没有严厉之气，但是卫鞅却感到自己在这眼神面前是如此的渺小，明明只是个老人的眼神，但卫鞅却感觉自己看到了整个天下，一种玄妙之感在心中蔓延开来。

老人微微一笑，仿佛已经看透卫鞅的一切，道："这血云出世，因兵家大才，这血云散去，亦与此大才有关，与老夫何干？"算是回答了卫鞅的问题，身后少年听到"兵家大才"四个字，身体微微一抖。

卫鞅却是专注于老人的眼神，没有注意，拱手就要发问之时，尸佼快马赶上，横鞭拦住了卫鞅，转身对老人一拱手，微笑道："郊野之处遇高人，看高人的架势，是要去临淄否？"

老人也是一拱手，坦然道："正是。"

"我等也要去临淄，据说刚刚通过宫变成为齐公的那个田午颇有用人之能，在齐国开了一座'稷下学宫'，有一代明君之气。"尸佼紧接着道。

老人仿佛看穿了尸佼的意图，道："既然如此，我等不如同行，见一见这个所谓的'明君'。"说罢，自顾自打马一鞭，长笑而去。少年见老人离开，连忙跟上。

尸佼却是原地愣神半天才喃喃道："性如老人，行却如少年一般，真是奇人高人！"说罢，与卫鞅快马加鞭，追了上去。

四人疾驰了半个时辰，终于到达临淄，这个东方大国——齐国的都城。临淄的城墙高大雄伟，不管是大型箭弩还是猛火油焚烧都不惧，且表面光滑无比，在日光下有些地方甚至闪闪发光，一旦有人攻城，云梯必然极难靠住。真是巨城一座。卫鞅也不禁感叹："齐国临淄这等城墙，唯魏国安邑可复见矣！"

老者却只是一笑，不置可否。

进了城，四人找到一处酒肆，待酒菜端上后，尸佼方才举起酒觯[1]道："郊野不期遇高人，敢问前辈高名上姓？"

老人极是坦然，毫不避讳道："老夫姓王名诩，或者……"老人呵呵一笑，"你也可以叫我鬼谷子。"

一旁卫鞅闻言，大是感奋，忙起身肃然长鞠到地，道："晚辈卫鞅，见过鬼谷大师。"

老人豁达地一拱手，笑道："好，就大师一回！"又仿佛想起了什么，一把抓住了卫鞅，问道："你叫卫鞅？"

卫鞅有些惊讶，鬼谷大师竟然听说过自己？可自己一直在山上修学，下山不满半年，如何便有自己消息传出？略一思量，回答道："晚辈正是卫鞅，鬼谷大师听说过晚辈？"

鬼谷老人听到卫鞅的肯定答案，从怀中掏出一卷竹简递给卫鞅道："此篇文章可是你所写？"

卫鞅双手接过，打开一看，见竹简上赫然就是自己在谷中与古堂堂主论战所说之言，不禁大是惊讶，转而问道："大师可与鲍氏族长相识？如何得我在谷中所言？"

鬼谷老人却没有回答，见卫鞅说此为他所言，不禁大是激动，也顾不得一旁疑似卫鞅老师的尸佼，傲然道："卫鞅，你可愿拜老夫为师，随我进云梦山修习法家之学与兵家之学？"

卫鞅对此并不意外，鬼谷大师爱才名号天下皆知，他知此文是卫鞅所写，不想收他为徒才是奇怪。但卫鞅认为自己只缺政事历练，不需再上山修学，故而拒绝道："卫鞅理论，业已学完，唯缺政事历练，不需再上山修学，大师美意卫鞅心领。"说罢，一拱手以示歉意。

鬼谷子却是一笑，道："你真的认为自己的理论学完了吗？老夫认为你还差得多，故而要收你为徒，去除你本性中的缺点，为你今后治国变法，领军打仗去除隐患。你真不认老夫为师？"

尸佼原本在一旁沉默不言，此刻却突兀道："卫鞅，拜他为师。"

卫鞅大惊，问道："老师却是为何要将弟子拱手让人啊？"

尸佼却不为所动，道："鬼谷大师说得对，你本性过于严正，不近人情，将来变法时若得罪了一班元老大臣，必会身死于复辟浪潮中。"

卫鞅见老师的理由竟是如此，不禁笑道："老师过于担心了，卫鞅但要治国，必先寻一明君，与其生死相扶，如何会死于复辟中？"

老师冷冷道："明君虽可保你一时平安，但如果他死于你之前，储君又与你不和，还有谁能在背后支撑你呢？"

卫鞅为之语塞，是啊，如果此君死于我之前，卫鞅还能抗住来自大臣、氏族、新君三方面的攻击吗？决然不可能。

卫鞅见自己在此处辩论不过，索性道："天赐此秉性与卫鞅，乃上天之意，教卫鞅先成大业而后身死留名，岂能为人力改变？卫鞅不想与老天争命。况且，有此秉性，卫鞅方是卫鞅，无此秉性，卫鞅说不定就丧失了根本，届时才气消逝，卫鞅也许就会和平民无二，何如变法身死，青史留名？若能成就一番大业，卫鞅岂惧一死？若能使一国百姓安居乐业，卫鞅怎能不慷慨赴死？若能一统天下，终站息乱，卫鞅有何缘由不死？"一番言论，大才之气横空而出，当真势不可当。

鬼谷老人见卫鞅如此刚烈，不由怔了怔，又仔细打量了卫鞅的相貌，仿佛突然看明白了什么一般，大为惊奇，愣了一会儿，随即释然笑道："卫鞅，你既如此说，老夫也无话可辩驳，既然选择了这样一条路，老夫便送你八个字，愿你今后以此为戒，或可一挽天命。"

卫鞅见鬼谷大师赐字，立即拱手道："前辈但说，晚辈必铭记在心。"

鬼谷老人霍然起身离案，在厅中踱步道："煌煌大明，不理族事。"

卫鞅有些困惑，这"煌煌大明"好理解，就是要卫鞅今后治国之时不以情谋私，无论做什么事都要清清白白，使自己的一言一行都符合国法，叫人无错处可抓，可以使自身无懈可击，自然不怕对手进攻。可这"不理族事"却如何理解？但卫鞅一直都有独立思考的习惯，遇到难题，卫鞅首先想的往往并不是提问，而是自己思考，自己理解，卫鞅认为动辄向别人询问，只会使自己的头脑懒惰，使自己的品性受到侵蚀，故而卫鞅没有询问，只是一拱手道："前辈放心，晚辈定然谨记。"

鬼谷老人却仰天长笑道："卫鞅，三十年后老夫看你成果！哈哈哈哈哈！"说罢又是一阵长笑，扬长而去了。

一旁少年见鬼谷老人离去忙要跟上，却被卫鞅拦住道："卫鞅敢问这位小兄弟高名上姓？"

少年腼腆地一笑，道："在下原名孙宾，先生救了我后说此名不妥，叫我把'宾'改作'膑'，在下曾问先生缘由，先生却不愿告知，只是笑了笑说：'小子日后便知此名来历。'"

卫鞅不禁感叹道："人说鬼谷大师有预见未来之能，叫小兄弟改了此名必有缘由，小兄弟不必着急，日后但知。"

少年正待说话，忽然想起鬼谷老人已经走远，忙对卫鞅一拱手道："卫兄，告辞了。"

卫鞅也拱手道："告辞。"

尸佼在一边许久未说话，只是在琢磨那个"膑"字，口中喃喃道：

"膑者，乃大刑也，为何要叫此不吉之名？捉摸不透，鬼谷大师真乃高人也。"

卫鞅在一旁听了，忙道："老师，时候不早了，是否去稷下学宫一看？"

老师闻言，猛然醒悟道："哎呀，如何便忘了正事？我师徒此来，可不是为了琢磨'膑'字的。走！稷下学宫！"

一出门，卫鞅便拦住一个路人道："请问稷下学宫在何处？"

路人笑道："小先生第一次来临淄吧？这稷下学宫在此处可有名了，我临淄何人不知稷下学宫在何处？"

卫鞅见路人如此说，一拱手道："请大哥为我指路。"

路人又是一笑："临淄大得很，先生可不要迷了路，还是在下带先生去吧。"

卫鞅不禁感慨："人言齐国人老实憨厚，如今得见，果然如此！"

路人听了卫鞅的称赞，很是高兴道："先生，这边请。"

尸佼与卫鞅跟着路人三转两转，终于到了稷下学宫。一进学宫，卫鞅就受到了极大的震撼，他原本一直以为普天之下最有气势的建筑，非王宫莫属，那毕竟是君主居住之地，自然要有气势，不然如何立威？可稷下学宫的气势，竟然丝毫不落王宫，处处煌煌大亮却无奢华之气、无腐朽之态，殿中石柱皆是两人合抱般粗细，往来士子如流水般穿行，一股严谨的治学之气蓬勃而出，单这一点，卫鞅就觉得这稷下学宫胜过王宫多矣。

但欣赏归欣赏，卫鞅总觉得此学宫华而不实，治学之气盛，治国之气衰，堪为讲学之所，却不是为政之处。齐公建了这么一个学宫，费时费力费钱，所图者究竟为何？卫鞅拿不准了，在学宫中逛了一会儿后，卫鞅从许多士子口中又得到了一些消息，诸如齐公养士不用士之类的话多如牛毛，卫鞅更是坚信，齐国不是久留之地，更不是自己一展胸中所学的好地方。但卫鞅觉得既然来了齐国，总要见见这个齐公才是。便在官吏处和老师一起做了登记。

傍晚，尸佼和卫鞅来到分配给自己的小院休息，刚刚到达，就有官吏在此等候，恭敬地告诉他们一个消息：明日稷下学宫要做一次争鸣大辩，希望他们参加。

卫鞅想也不想就答应了官吏所请，原因是齐公也要去，卫鞅正想借此机会，见见这个齐公。待官吏离开后，便回到自己的房间休息去了。

第二日。

尸佼与卫鞅早早到了学宫，随便找了两处几案坐下，等待论战开始。

直到小半个时辰后，才有士子陆续进入学宫，三三两两各找几案坐下，小声议论着。

又过了半个时辰，学宫长，一个红衣白发的中年人进入，在王案旁边对大家一拱手，洪亮的声音顿时充满整个大殿："老夫慎到，为稷下学宫宫长，各位今日可在此一展胸中抱负，不限学派，不限论题，只要有理即可。"

众士子齐声道："彩——"表达了内心的欢喜。

随着侍卫一声"齐公到"，身着一身华贵服装的齐公气定神闲地走了进来，正值壮年的齐公年轻的脸上挂着和蔼的微笑，环视周围的士子，直到走到王案处才停住脚步，对诸位士子一拱手，士子们连忙还礼。随后，齐公开讲了："本次论战，乃是稷下学宫创办以来的第五十七次论战，诸位士子论战已久，规则自不必多说，不论学派，不论命题，但不得谩骂他人，但有辱没他人者，皆乱棍赶出学宫，不得再入齐国！诸位可有异议？"

士子们见齐公如此明事理，不由得感奋不已，纷纷喝彩道："齐公大明！我等无异议！"

一旁慎到站起，宣布道："论战开始！诸位谁有论题？"

"我有一论题！"一个只比卫鞅稍大一些的年轻士子霍然起身。

慎到肃然道："先生既有命题，请上座说之。"

士子也不客套，径直走上王案前两张并列的几案中的一个，拂袖坐下。这两张几案，其中一个是为命题者而设，另一个当然就是为反命题者而设了。

"在下鲁国孟轲，乃儒家人士。"士子先简要介绍了自己的姓名、学派，然后开始立论："我儒家主张者有三，其一，乃天下列国皆尊周礼，以周礼治国，不可荒废礼乐，不可做越礼之事，百姓遵守礼制，则不会发生叛乱和盗窃等违法之事，便可专心耕作、生产，国家自然富强。国家遵守礼制而富强，强国就无理攻打，弱国就不敢来犯。没有战乱，人民自然更加安定，就会更加努力耕作，国家自然更富强，如此循环，可成大业！"

"我有疑问！"一名红衣士子卯然起身道。

孟轲极为从容道："愿闻其详。"

红衣士子道："我乃淳于髡，孟兄刚才所说，在下以为大谬也！孟兄希望列国皆尊周礼，以周礼治国便能强大，但周室以周礼治国数百年，治出了强？治出了富？皆没有，反而日渐衰弱，只能眼睁睁看着列国诸侯打来打去。土地倒是一直没变，只有'王地三百里'，不见增长也未减少。莫非在下眼拙，这土地是往天上长的，在下看不见？"诸位士子听着淳于髡发问，皆凝神细听，脸色肃然，直到最后一句话，见他如此滑稽，不由得都笑得喘不上来气，连声咳嗽，待笑够了，方才齐齐道："彩——"

孟轲却没有丝毫窘迫之意，反驳道："周室衰弱，非周礼之故，乃臣下无才，身怀利器而藏其锋芒，故而周室渐衰，不然为何文王以周礼治国，国力强盛无比，一扫暴商？君不知，治国利器也需识货买主，方可一现锋芒？"

淳于髡起身，却是呵呵笑道："孟兄如此说，这治国利器对买主的要求也太高了些，当今天下竟无一国君主买得起！"

孟轲仰天一叹道："惜呼！天下之大，列国竟无明君识我儒家之学也！"

诸位士子闻此言，皆斥责孟轲"如何说天下无有识之君？我看当今魏侯广纳贤才，就极有韬略！""魏侯逼走名将吴起，何堪广纳贤士之名？""楚王才是真有韬略！""不，要说韬略，齐公创办稷下学宫，如何没有韬略？"

慎到在一旁，见论战有偏题之势，忙起身道："肃静！"见全场肃然，才又问道："愿闻先生其二。"

注：（1）战国之时，贵族官员用酒爵，次等士则用酒觯。

二、弃百姓者，自弃于天下也

孟轲肃然道："其二者，乃仁政也。"

淳于髡又起身道："仁政者，儒家嘟囔百遍，敢问究竟何为仁政？"

孟轲道："首先，仁政要保证鳏、寡、孤、独与废疾之人皆能得到奉养，使人人皆有生存之路，人民相互关爱，不钩心斗角，不相互欺骗。其次，要使贤能之人得以施展才能，不会被埋没于山野，人人都有自己的职分和归宿。再者，要使百姓都以为公事尽力为荣，以为自己谋私为耻，不贪图财货。"

卫鞅也起身问道："孟兄言之甚多，可皆不中要害。如何实现仁政，才是最大的问题。"卫鞅在一旁听了很久，此时突然抓住要害，顿时全场寂静。

孟轲先是喝彩道："问得好！"随即开始解释："我儒家创立百余年，一直坚持仁政治国，但无人阐述仁政究竟为何物？如何实现？导致各学派屡屡以此诘问，今天，我孟轲要说：仁政在心，无可寻找！但要实现仁政，只需君主以心治国，凭借明君之才、名臣之才便可，何须寻找，何须多言？"

卫鞅不置可否，拱手道："敢问孟兄，其三如何？"

孟轲见论题到了最后，起身道："其三，在于教化人民，人性本善，自礼乐崩坏以来沦丧，我儒家主张教化百姓，使人民重新向善，回归尧舜大同之世！"

在座的儒家士子纷纷起身道："彩！此乃我儒家根本！"

齐公也起身道："先生一番论战，大显真才！我齐国愿请先生为稷下先生，不知先生愿意否？"

孟轲见齐公如此说，不喜反怒道："我孟轲来齐，本盼望领政治国，哪知齐公如此，这稷下先生不做也罢，告辞！"说完豁然起身去了。

卫鞅也摇了摇头，与尸佼一起离开稷下学宫，回二人小院。

回到小院，卫鞅立刻就要收拾东西离开齐国，尸佼把他拦住。

卫鞅怒道："老师，为何拦我？这齐公大大无才，齐国无救，卫鞅要去别国寻找明君！"

尸佼却极为从容道："卫鞅，你为何觉得齐公无才？莫非你也觉得孟轲的治国之学适合齐国？"

卫鞅一听老师这么说，顿时跳了起来，道："老师如此看轻卫鞅？卫鞅是觉得，这个孟轲所说大是迂腐！只要是个明眼人都能听出来，他这一套根本就不切实际，是亡国之道！卫鞅是觉得这个齐公明明可以驳斥这个孟轲，但碍于这些腐儒太多，只能给孟轲一个稷下先生走走形式，太没有胆气！枉为君王！"

尸佼闻言，笑了笑道："卫鞅，你不觉得吸取一下别国的教训，对你今后为政也有好处吗？还有，老师带你下山前，曾经问过你一个问题，不知你还记得吗？"

卫鞅肃然道："老师问卫鞅立法之要在于何处？卫鞅不知，老师才带卫鞅下山历练，这又与齐国何关？"

尸佼微微一笑道："卫鞅啊，不要这么死板，这齐国乃东方大国，在此多看看，多揣摩揣摩，对你思考这个问题大有好处！"

卫鞅大是惊异："既然老师如此说，卫鞅就继续待在临淄！"

尸佼摇了摇头道："不能待在临淄。"

卫鞅有些困惑："老师让卫鞅待在齐国，却不让卫鞅在临淄，那卫鞅……"一言及此，卫鞅恍然大悟道："老师大明！卫鞅明日就前往齐国乡野勘察。"

尸佼这才点了点头，笑道："小子总算开窍了。明日便走！"

第二天正午。

卫鞅和尸佼正在道路上纵马驰骋，忽然看到前面有个村庄，卫鞅高声道："老师，前面有个村子，我们去看看吧！"

尸佼却道："此地离临淄不远，村庄必定较为富庶，我等要去穷乡僻壤，才能真正看到庶民是如何生活的，继续走！"

卫鞅高声应道："老师，往何处去？"

尸佼哈哈一笑："天下之大，何处无人？一路向东走，遇河过河，遇山攀山，有何犹豫之处？走便是。"

倏忽一月。

卫鞅与老师来到了齐国山区，真正见到了普通百姓的生活，即使富庶如齐国，庶民中也有不堪重负，生计堪忧者，往往求一顿饱饭都是奢望。卫鞅刚到山中，便看到许多衣不蔽体的农夫，在田野中涌动着，他们甚至没有连续耕地的力气，只是耕一下便要歇好久，卫鞅知道，那是因为腹中的空虚，他们仍然过着远古时期的生活，每天在生死边缘挣扎着，齐国如此强盛，却将他们完全遗忘了……

最使卫鞅揪心的，莫过于他向一个不知名小山村的里正询问，如果齐国再次更改法令，他们希望如何？老里正说了一句话，让卫鞅彻夜难眠。他说："我等已被国府遗忘，连征税之人都没有，更法与我等有何干系？"

卫鞅替齐国悲哀。

一个国家，遗忘了百姓，那就不能够称之为国家，国家国家，先要使百姓有家，然后才能称之为国，连自己国家的百姓过得如何都忘记的国府，那只是一个形式罢了，齐国偏安一隅，不图争霸，自然不需关心百姓生死，但百姓生死需要国府关心！卫鞅第一次深深了解了百姓的生活，也明白了一个道理：要想国强，必须代代有明君！无明君，国亡矣！卫鞅决心在自己治国时，以法令来保证国家代有明君，强国于永远。同时，卫鞅似乎对于老师的问题，心中也朦朦胧胧有了一点想法，但是憋在心中说不出来，但卫鞅坚信，终有一天他会解决这个问题，施展自己的抱负！

三、马陵山地的突然截杀

在一片忧愁与雄心壮志中，卫鞅与尸佼就要离开齐国，却又遇到了危机。

事情来得突然，卫鞅怎么也没料想到，齐国还会有人要找卫鞅的麻烦。这一日，卫鞅与尸佼正要通过齐国马陵山地回到卫鞅的故乡——卫国去看看，刚一进入山地，卫鞅特有的兵家直觉便告诉他，这个马陵山地是伏击妙地，外缓内险，暗藏杀机，卫鞅刚刚进入山谷中就有些汗毛乍起，心神不定。尽管如此，卫鞅还是与老师一起走进了山谷深处，毕竟他刚刚下山不久，又没有做过什么大事，在天下也没有名气，谁会在这种地方对一个貌似平凡无奇的士子下手呢？

卫鞅就这么想着，与老师在山中小道走马慢行，享受着难得的悠闲时光。就在他们刚刚走出山谷，心中有所放松之时，异变陡生！

从谷口猛然蹿出几个黑衣人拦住了他们，卫鞅假装无事，走上前去拱手道："烦劳各位让路，让我等离开。"实则手中已经长剑紧握，随时准备硬闯过去。卫鞅知道老师与师伯李悝一样剑术精妙，不必担心，只要确保自己无事便可。

黑衣人一声不吭，等卫鞅走近，才突然亮出长剑，齐齐向卫鞅杀来。卫鞅连忙举剑抵挡，奈何敌人众多，卫鞅又年纪尚小，实在架不住多位剑术高手围攻，只得且战且退。

老师为何不来帮我？卫鞅正在疑惑，眼角余光扫到老师也正被多名剑士围攻，但尸佼剑术高超，数人围攻也奈何不得，黑衣人见战不过，索性只是拦住尸佼，不让他过来救卫鞅，等这边将卫鞅解决，再去收拾这个剑术高手。尸佼见卫鞅支持不住，脸上虽然也有些焦急，但一时无法脱身，只得期望卫鞅撑到自己解决这些敌人。

卫鞅见后退无路，连声大吼，震慑了这些剑士后，趁其分神之际，将一个剑士挑落马下，少了一个敌人，顿时压力大减。但自己身上也多了几处伤口，体力也有所消耗。

突然一个黑衣人撮起嘴来尖啸了一声，顿时又从两边山上冲下几名剑士，继续围攻卫鞅。卫鞅只能勉强抵挡，无还手之力。一不留神，一个黑衣人找到一处破绽，从背后一剑砍来。

"卫鞅小心！"尸佼一直在关注这边战况，见状连忙警示。但卫鞅正在抵挡攻击，此时无法回剑。尸佼只得将手中长剑大力甩出，剑光呼啸之间，将那个剑士钉在一旁树上。尸佼没了长剑，从腰间又拔出一支短剑，与黑衣人战在一起。但短剑毕竟不如长剑，顿时被黑衣人牢牢围住不能动弹。

卫鞅见老师救援无望，只得咬牙力战，一会儿工夫身上就又添了几道伤口。卫鞅体力几乎耗尽，又被一个黑衣人抓到破绽，长剑当头劈下，卫鞅甚至连举剑的力气也没了，只是闭上了双眼，静静等待着死亡的来临。卫鞅并不害怕，只是有些遗憾，就这么结束了？卫鞅不敢相信自己就要这么死了，治国变法皆成泡影了？

许久，也没有剑劈下。卫鞅睁开了双眼，见持剑黑衣人胸前多出了一把弯剑！卫鞅一见弯剑形状，顿时大喜，这是楚国吴钩！卫英来了！连忙推开黑衣人尸体，卫英那严肃的面庞出现在卫鞅的眼前。卫鞅还看到魏熊正和黑衣人大战，转眼间就将几个黑衣人挑落马下。一旁小童还在欢呼："好剑法！杀了这帮家伙，竟敢欺负鞅哥哥！"

卫鞅有些激动地说不出话，只是结巴道："卫英，你……"

卫英下马，抱剑拱手道："少东主，卫英来迟了！"见卫鞅就要跌倒，连忙上前扶住，冷漠的表情终于露出了一丝惊慌，叫道："少东主！"

卫国。卫氏商社老店内。

卫鞅在大睡了三天三夜后，终于醒来了。

卫英正在榻前挂剑守候，见卫鞅醒来，连忙扑通跪下，叩首泣道："卫英援救迟缓，险些害了少东主！还请少东主责罚！"

卫鞅大惊，就要起身搀扶，却不慎牵动了伤口，瘫坐在床上，只得挥手道："卫英不必如此，还不知你是如何知道卫鞅被伏击之事的？"

卫英见卫鞅无意责罚，却也不起身，只是跪着道："前些时候，卫英在山上收到谷主来信，说武堂堂主鲍涛对少东主怀恨在心，有意于齐国截杀少东主，卫英忙与小童和魏兄兼程急进，救援少东主。"

卫鞅还是第一次听到武堂堂主的名字叫鲍涛，但却不惊讶，只是好奇询问道："你是如何知晓鲍涛要在马陵山地截杀卫鞅的？"

卫英从怀中拿出一张地图，用手中短剑指给卫鞅看："少东主从中原之地出入齐国，马陵山地便是必经之路，鲍涛若想于齐国截杀少东主，只能在马陵山地，不然偌大一个齐国，如何寻找少东主踪迹？且卫英根据少东主下山时间推断，这几月时日，恰好够少东主遍访齐国各地，这更肯定了卫英的判断，故而卫英兼程前往马陵，以便援救少东主。"

卫鞅见卫英侃侃而谈，言语间颇具将才，不禁赞叹道："卫英真乃大将也！"

卫英腼腆地笑了笑："少东主过奖，卫英只是曾经带领商队前往各国经商，一路上要提防盗贼骚扰，故而对于兵法有所涉猎，远远比不上什么将军。"

卫鞅却一本正经道："不，实战方验真才。卫英能从千里之外料敌动机，岂是区区将军可比？卫鞅认识一个兵法高人，如果愿意，我可以将你送到他门下修习兵法，如何？"

卫英却伏地道："卫英受大父所托，保护少东主不受伤害，怎可离开少东主独自修习？"

卫鞅笑道："卫英不免迂腐，让你修习兵法，也是为了今后更好地保护卫鞅啊！为何不可？不必推辞，待你学成归来，卫鞅岂不添一得力臂膀？"

见卫英还要推辞，卫鞅板起面孔道："卫英听令！"

卫英只得起身回答："卫英在此！"

卫鞅肃然道："我以卫氏商社少东主身份命令你，到谷中兵堂堂主门下修习兵法，学成之后，立即回来！"

卫英大声答道："卫英遵命！不知如何前往？"

卫鞅从怀中取出一个令牌，却是他于谷中历练时，通过兵堂考验时获得的。他将令牌径直递给卫英，道："你持此令牌前往魏国轵县商社，找商社之主秦老，只需对他说，卫鞅命你到此修行，他便会带你入谷，找到兵堂长老，将令牌给他后说明来意，相信他不会拒绝的。"

卫英接过令牌，道："卫英这就去。"转身就要走，卫鞅却道："不急，明日出发，无须兼程行进。"

卫英向卫鞅一拱手，离开了房间。

不一会儿，尸佼走了进来，卫鞅忍痛起身拱手道："老师。"

尸佼一挥手，略有些疲惫的脸上露出慈祥的笑容，道："你不必多想，好好休息，待你伤情康复后，再去探望故人。"

卫鞅道："好。"

三日之后，卫鞅的伤情有所好转，可以下地走动，于是卫鞅谢绝了尸佼的陪同，独自前往自己的家。

卫鞅在街上走着，凭借心中零星的记忆，在几乎几日一变的濮阳街头寻找到了回家的路，看着如今濮阳已与儿时有了极大差别，几乎无法辨认，卫鞅心中不禁感慨万千。

就这么想着，卫鞅不知不觉来到了一处不算豪华，却也不同于平常百姓家的庭院外。

卫鞅看着熟悉的院门，迷迷糊糊走上前去敲了敲。

没有动静。

卫鞅苦笑，父亲已故去多年，卫氏商社也早就将总部搬离濮阳，在最近才再次在濮阳重建商社，要不他也不会有回濮阳寻找故人的念头。这卫氏庭院早已荒废多年，怎么会有人呢？

正当卫鞅思考如何进院时，一位老人急匆匆向这边走来，一边走还一边嘟哝："又有人要买庭院了？真是烦人透顶！"

卫鞅瞥见来人模样，顿时大喜道："老叔！"

老人眼神有些昏花，看到喊自己"老叔"的人是个年轻士子，不耐烦道："少跟老夫套近乎，这院子不卖，另找别处吧！"

卫鞅见老人没认出自己，走上前去笑道："老叔，是我！卫鞅！"

老人一听"卫鞅"这个名字，顿时浑身一激灵，浑浊的老眼也有了一丝光彩。他仔细打量着卫鞅，不相信道："你是卫鞅？老夫不信。有何凭据？"

卫鞅无奈苦笑道："老叔，卫鞅依稀记得，老叔欠家父五金未还，不知是否有此事？"

老人眼睛顿时一亮，看着卫鞅，惊喜道："你，是卫鞅小子？哦！看出来了！真是卫鞅！"但好像又想起了什么，支吾道："你是卫鞅没错，但是！你记错了，老夫不欠你爹爹钱！"

卫鞅哈哈大笑道："多年不见，老叔还是这么吝啬！放心，卫鞅不是来讨债的！"

老人却不放心，继续严肃道："不管你是来干什么的，老夫都不欠你爹爹钱。"

卫鞅很是无奈，只得继续道："老叔，你再如此，卫鞅只能讨债了！"

老人闻言，顿时闭上了嘴，不敢再有言语。

卫鞅笑了笑，道："老叔，卫鞅远道而来，不招待一下？"

老人这才如梦方醒，连忙道："公子请跟我来。"

卫氏庭院荒废已久，显然需要整修，卫鞅只得跟老人去了老人的家。

老人带卫鞅进入客室，拱手道："公子上座。"

卫鞅也是一拱手，道："老叔主人，卫鞅是客，老叔理当上座。"

老人哈哈一笑，不再谦让，径直到主案坐下。

卫鞅也坐下，寒暄了几句后，卫鞅想到来此的目的，向老人问道："老叔，不知卫鞅离开这些年中，濮阳可有大事？"

老叔不假思索道："卫国，在大国缝中奄奄一息，能有何大事？无非是哪国又要吞并卫国，列国阻止，都不想让别人独个儿吞了这块肥肉！"

卫鞅也释然笑了，是啊，一个夹在大国缝中的小国，能有何大事？又问道："那，卫氏商社搬走后，可有人难为老叔？"

老人一摆手道："这倒没有，只是有许多人想买卫氏老院，原先天天有人来，你爹爹嘱咐过老叔，这庭院不卖，老叔只能对来人一一拒绝，后来迫不得已，又在门上挂了个牌子，概不出售，人才少了，可还是有人觉得是怕价格低，找你老叔使劲加价，甚至加到了数百金！你说奇也不奇？一个小庭院，值得数百金么？"

卫鞅却冷笑道："如今各国商旅见无国敢于吞灭卫国，且卫国位于中原富庶之地，便前来牟利，往后人会越来越多，只怕这价钱还要更高呢！"

老人瞪大了眼睛："还要高！那岂不是到了千金之数？"

卫鞅笑道："商道牟利，岂会在乎小小千金之数？只怕到时价格太高，吓坏了老叔也！"

老人惊道："这商旅周转，盈利也忒大了！"又看着卫鞅，低声道："公子，这么高的价，你也不卖？"

卫鞅哈哈大笑："老叔，商旅赚的是钱，而卫鞅所图者，万金也买不来！"

老人好奇道："公子所图何物，竟然万金难买？"

卫鞅神秘兮兮地一笑，在老人耳边说了几句话。

老人几乎跳起："如此说来，岂止是万金难买？只怕十万金也买不来！"但老人又颇为忧虑地道："此事若成，其利，万世不竭。可万一公子失败了，不仅公子身败名裂，我卫氏一族也要遭受大难啊！"

卫鞅充满信心道："老叔，难道你不信卫鞅之能？"

老人连忙摆手道："非也非也，老夫只是如登顶高山后俯瞰大地，虽知不会掉落，但心中亦觉害怕也！"

卫鞅听了老人的比喻，不禁哄然大笑。

卫鞅告别老人，回到卫氏商社老店，却找不到老师，魏熊转告说，老师去会一个旧日好友了。卫鞅一听，笑了笑道："明日就要出大事了！我等看着吧！"

谷中。武堂。

"堂主，截杀卫鞅的事已经败露，谷主已经与古堂堂主磋商如何处置我们了！所幸派出骑士皆是忠义之士，全部战死，没有活口，谷主碍于无证。我等该当如何？"一个阴冷的声音道。

武堂堂主鲍涛也是颇有忧虑之色，挥挥手道："你先去吧，我要好好想想。"

那个声音急切道："没有时间犹豫了，堂主！我们再不走，就要被抓起来问罪了！"

鲍涛经他这么一说，神色更加慌乱："那该如何？"

阴冷声音道："谷外已经准备好接应，不如趁着今晚出谷，再作打算。"

鲍涛大喜道："接应准备好了？那好，今晚便走。"又紧紧攥住了拳头，咬牙道："卫鞅，你抢了我的圣书，还几次三番戏耍于我！我鲍涛定与你不共戴天！"

卫国。上大夫府。

一个白衣人从墙边飞身进入，灵巧的几个跳跃，便消失在一片房屋中。

次日，卫国上大夫被发现死于寝室，墙上一行大字：殿堂之辱，今日得报！

魏国。安邑。

"罃兄，如今公父对那个魏缓颇为疼爱，若是公父离世，此人必成罃兄即位之大敌！"一个衣着华贵的年轻公子卬然道。

"卬弟，自古以来立长不立幼，缓弟小我几岁，虽得公父宠爱，可是他要即位，那些大臣也不会同意的。"另一个衣着同样华贵的公子微笑道。

"綮兄！那帮大臣就是一群墙头草！谁强就听谁的！指望他们，待魏缓夺位后，我等就必死无疑了！"

"不必着急，我看公父不会做出这种乱国之事的。"

四、燕国剧变，管鲍商社付之一炬

卫国濮阳。卫氏商社。

"治国之要，一曰法，二曰信，三曰权。"卫鞅斟酌了一会儿，在竹简上写下了这几个字。最近他旧伤未愈，不能骑马，于是便待在商社中休息，有时灵感一闪，便写点东西来消磨时光。

尸佼终于报了昔日的殿堂羞辱之仇，也是活泛了许多，思考着下一步带卫鞅去哪国游历。

魏熊下山不久，就被李悝叫了回去，说是学业未成，继续修习。小童则留在了这里。

半月时光过去，卫鞅伤势堪堪痊愈，就有谷中弟子于夜晚带来书信。

卫鞅接过书信，是谷主写的：卫英之事，老夫已安排妥当，命其前往兵堂堂主门下修习兵法，无须担心。鲍涛截杀之事泄露后，不待本谷主详细调查便逃离谷中，在谷外得到叛逃弟子接应，已经逃往燕国，详细信息正在调查，君若想追究，可前往燕国国都蓟城，寻找管鲍商社，自有谷中弟子接应。

卫鞅匆匆看完书信，不禁笑道："谷主也忒小瞧卫鞅，卫鞅岂是睚眦必报之人？依卫鞅看，就权且放过这个鲍涛，留他一条命，让谷主慢慢收拾他吧！"

尸佼却摇了摇头，肃然道："卫鞅，这次你必须去。"

卫鞅不明白老师之意："卫鞅必须去？为何？"

尸佼走上前，拍了拍卫鞅的肩膀道："你虑事还是不够周全，这个鲍涛留在燕国，如果得到喘息之机，养成了气候，日后我师徒前往燕国岂不平添一阻力？就要趁这个鲍涛初到燕国立足未稳将他消灭，否则又要有变数。"

卫鞅还是不理解："那为何不让谷中弟子追剿鲍涛，而一定是要卫鞅去呢？区区一个鲍涛，谷主还对付不了？"

尸佼笑道："这谷中弟子长期闭塞，论心智岂能与鲍涛相比？就说他派来截杀我们的剑士，到最后全部战死，无一投降，这就说明鲍涛绝对不可小觑，或者他身边有一个智囊在帮他。谷主要留在谷中稳定大局，不能脱身，只能我等亲自前去。"

卫鞅肃然一鞠道："卫鞅才疏学浅，多谢老师指教。这样，卫鞅明日便走！"

尸佼又是一挥手，道："不必，再等几日，老师有一物送你。"

突然有人敲门，一直不停，似乎极为迫切。

卫鞅连忙到院中开门，只见一个年轻士人站在门外，卫鞅拱手道："远客夜来，有何要事？"

来人也拱手道："先生可是卫鞅？"

卫鞅道："正是。"

来人一听，马上没有了原先的从容，几乎要跌倒在地，卫鞅连忙搀扶："远客有何要事竟至于此？"

来人泣道："鲍涛到燕国国都蓟城后，大肆杀戮我谷中弟子，燕国管鲍商社付之一炬，我紧急前来，望先生赶紧前往燕国，否则事态难料啊！"

卫鞅眉头紧皱，显然正在思考。尸佼在房中听到，大步走来，肃然道："事态紧急，连夜前往燕国！"

卫鞅如梦方醒，道："听老师的！马上走！"

那人一把抹去脸上的泪水，咬牙道："先生也带鲍宏去燕国吧！我要为被鲍涛屠杀的弟子报仇！"

卫鞅搀起鲍宏道："如今正缺助力，一起去！"

尸佼道："这位小兄弟临危不乱，刚才明明事态紧急，却没有在未查清卫鞅身份时轻易暴露，以大事相托必是有识之人。但现在还有一件极为重要的事要小兄弟去做。"

鲍宏愤然拱手道："先生但说，鲍宏死不旋踵！"

尸佼冷静道："还请小兄弟回谷中找谷主，请求谷主派些弟子前来帮助，我师徒二人不是鲍涛对手，此去如果强行与其为敌，只是以卵击石。只能先前往蓟城查清情况，这个鲍涛敢在燕国国都大肆杀人放火，背后必有靠山！待我师徒查清真相，谷中援兵到来，再消灭这个鲍涛！"

鲍宏一听，顿时冷静下来："先生所言大是，鲍宏这就回谷！"说完便出门上马，赳赳去了。

卫鞅见鲍宏离开，叹道："可惜风云突变，卫鞅等不到老师的礼物了。"

尸佼哈哈笑道："原是此物暂时与你无缘，何惜之有？"说完又悠悠一叹道："老夫却是为鲍涛叹息啊！"

卫鞅不解道："老师为何要为鲍涛这个奸诈小人叹息？"

尸佼颇为神秘的一笑："我师徒此去，鲍涛时日无多，岂不叹息？"

卫鞅也是哈哈大笑："老师真是诙谐啊！卫鞅服了！"

卫鞅与老师纵马驰骋，星夜兼程，一日到达燕国，如今正要进入蓟城。

"老师！到了蓟城后，何处堪为居所？"卫鞅在马上喊道。

话音未落，眼前赫然出现数个骑士向卫鞅二人奔来，皆是身着黑衣，手持长剑，明明相隔甚远，却能感到杀气透体而来，卫鞅不禁打了个寒战。

"居住之事稍后再说！先应付这些骑士吧！"尸佼也看到了黑衣骑士，大喊道。

卫鞅点了点头，拔出长剑，加速迎上黑衣骑士，对准当头一人挥剑便砍，那人没想到卫鞅竟然面对这么多人不退反进，未及拔剑便被斩落马下。身后骑士见头领一个回合不及反抗便被杀死，大为惊骇，目视卫鞅扬长而去，数人面对卫鞅竟兴不起反抗的念头。未及反应，尸佼又快马赶来，黑衣骑士连忙拦住。

尸佼也是加速冲上，这回黑衣骑士学乖了，纷纷拔剑冲来，不给尸佼偷袭机会。但尸佼剑术还要强过卫鞅，瞬间将两个黑衣骑士斩下马，接连挥出长剑，硬生生撕开一个口子，冲了出去。留下一帮目瞪口呆的骑士和一地的死尸。

远处，卫鞅见老师冲来，忙擦擦身上的鲜血，虽然这些血是黑衣骑士的，但浑身鲜血怎么能进得了蓟城？尸佼也在擦衣服，但擦的不是鲜血，而是刚才冲过来时身上沾的灰尘。卫鞅不禁叹服："卫鞅偷袭冲过，尚且满身鲜血，老师斩杀数人，却衣衫未乱，卫鞅佩服！"

尸佼淡淡一笑道："走吧，还要调查鲍涛的事呢！"

卫鞅皱皱眉头："老师，此番进城不知详细情况，如何调查？"

尸佼神秘一笑："进城便是，老师自有妙计。"

第五章 燕赵风云

一、幽深难解的蓟城政局

进入城中，尸佼带卫鞅左拐右转，来到一处府邸，尸佼匆匆迈步而入，卫士竟不阻挡，卫鞅心中惊讶，却也不便出声，在身后跟着。

到了院中，尸佼才被卫士拦住："站住，何人要找当今燕国御史？御史大人说过，今日任谁也不见！"

尸佼从怀中掏出一块令牌，冷冷道："洛阳周室太师颜率派我来此，有要事与御史大人相商。"又瞥了一眼卫士："你敢挡我？"

卫鞅在一旁恍然大悟，原来老师早就安排好了，燕国是唯一一个周室正统诸侯国，自然对周室极为尊重，而颜率又是太师，让他来安排，真是再好不过了。

卫士见状，连忙让开道路，拱手道："大人请，御史正在大堂中。"

尸佼冷哼一声，大步迈入大堂，见一红衣官吏正在堂中，手持一卷书简，正凝眉沉思。

尸佼走上前，拱手道："布衣尸佼，应周室太师颜率之命，前来与御史商议大事。"

红衣御史一动不动，似乎是没有听见，专注于思考。

尸佼只得提高声音道："御史大人！"

红衣御史终于抬头，似乎极为不耐："什么事？不是说今天谁也不见吗？"竟是把尸佼当作了普通官吏。

尸佼只得再次大声道："布衣尸佼，应周室太师颜率之命，前来与御史商议大事！"

红衣御史这才明白过来，连忙拱手道："原来是颜太师派先生来此！先生请坐，有何要事请先生细讲。"

尸佼也不推辞，径直坐下道："燕国出了奸佞，御史难道不知？"

红衣御史不解："奸佞？"

尸佼笑道："没错，就是奸佞，而且还是大奸佞！"

红衣御史冷冷笑道："先生笑谈，燕国有奸佞，连本御史都不知，颜太师如何知晓？分明是戏耍本御史也。我原本敬重太师人品，不想竟也是这无信之人啊！先生可走，本御史不怪罪。"说罢，就要拂袖而去。

尸佼却是没有要走的意思："御史大人，尸佼千里迢迢，从中原洛阳赶到燕国苦寒之地，难道就是为了替太师戏耍御史大人？"

"哦？难道先生真的发现我燕国有奸人作祟？"红衣御史原本要走，听了尸佼的话，停了下来。"不知先生可有凭据？空口无凭，本御史可是不能信。"

尸佼拍案而起:"管鲍商社十余口人的性命,可算凭据?商社被大火焚烧,可算凭据?"

御史一听,顿时正色道:"先生莫要戏言,管鲍商社着火之事,经过查实原本为意外,至于先生所说,十余口人死于非命,没有尸体,如何能信?"

尸佼愣道:"你说什么?没有尸体?"

"事关人命,不敢戏言。"

尸佼皱了皱眉头,忽然放声长笑:"哈哈哈!真是高人啊!居然一丝马脚都没露出,真是滴水不漏!"说完便自顾自去了,待走远后,沉默了一会儿,又是一声长笑:"好!好!"卫鞅也匆匆离开。

尸佼走出府邸,卫鞅上前问道:"老师,求援无望。今后该当如何?"尸佼停下脚步,好像忽然想到了什么,又折返回来,依旧是匆匆走入御史府中,那名卫士见尸佼去而复返,而且又是面色阴沉,自然不敢阻挡,只得恭恭敬敬又放尸佼进去了。

"呦,先生如何又去而复返?莫非有了证据?"御史看到尸佼又回来了,有些惊讶地揶揄道。

"御史大人,尸佼有一请。"尸佼没有理会,正色道。

御史念尸佼刚才谈吐甚是不凡,道:"先生何事?但说。"

尸佼道:"御史大人,敢问管鲍商社着火一事,谁人对你说是意外的?"

御史挠了挠头,思考了一会儿:"好像是蓟城令吧。"然后又嘟哝道:"本来我听说商社着火,要调查一番的,毕竟管鲍商社也算是个大商社，突然着火，本御史也感觉很意外，可蓟城令说他已经调查过了，此事纯属意外，无须多虑，我就没再关心。"

尸佼听到是蓟城令后就没再听下去，大笑三声，随即头也不回地径直离开了，留下一脸惊愕的燕国御史。

卫鞅和老师随便找了一处客店落脚，到了房间内，卫鞅才问道："老师，这个蓟城令必是鲍涛同伙，如何处置？"

尸佼已经平静了下来，反问道："卫鞅说，你说该怎么办？"

卫鞅一拱手："卫鞅以为，此时不应该轻举妄动，鲍涛已经知道我们来了，必定有所防范，说不定已经在这个蓟城令府中布下了陷阱等着我们，应该先仔细勘察，待摸清情况后再做打算。"

尸佼笑道："鞅啊！你遇事不冲动，反而能沉稳分析，冷静思考，真是大有长进啊！"

卫鞅拱手，有些局促地笑道："老师过奖了。卫鞅已经跟随老师在天下周游了半年左右，岂能没有长进！"

"但是，"尸佼一挥手打断了卫鞅，旋即正色道："老师还是要说，你虑事还是不够深远，还是太浅薄！"

卫鞅肃然一鞠："卫鞅有何浅薄之处？请老师指点。"

尸佼先是一句评价："卫鞅刚才的分析，看似稳妥，实则过于谨慎！"然后侃侃而谈："其一，卫鞅说蓟城令是鲍涛同伙，虽然大有可能，但可能并不等于一定；其二，卫鞅刚才说鲍涛已经知道我们来了，这是事实，否则为何我师徒二人会在官道上遇到截杀？但卫鞅说鲍涛已经在这个蓟城令府中布下了陷阱等着我们，并不符实。老师认为，鲍涛未必已经在这个蓟城令府中布下陷阱；其三，既然蓟城令府中未必有陷阱，我师徒就不应该裹足不前，而是应该趁此机会潜入蓟城令府中打探消息，必要时将这个蓟城令抓回，交谷主处置。"

卫鞅拱手道："老师为何有这三点判断？还请明告卫鞅。"

尸佼先是笑道："卫鞅能够学会质疑老师，长进大也！如果不会质疑，不自己独立思考，以后如何独立做事？"然后逐个分析道："其一，蓟城令虽然说管鲍商社失火乃意外，但未必是鲍涛同伙，也有可能是鲍涛在杀人之后，故意做成意外失火模样来蒙蔽官府。可是老师觉得，一个大商社竟然会失火，如此蹊跷之事，如果我是这个蓟城令，一定会仔细调查，不会轻易得出结论，故而很有可能蓟城令是鲍涛同伙，故意替鲍涛隐瞒。但也不排除是鲍涛伪装得太好的可能，此其一也。"

老师端起桌上的茶，轻轻抿了一口，又道："其二，我等发现蓟城令有隐瞒嫌疑是通过燕国御史，而老师能见到御史，是颜率的帮助。鲍涛虽然消息灵通，但老夫与颜率的交情，连你师伯李悝也不知，小小一个鲍涛如何能知晓？故而鲍涛未必知道我们已将发现蓟城令隐瞒不报的事，既然鲍涛不知道，又怎会设伏等待我们去自投罗网呢？此其二也。"老师微笑道："至于其三，卫鞅你应该明白。"

卫鞅恍然大悟："虽然蓟城令未必是鲍涛同伙，但我等可借此机会详细调查。"

尸佼点点头，淡淡笑道："正是。"

卫鞅霍然起身："我这就去准备。"

"别急！"老师横臂拦住，"先出去吃点东西。"

"啊？"卫鞅不解。

"卫鞅啊！老师刚刚还说你沉稳，又糊涂了？"

"老师，卫鞅明白了！……暴雨将至，故作放晴之态以麻痹敌人。"

"兵者，诡道也……"老师抚髯笑道。

深夜。蓟城令府。

卫鞅与尸佼一个纵跃，翻过那高墙进入府中。卫鞅刚一落地就小声道："老师……"尸佼连忙捂住他的嘴把卫鞅摁倒在地，随后自己也伏在地上。

一个黑影连闪间，进入政事堂，不见了。

"好险。看来这个蓟城令真的和鲍涛是同伙，今天一定要把他捉去问个清楚。"尸佼见黑影消失不见，起身道。

卫鞅起身惊叹道："此人好身法。"与尸佼慢慢靠近政事堂。

到了政事堂门外，黑影突兀蹿出，卫鞅与尸佼连忙压低身子隐蔽在墙边的黑暗中。

目视黑影消失后，尸佼悄悄走到门前，轻轻推开了门。

"如何又回来了？我不是已经同意帮堂主监视最近进入蓟城的谷中弟子了么？"一个红衣人背对着尸佼问道。

尸佼没想到他竟然能听到自己的声音，先是一愣，然后一个箭步冲了上去，手中短剑直插红衣人胸口。

见那人没有丝毫反抗，尸佼有点意外，只是把剑搭在他的脖子上。

红衣人这才转头，尸佼看到一张俊秀的脸，只见上面写满了懦弱、惊恐。红衣人扑通跪地，没命地求饶道："堂主怀疑蓟城令之忠心么？天哪！蓟城令受堂主大恩，岂敢背叛堂主？烦劳这位兄弟先放过我啊！代我向堂主说，蓟城令对堂主一片忠心啊！"一边求饶一边连连叩头。

尸佼先是小声喝道："闭嘴！不要出声！"见红衣人不再求饶，才继续道："我问你，鲍涛在蓟城中何处落脚？朝中除了你还有无其他帮手？管鲍商社之事可是你隐瞒不报？"

一连串发问，红衣人才醒悟过来："你，你不是堂主的人！你是卫鞅！"

"不，我是卫鞅。"卫鞅一直在一旁不说话，此时才道。

"咦？你是卫鞅，这般年轻？堂主为何视你为大敌？"红衣人疑惑道。

"别啰唆！快回答我的问题！"尸佼一抖手中短剑，逼问道。

红衣人这才想起，自己被二人抓住了，只得磕头求饶道："我说，堂主在……"一支短剑横空飞来，将红衣人凌空钉在墙上！

尸佼大惊，连忙追出政事堂。卫鞅上前见蓟城令在墙上挣扎了一会儿，口中喃喃道："亚卿府……"便双眼一闭，不动弹了，只得一声叹息，也追了出去。

到院中，尸佼看到刚才那个黑影在院墙上一跃，不见了。府中卫士听到动静也赶了过来，他只得带着卫鞅离开。

回到客店，尸佼抑制不住心中的怒火，一拳砸在墙上："这个黑影也忒诡异！如何知道我等要去抓蓟城令？这下没有线索了！"

卫鞅却不生气，拱手道："老师，蓟城令死前说了三个字：亚卿府。我想这一定是鲍涛躲藏之处。"

尸佼道："哦？亚卿府？好！我明日再去见御史！"

次日一早，尸佼便独自去见御史，留下卫鞅在客店等候。

到了正午，尸佼终于回来了。卫鞅连忙问："老师发现了什么？为何回来这么晚？"

尸佼喝了一口茶，告诉了卫鞅事情经过……

尸佼并没有去御史府，在去御史的路上，他忽然想到，鲍涛虽然认识卫鞅，但并不认识自己，为何不假扮门客到亚卿府中打探消息？于是尸佼便化名为齐国士子田尤，到亚卿府中做了门客。

"然后呢？有何发现？"卫鞅追问道。

尸佼皱了皱眉头，似乎不敢相信自己的发现："我在亚卿府中转了半日，那些门客都说当今亚卿大德高才，深得燕王赏识，也许过不了多久就要当燕国丞相了。"其实尸佼还有一个疑问没说，既然这个亚卿是大才，那为何要与鲍涛同流合污？

卫鞅一听，顿时有些发愁："万一这个亚卿真的当了燕国丞相，那就算谷中弟子来了，也无法撼动鲍涛分毫啊！"

尸佼也是一时没有定策，只得道："我先去监视这个亚卿，等谷中弟子来了再说吧。"

这一等，就是旬日，在这十天中，尸佼一直待在亚卿府，但都没有见到鲍涛出现，虽然尸佼未曾见过鲍涛，但通过卫鞅的描述，他也对鲍涛有了个大概的印象，除非鲍涛易容，否则不可能认不出他。但也有好个消息，尸佼通过亚卿门客得知：亚卿最近似乎触怒了燕王，失去了燕王的信任，没有当丞相的可能了，这样就不用担心即使找到了鲍涛的罪证也无处辩驳的情况发生了，毕竟亚卿虽然是燕国军政一把抓的大吏，但相比丞相，威势就要小多了。

二、燕国政变，朝野动荡

眼看夏忙将至，这天卫鞅忽然感到蓟城之中的气氛有些不同寻常。

街上的行人少了许多，但却多出了很多士兵巡视，就连酒馆一些零零星星的客人，也都聚在一起，小声谈论着什么，全然没有平常热闹的气氛。

尸佼急匆匆回来，一进门就道出了一个惊天消息：燕公要任用名士嬖进行变法，对老氏族大开杀戒！为了防范老氏族提前叛乱，加紧了蓟城的防卫，甚至在各个朝中重臣府前命士兵驻守，不许大臣走动。

卫鞅听完，叹息了一声："燕国要大乱了。唉，可惜这个燕公，有变法之志，却无变法之能。"

尸佼饶有兴致："却是为何？说来听听。"

卫鞅又是一叹："打草惊蛇，提前派兵软禁老氏族，非但不能防止老氏族叛乱，反而给了老氏族反应的机会和准备的时机，一旦老氏族趁此机会调封地私兵攻击蓟城，士兵寡不敌众，蓟城一旦被攻破，在老氏族重压下，燕公迫不得已，只能杀名士嬖来平息老氏族之怒，到时变法未启动就要夭折，岂不可惜！"

尸佼点点头，又是一问："若是卫鞅处理，该当如何？"

"先是请国君暂封给卫鞅虚位以麻痹老氏族，然后趁朝会之时，雷霆万钧，一举灭杀老氏族！或者是控制老氏族使其投鼠忌器！"卫鞅不假思索。

尸佼一听，却是捋髯而笑："卫鞅啊！你可知行法之要在于何处？"显然是对于卫鞅的处理不太满意。

卫鞅闻言，幡然醒悟，肃然拱手道："老师点醒卫鞅，行法之要，在于事事依法，不能胡乱处罚！法令只诛行，不诛心！老氏族并未触法，不当拘禁，更不当杀戮。只是如此一来，该如何应对老氏族叛乱？"

尸佼哈哈大笑："卫鞅啊，老师只说不能对老氏族'动手'，又没说不能调兵防范！"

卫鞅恍然大悟："老师是说，可以重兵集结，震慑老氏族？"

尸佼又是摇摇头："不是震慑，而是等待。"

卫鞅疑惑："老师何意？"

尸佼笑笑，拍了拍卫鞅的肩膀，径自离去了。

卫鞅见老师离去，独自思忖有顷，忽然哈哈大笑。

如尸佼与卫鞅所料，叛乱爆发了。

在燕公朝会的前一晚，数十名一流剑士突然闯入名士婆的府邸，将府中上下百余人全部斩杀，府中顿时血流成河，整个蓟城的上空都飘荡着淡淡的血气，只有名士婆侥幸逃脱，借地道逃遁，进入王宫寻求燕公庇护。与此同时，城外老氏族私兵猛攻蓟城，蓟城守军寡不敌众，又长期处于都城，几乎没有打过仗，军心涣散，战力低下，在私兵的全力猛攻中，只抵抗了半个时辰便全面溃散，老氏族私兵进入城中，击溃驻守在各个府邸的士兵，解救自家领主后，蛰伏在府中的氏族大臣带兵直入王宫，痛斥名士婆败坏国家，要求燕公杀名士婆以谢国人，承诺只要燕公答应老氏族条件，老氏族就撤兵回自家封地，接受燕公问罪，不然就要攻入王宫，击杀名士婆，放逐燕公，再立新君！

出乎卫鞅所料的是，燕公十分有骨气，表示就算自己死，也要护名士婆周全，他率领王宫禁军，与老氏族死战许久，无奈兵力悬殊，最终在老氏族重兵围攻下，名士婆力战而死，王宫护卫全军覆没，燕公也不知所踪。老氏族首领，燕国亚卿昭示国人，因燕公失踪，寻找不到，且燕公无子，暂由燕公同母之弟暂理国政，以待新君。

燕公之弟当即赐予亚卿调兵之权，另燕公镇国剑一并赐予。

而在此时，卫鞅与尸佼已经在前往赵国邯郸的路上，既然已经预料到了结果，卫鞅自然不能再与老师待在燕国，亚卿虽然表面上拥立了燕公之弟暂理国政，实际上只是为了找个傀儡，为自己控制朝政提供方便而已，燕国的实际统治者现在就是这个亚卿，而鲍涛又与亚卿同流合污，如今亚卿大权在握，岂能放过卫鞅？是非之地，聪明如卫鞅者，焉能坐以待毙？

虽说是被迫离开燕国，但一路上卫鞅没有丝毫的苦闷，卫鞅知道，亚卿并无篡国之志，只是想利用政变多为自己争取一点权力而已，燕国终究会摆脱他的控制，一旦失势，到时不光是这个亚卿，恐怕一班参与政变的老氏族都绝难幸免，甚至可能连带鲍涛一起下水，无须担心。

再说赵国。

赵国这几年也算是国运勃兴了，先是拥立了一个年轻而又睿智的君主赵章，史称赵敬侯，即位后整肃吏治，休养生息，赵国国力大有提升。眼看赵国就要成为一个国力堪与齐国相提并论的北方大国了，偏偏此时赵章的堂兄弟赵朔勾结魏国发动叛乱，自己在赵国内部叛乱，魏国则猛攻赵国与魏国较为接近的重镇邯郸，一时间内外交困，国人惶惶不安，甚至有的氏族大臣已经开始举家投降魏国。

而这个赵章却抛下大局不顾，竟然孤身一人跑到赵国北部，搬来了赵国用于防备匈奴南下的精锐边军，在邯郸城下亲自带队冲锋陷阵！一番血战后硬是将当时魏国乃至天下最为强大的魏国武卒重创，之后马不停蹄，剿灭了叛乱，一场亡国危机，在赵章雷霆万钧的应变中，就这么烟消云散了。

此战虽然魏国大败，但魏武卒毕竟战力冠绝天下，即使是与赵国最精锐的边军飞骑作战，也是毫不示弱，赵国伤敌一千自损八百，国力又跌回到堪堪与韩燕持平的位置了，反观魏国，虽然经历了一场大败，但国力丝毫不见衰弱，照样与齐楚两国打打杀杀。赵章痛定思痛，不顾朝中大臣反对，毅然把赵国的都城从远离中原的中牟，迁到了紧邻魏国的邯郸，训练新军，在天下搜罗大才治国，立志要雪此国耻。

如此血性赵国，如此坚韧赵王，卫鞅如何能不生出敬仰之情？其实如果燕国没有这次大变，卫鞅本来和老师一起前往赵国的，这次离燕去赵，卫鞅要亲自看看，赵国迁都有年，国内究竟有多大变化。

到了邯郸，尽管卫鞅觉得赵王励精图治，邯郸可能极为富庶，但眼前的景象还是使卫鞅大吃一惊，邯郸的富庶程度，甚至可比齐国临淄！只见街道周边到处是高墙大院，商社遍地，尽管卫鞅到赵国时已经是夜晚，但街上的行人还是很多，路旁还有各国商旅叫卖"齐国上等海盐！上等鱼干！""韩国铁器！应有尽有！""魏国陈年佳酿今日刚到，连夜奉送！"各种珍奇珠宝，日常用品，粮食作物，铁器食盐等，几乎占满了路边的街道，还有许多大商巨贾，直接在店中售卖，顾客更是来往不息，不要忘记，这可是赵国夜市，要是到了白天，还不知是怎样的富庶景象！

卫鞅在街上不停奔跑，一会儿到这处问问价格，一会儿到那边看看货物，比到临淄还兴奋。就这样一直到半夜，他才意犹未尽地与老师寻了一处客店住下。

第二天太阳还没出来，卫鞅就从榻上一跃而起，又要出去查看，却意外遇到许多人在街上走马，看这架势，显然都是官吏，卫鞅找来客店主人询问："这些官吏，此时就要到官署办公？真是忙活得紧？"

"客，他们这可不是要到官署！"主人笑了笑，"客难道没看见，这些人都是一脸疲倦之色？如此精神，能办事？"

"哦？"卫鞅仔细一看，确是这样，又问道，"那他们这是去干什么？"

主人先是给卫鞅倒了一杯茶，然后道："他们这是刚从官署办公回来，在家中休息片刻就要继续今天的公务了！"

听了这寥寥数语，卫鞅不禁愣了愣，难以置信地道："这，赵国官吏都是铁打的么？经得起这般操劳？能连轴转？"

主人似乎有些心酸："客有所不知，这已经算是好的了，刚迁都那几年，官吏都是彻夜操劳，有的人吃住都在官府，一连几月都不回家。客看衣着，应是从中原来，中原有这般敬业的官吏，能一直办公到天亮？客到街上问问，但凡是赵国国人，谁不知道！天下列国，就属赵国当官最辛苦，还不如一般隶农来得自在！就算这样，各国士子还是海一般蜂拥来到赵国当官，为个啥？还不就是赵国吏治清明，不用贿赂上司，只要踏实肯干，有个好政绩，几年就能升官！但凡是有个官吏腐败贪污，哪怕是只贪了一钱，让廷尉府知道了，都要治罪，想从赵国找个贪污的官吏，就像从鸡蛋中挑骨头，难！客看中原各国官吏，有几个不贪？有多少人是靠政绩升官的？鸟！"主人说到这里，狠狠地"呸"了一口，表示对中原各国的无限鄙夷。

卫鞅饶有兴趣，又问道："那，当今赵侯又是如何？"

三、上兵伐谋，卫鞅再论兵事

邯郸。赵国军营。

"卫鞅，齐国要趁我赵国迁都不久，国力未复之时，攻我云中⁽¹⁾，君上要我军前往迎敌，你有何看法？"一个看起来年过半百，两鬓斑白却又威严非常的将军问道。

卫鞅此时一身赵国军服，外加身材本就高大，突显出一个年轻英武的少年将军的英气，卫鞅也不客套，一拱手道："将军，齐国发兵到达云中，山高路远，士兵到云中时必定疲惫不堪，战力低下，我军可在云中以逸待劳，以精锐铁骑正面冲锋，必可一举击破齐军！"

老将军颇为惊讶："卫鞅，你不是素来推崇奇谋胜敌么？如何今日选择硬碰硬与敌军正面交战了？"

卫鞅微微一笑，解释道："老将军，战法要视国情而定，赵国人之血勇，天下难觅敌手！以赵国人之心性，煌煌阳谋正对其路，若是偷袭埋伏，反而窝了大军士气！老将军久在军旅，如何连这也没想明白？"

老将军拍了拍脑袋，笑骂道："怪！也就你这小子能看到这么多东西，唉，老夫虽为赵国前军主将，竟不及一个尚未加冠的小儿！"

卫鞅连忙安慰道："老将军久经沙场，战场经验远非卫鞅所能相提并论，真到了战场上，卫鞅这些小聪明都没有丝毫作用，仗还是要靠士卒一刀一枪打嘛！"

老将军却反驳卫鞅道："哎！莫要轻视这些所谓的雕虫小技啊！孙子兵法有云：'多算多胜，少算少胜，不算无胜。'战场胜负，往往就在这些小事上啊！"

卫鞅闻此言，肃然一鞠道："老将军此言大是，卫鞅今后必铭记在心！"

老将军却神秘地一笑，压低声音问道："卫鞅啊！老夫知道，你主张正面与齐军作战肯定还有其他的原因，你啊！一向是鬼主意多得很，如今不用，忒是怪异！"

卫鞅哈哈大笑道："知卫鞅者，老将军也！"然后正色道："卫鞅认为与齐军正面对战，利处有三，其一，便是符合赵人血气！赵国人崇尚光明较量，厌恶阴谋狡诈，正面决战，可使我军战力得到最大程度的发挥……"

老将军急吼吼打断道："其一已经说过，莫要聒噪！直接其二！"

卫鞅微微一笑道："老将军不要着急，容卫鞅慢慢说。"随即道："其二，赵国迁都不久，列国都想趁赵国国力未复之机狠狠打击赵国，此战正面战胜齐军，就是要告诉列国：赵国虽然刚刚迁都完毕，但依然十分强大，即使是魏国齐国这样的大国，想要趁此时机偷袭，也占不到任何便宜！"

老将军赞叹道："上兵伐谋！卫鞅大才啊！"

卫鞅顿了顿，继续道："其三，赵朔在赵国勾结魏国，发动叛乱后，国人士气一度陷入低迷，再加这几年赵国忙于迁都，没有打过什么像样的大仗，庶民不知居安思危，国内暮气横生，正需要一场堂堂正正的大胜来振奋国人！恰逢此时齐国自不量力，主动来犯，正好师出有名，我军便要与号称'技击之师'的齐军正面大战一次，不光要战而胜之，还要胜得漂亮！"说罢稍稍喘息，又道："兵事，从来不是独立于政事之外，而是为政事提供必要保障，为兵之要，于政有利也。"

"好！"老将军拍案而起，"卫鞅所言，老夫大是赞同，何消说得，老夫这就去找上将军求战！"老将军慷慨激昂。

　　"哎，老将军莫要激动。"卫鞅连忙拦住，笑道，"卫鞅所思，上将军岂能想不到？不必着急，卫鞅料想，不需一个时辰，必有军令到来。"

　　老将军终于摇了摇脑袋，笑骂道："鸟！偏是你小子算得准！"

　　而在邯郸王宫中，则正在进行一场激烈的争论。

　　"臣，启禀君上，今齐军来犯我云中，路途遥远，到时必定人老师疲，我军正可以逸待劳，以铁骑冲锋，齐军远离故土作战，又经过长途跋涉，士气本就低下，断然经不起我军精锐铁骑的强力冲锋，必定一冲即溃！"时任赵国上将军道。

　　说起赵敬侯时期，赵侯极为强势，国中大事基本上都由他来处理，国中的丞相、上将军两位朝中重臣的任务，仅仅是处理一些日常事务罢了，真正到了处理大事的时候，他们都只能在一旁提提意见而已，就像是这次齐军攻赵，上将军只能提出自己的观点，如果赵侯不同意，那是没有任何回旋的余地的。尽管上将军是宗室子弟，也对赵侯没有丝毫的影响力。

　　赵侯听了自己这位同族的战法后，先是沉默了几秒，然后转头道："丞相以为如何？"

　　只见一个白发的老人颤巍巍地站了起来，反驳道："老臣认为，上将军说要正面与齐军作战，大谬也！齐军战力极高，号称'技击之师'，除了魏国武卒战力可稳压齐军，其余各国都未必是其对手！上将军面对强敌，只知莽撞硬拼，即使我军战胜，损失也会极大，杀敌一千自损八百，岂是为将之道？"

上将军反唇相讥道："老丞相年迈体衰，连事情都分辨不清了？殊不知，衡量敌军战力，要通过各个方面的分析获得，齐军远道而来，纵然原来战力高超，经过长途跋涉，体力岂能没有损耗？我军正面迎击齐军，战而胜之，定可扬我大赵国威！"身后一帮武将纷纷附和。

老丞相面色涨红，仿佛受到了极大侮辱，一边起身辩解道："老臣原本是为国着想，为三军将士着想，上将军如此羞辱，不觉过甚？"一边举起手中拐杖，一副剑拔弩张的样子。

"老丞相！"赵侯终于开口了，"这里是朝堂，不是三军幕府！老丞相不觉失礼吗？"然后转而对上将军训斥道："上将军之战法，原本无可挑剔，但上将军于朝堂之上羞辱老丞相，有辱我赵国宗室风范！依宗室成例，罚奉一年，以示惩戒。"

上将军一张口，本来想做辩解，忽然看到赵侯脸色阴沉，显然对二人的争论甚是不耐，想起赵侯对于宗室的严厉，数次斩杀宗室大臣，这惩罚已经是念在兄弟情谊的份上，终于拱手道："臣，遵从君上惩戒。"

赵侯脸色这才稍稍转晴，又道："此战，听从上将军之战法，由上将军全权处置。"然后一声"散朝"自顾自离开了。

大臣们你看看我，我看看你，半晌后也悻悻走了。

次日清晨，云中⁽¹⁾一无名平原。

齐国的军队在经过数日的行进后，终于到达了这里。

"将军，此去赵国腹地，还有不短的距离，将士们也有些疲累了，不如就地扎营，让将士们歇歇吧，一旦敌军来袭，也好有迎敌的体力。"一名军务司马对坐在华贵辂车上的贵胄将军请示道。

"不行！"年轻将军一口拒绝，"你等不通战阵之事，我齐军乃

次日清晨，云中[1]一无名平原。

天下闻名的'技击之师'，赵军岂敢与我军正面对垒？无非是找一处险山恶水伏击我军，此地平原广阔，无法藏兵，赵军如何伏击？我军就要利用此机会，袭击赵国腹地！"

"可是！三军将士已经很累了，军心不稳！"军务司马不甘心，继续劝道。

华贵将军勃然变色，威胁道："你一个小小的军务司马，竟敢管本帅的事情！信不信本帅以扰乱军心治你的罪！退下！"

军务司马无奈，只得转身离开。他知道，这些将军都是齐国宗室或者贵族子弟，从未经历过战阵拼杀，只会纸上谈兵，以为战争就是在幕府中部署部署，然后等待结果而已，拿三军将士的生命当儿戏，一心想着立功升官，这种人偏偏还当上了三军统帅，若是任由这样折腾下去，齐军必败！心念及此，忙对身边的斥候吩咐道："加大探查力度，搜索赵军行踪！"一边祈祷赵军主将无能，没有发现齐军。

就这样又行进了大约一个时辰，到了三军将士用饭的时间了，将军突然下令：全体埋锅造饭！

军务司马大惊，要知道，在敌国境内埋锅造饭，就相当于告诉敌人自己的位置，把四周的敌军都吸引过来，再加上齐军现在的状态，遇到敌军几乎必败无疑，军务司马正要劝告，忽然看到远方似乎闪动了一下，仔细一看，发现那都是身着红色战甲的赵军骑兵！看那整齐的阵势，雄壮的战马，应当是赵国最为精锐的骑兵部队。不禁大为惊骇道："全军准备，应击敌军！长矛居前，弓箭手最后，快！"

华贵的将军却回头训斥道："大胆，没有本将军令，竟敢擅自部署军队！弓箭手上前，给我射！"

军务司马大惊，连忙阻拦道："将军不可！弓箭手没有近战兵器，一旦遇到敌军冲锋，就是送死啊！"

年轻的将军轻蔑地嘲笑道："敌军离得还远呢！这些都是骑兵，目标大，弓箭手易于射击，若不趁此时先射箭阻拦，难道要等到肉搏时吗？弓箭手，给我上！"见军务司马还要阻拦，吩咐左右道："来人！此人未经本将允许，竟然擅自调兵，给我绑了！待本将战胜敌军，再做处理！"

军务司马愣了愣，忽然仰天长笑："好，好啊！三军将士，都要陪你这无用公子一起死了！哈哈哈哈哈！"笑了一会儿后，他悲从中来："我齐国大军，早晚葬送在你们这帮中看不中用的贵公子手里了！上天不公啊！上天不公！"

"竖子大胆！"华贵的将军勃然变色，猛地抽出长剑，朝军务司马当胸刺去！

一边的士兵连忙抱住，求情道："将军不要加罪司马啊！司马也是为三军将士着想，将军莫急，我等派弓箭手去就是了。"

那将军本就只是想吓吓这个军务司马，省得让他再多管自己的闲事，正好就坡下驴，却故意装出一副怒气未消的样子，先是朝军务司马瞪了一眼，发现他根本没有看自己，悻悻然道："念在三军将士为你求情的份上，本将军暂且放过你，来人，将这个大胆狂徒押到我的轺车上，看本将军大胜敌军！"

见周围士兵都在发愣，将军斥道："愣着干什么，弓箭手上啊！"一旁的传令兵这才摇了摇令旗，随即，位于队伍最末的弓箭手走上前，拉开弓对准赵军骑兵，等待敌军进入弓箭有效杀伤范围。

军务司马双臂被绑，站在辒车上紧张地看着，久经沙场的他自然知道，弓箭手虽然能在敌方部队未到近前时对敌方士兵造成有效杀伤，可一旦让敌军近身，就是一个个活的剑桩，任敌方砍杀，只要赵军骑兵不是傻子，就会在进入弓箭手射程后全速奔跑，最多射两轮箭，就可以冲到齐军身前，齐国与赵国交战多年，他自然知道，眼下赵军骑兵的靠近速度，还远远不是赵军的最快速度。军务司马现在只能祈祷，弓箭手们能机灵一些，在赵军未抵达前退到后面的长矛兵身后，这样，此战还有希望。

出乎意料的是，赵军竟然在弓箭手的射程外突然停了下来，不知道在耍什么花样。齐军都是步兵，要对付骑兵，还是名扬天下的赵军飞骑，只能列成阵势，原地等候，才能将骑兵第一波最致命冲击的损失减到最小，因此赵军不动，齐军也只能眼巴巴看着，那个年轻的贵胄将军虽然缺乏战场经验，但也知道用步兵对付骑兵决不能主动出击，因此并未催促。

就这样大约半个时辰，赵军终于动了，但既没前进也没后退，而是向两边散开，让出了一条通道。齐军不明其意，又等了半个时辰，从通道中缓缓走出一队重甲步兵，一手持一人高的巨大盾牌，一手持剑，缓缓向齐军走来。

赵国面对没有骑兵的齐国军队，竟然出了一队步兵攻击？军务司马不解其意，而在队伍最前方的弓箭手还是搭弓，射出了第一轮箭。

密集的箭雨"咚咚"地打在盾牌上，但赵军的盾牌太过巨大，几乎没有造成伤亡，年轻的将军只得挥手道："弓箭手撤回，长矛迎敌。"

见长矛手缓缓迎了上去，军务司马心中又是一紧，长矛手面对盾牌兵，造成的伤亡也极为有限啊！但部队已经出列，此时才后退反而会露出破绽，只得继续等待。

两军逐渐靠近，终于碰撞在一起，只见赵军利用巨大的盾牌在正面围成一堵盾墙，任齐军长矛手击打，犹自岿然不动。

就在此时！赵军骑兵突然飞一般地冲了过来，不过不是冲向齐军长矛手，而是已经退到后方的弓箭手！

齐军弓箭手本来正在看前方对战的两军，没有注意赵军骑兵的冲锋，等到发现时，连搭弓的时间也没有了，几乎是在一瞬间，赵国雄霸天下的精锐骑兵，冲进了齐军的部队中。

弓箭手原本想后退，让位于最后的盾牌兵先暂且抵挡，奈何赵军实在太快，还没来得及，便在骑兵的强大冲击下溃败了，许多人没有死在敌剑下，反而被自己人活活踩死，最后面溃逃的弓箭手堪堪与盾牌兵相遇，不顾一切地向后退却着，反而挡住了赶来支援的友军。

年轻的将军惶然失措，急忙令正与赵军步兵对战的长矛兵后撤，与盾牌兵前后夹击赵军，长矛兵刚刚转身，赵军防御了许久的剑盾兵突然一把扔掉盾牌，挥舞着长剑，与长矛兵厮杀在一起，长矛兵的优势在于距离，被赵军近身，几乎是被宣判了死刑，一时间血肉横飞，齐军死伤惨重。

不到一个时辰，除了还有少数齐军在负隅顽抗，齐军主力全面溃败。赵军留下一队骑兵与步兵一起看守辎车，其余骑兵继续追杀逃亡的齐军士兵，显然是要赶尽杀绝。

年轻的将军看着满地的尸体与殷红的鲜血，不禁连连干呕，逃一样地跑上了辎车，惊恐地结巴道："司……司马，现在，我……我军已败，如何是好啊？"一看司马还被绑着，连忙手忙脚乱地松开了绳子。

军务司马淡然道："我军已败，我已无颜苟活于世，将军自便吧。"说罢，推开了他，走下辂车，因为长时间站在辂车上，他的身形有些摇摇晃晃，他拿起地上士卒丢弃的长剑，仰望苍天，大呼道："老天啊！何其不公？"猛然将手中长剑刺入腹中。

年轻的齐国将军跟在军务司马身旁，见司马壮烈殉国，不禁大为惊恐，几乎跪倒在地，犹自颤抖。

一旁的赵军士卒自始至终没有丝毫动作，不一会儿，一队骑兵飞驰而来，领头的将军着一身红色盔甲，径直来到齐国将军身旁，坐在马上，有些轻蔑地看了他一会儿后，对一旁的士卒挥挥手道："削下首级，送还齐国。"年轻的将军顿时脸色惨白。

"老将军切莫动手！留此人一命！"身旁的一个白衣司马开口了。

"卫鞅啊！此等无能人物，留他何用？"老将军显然有些不快。

白衣司马神秘地一笑，在老将军耳畔嘀咕了几句，老将军顿时恍然大悟，笑道："此计好是好，只是太窝人了也！"

白衣司马也笑道："老将军的脾气，卫鞅岂能不知？只是此计有利于赵国，老将军切莫意气用事了。"

"鸟！"白发苍苍的老将军笑骂了一句，"老夫便忍了这口气！"

白衣司马肃然拱手道："老将军以国家为重，卫鞅佩服啊！"

老将军哈哈大笑："卫鞅啊！你就不要给老夫戴高帽了，走！今日大胜齐军，晚上痛饮一番！"拉着卫鞅离开了。

远远只听到白衣司马的笑声："老将军海量，卫鞅可是不敌啊……"

注：（1）云中，今山西大同。

四、赵侯的莽撞让卫鞅心灰意冷了

云中一战，赵军以动用三万骑兵，两万步兵，损失不足一千的代价，消灭了齐国近十万大军，而且还是正面战胜，战力之强，战术之妙，令天下侧目。齐国尤为紧张，在赵国公子朔叛乱时，齐国曾经趁机攻占了赵国几个城池，此次败于赵军之手，庙堂已经开始谋划如何应对赵军的反攻了。

而与赵国素来并称"三晋"的韩、魏两国，则是迅速派出使臣与赵国交好，相约三晋永为盟友，绝不互相攻击。其实这种名义上的"永为盟友，互不攻击"只是一纸脆弱的盟约罢了，就算赵国不攻击韩、魏，一旦哪天赵国衰落了，他们也会不顾盟约，攻击赵国，但卫鞅却认为，此时确实不宜对韩、魏用兵，一是因为盟约，就算要撕毁，也要等上一段时间，更深层次的原因则是赵国目前实力确实还不够强，应付一国进攻还没有多大问题，一旦几国同时从各个方向攻击，形式难料，故而要联合两国，攻击齐国和燕国。

不过这些话，卫鞅并没有告知赵侯，因为他知道赵侯决然不会想不通这 么简单的道理，就算与魏国有旧仇，也要等赵国有了撕破脸皮的能力才行，毕竟，魏国此时正处在鼎盛时期，霸主地位仍旧无法撼动。

出乎卫鞅意料的是，老将军在回到军营后，竟然向赵侯上书举荐卫鞅，幸好卫鞅及时得知，快马拦住了前往邯郸的信使，回到军中后，老将军不解其意，卫鞅只得以年纪尚小，不堪大任为由推脱了。

就这样过了半月，一道军令，陡然令冷清许久的军营重新热闹起来：赵国要对卫国用兵，与齐国争夺齐国附庸国卫国的富庶土地！三军将士经历了上次的大胜，士气正旺，纷纷摩拳擦掌，要大战一场。

卫鞅正在幕府沙盘上研究战术，赵军此次用兵与上次不同，上次赵军是防守方，充分利用了赵军骑兵彪悍灵动的优势，以步兵纠缠住对骑兵最有威胁的长矛兵，然后骑兵冲锋，消灭其他齐国部队，之后利用齐军统帅失误，重创长矛兵，令其无法形成阵势，从而取得胜利；而这次进攻卫国，则是要实打实地攻坚，尽管赵军有可能直接野战歼敌，令敌军无兵可以用来守城，但一旦有足够多的敌军逃回城中据城自守，以卫国的富庶程度，修建的高大城墙绝非不擅长攻城的赵军所能轻易突破，而且赵军攻击卫国，粮草要度过大河才能到达前线，一旦后路被齐军截断，此战就极难取胜，故而不战则已，战，就必须雷霆万钧，彻底消灭卫军！尽管卫鞅擅长奇谋，但一时之下，也没有眉目。

难道，要出动大军，直接包围歼灭？卫鞅心中刚出现这个想法便摇了摇头，这是最后的办法，卫鞅相信，一定有更好的战术，使赵国免于动员庞大兵力，让齐国警觉，出兵干预。而且大军出动，每走一步都是金钱铺路，粮草开道，尽管离国不远，也是一个巨大的负担。

其实卫鞅心中还有所担心，如果赵国出动大军攻击卫国，魏国会不会与齐国合谋，前后夹击赵国呢？毕竟，魏国是天下第一的强国，竟然与赵国盟约修好，实在是不可思议，也许就是为了麻痹赵国。因此赵国必须要将出动的兵力减到最小，否则魏国与齐国一旦发难，赵国登时就是大险。

但战法如何呢？卫鞅摇了摇头，叹了口气，心中道："看来，我军旅经验还是太少，应当多多锤炼。"于是打定主意看上将军如何作战。

三日之后，赵国大军出动。

卫鞅万万没有想到，此战竟然出动了六万骑兵，四万步兵，整整十万大军！要知道，就算是面对齐国的攻击，赵国也仅仅只出动了五万兵力，如今要对一个小小的卫国用兵，上将军竟然动用了如此多的士卒，莫非是想一战灭卫？卫鞅大急，要是赵侯与上将军真如此想，赵国危难！一旦灭掉卫国，列国必定纷纷攻赵！

但卫鞅从老将军手里看到十万大军的部署时，顿时恍然大悟，不禁赞叹赵侯与上将军谋划之妙。经过斥候探明，卫国为了防备赵国攻击，在边境帝丘、楚丘驻扎了军队，而楚丘、帝丘又恰恰是赵国渡过大河后最近的立足点，对赵军具有重大意义，根据卫国的部署和战略要求，上将军的部署是：

首先，两万骑兵与四万步兵渡过大河后，不需兼程行进，务求隐秘，不使卫国察觉，到达卫国国都濮阳周围的一处隐秘山谷后迅速蛰伏，接到军令后直接包围濮阳，但不许攻城。包围濮阳后，故意露出破绽让信使出城求援，等信使差不多到达楚丘与帝丘时，赵军迅速撤出，渡过大河，到达赵国与齐国交界处，提防齐国支援卫国。

而剩余的四万精锐铁骑，也是隐秘行进，渡过大河等候，一旦帝丘与楚丘援军去救援濮阳，立即出动，一万骑兵分散夺取毫不设防的城池，三万骑兵切断帝丘、楚丘援军与这些城池的联系，如果卫军反攻，一律消灭！

而赵国剩余的大军，则被派到与韩、魏交界处，防止魏军攻赵！这一路大军必须大张旗鼓，让魏国知道，赵国已经有了提防，毕竟现在盟约刚立，而且赵国也不想和魏国开战，只要让魏国不敢动手就行了。

卫鞅看完战法部署后，又看了看地图，想研究一下有没有漏洞，突然发现，赵军攻下楚丘、帝丘后，就将与韩国接壤，一万骑兵，能震慑得住韩国吗？转而一想，韩国国力不如赵国且素来与赵国交好，应该不敢与赵国为敌，就没再深思。

如上将军谋划的那样，赵军包围濮阳后，卫君大为惊恐，连忙派人向齐国求援，同时调取楚丘、帝丘的军队来护卫都城，卫国上大夫不赞成调取楚丘与帝丘军队，极力阻止，但卫君已经惊慌得失去了理智，不听劝告。

在赵军的"配合"下，信使顺利逃出赵军包围圈，调走了楚丘与帝丘的军队，之后，赵军迅速夺取了两地周围的城池。齐军想趁机攻赵，但被早有准备的赵军击败。

此时，异变陡生。

魏军借道韩国，攻击赵军夺取楚丘与帝丘的军队，在赵军拼死抵抗下，还是没能在魏国精锐武卒的手下讨到便宜，三万铁骑，战死一万，重伤五千，轻伤不计其数，只得撤回大河北岸。

赵侯大怒，当即派出特使，谴责魏国破坏盟约，言而无信，若不将楚丘与帝丘归还，就要与列国共讨魏国！

魏武侯回复道：其一，是赵国先出兵攻击卫国，欺凌弱小，破坏盟约，魏国出兵救援，理所应当；其二，楚丘与帝丘两地，原本乃卫国国土，谈何归还？魏国击退赵国，损失巨大，卫国已经将楚丘与帝丘献给魏国，权当是出兵救援的答谢。此事，赵国无权干涉！

赵侯气得几乎吐血，又写国书驳斥道："盟约中，只规定了三晋永为盟友，互不攻击，赵国攻击卫国，不违背盟约！"

就这样，两国你一言，我一语，来来往往辩论了数个回合，终于还是赵侯先忍不住了，连杀三个劝谏大臣，要派兵攻魏！

卫鞅见赵侯如此没有胸襟，心灰意冷，辞了军中司马的职位，与老将军告别后，和老师一起离开了赵国，返回了濮阳。

刚回到商社，尸佼见卫鞅一路上脸色阴沉，转移注意力道："鞅啊！老师原来不是说要给你一个礼物吗？正好回来了，跟我来吧！"

片刻后，卫鞅跟老师来到商社存放贵重物品的仓库，径直走了下去。

"一道门……两道门……三道门！"卫鞅一边数着，一边有些惊叹。要知道，卫氏商社存放货物，都是越贵的货物便放得越深，这门数，其实就是代表着货物的尊贵程度，卫氏商社仓库一共有七道门，第一道门中空间极大，主要储存盐铁等较为重要的货物，第二道门中的空间就要小一点，主要放一些兵器、珍珠、白银等稍稍贵重一些的物品，而一旦到第三道门，几乎比第一道门中的空间小了数倍，饶是如此，其中的东西也放不满这个房间的一半，这里存放的已经是中大夫以上才能见到的珍宝了，价值有的能达到数百金！第四道门中放的则是贵如将相也不能轻易得到的宝物！脑袋般大的夜明珠，略比人的手掌小一些的珍珠、翡翠，还有各种青铜古器等。第五道门中放的东西更是惊天动地！乃是各国王侯所用的青铜礼器，名玩珠宝，利剑神兵等，其价值无法估量，第六道门中，放着一辆天子御赐的青铜轺车，这可不是现在已经衰落的周王室御赐，而是平王中兴时，赐给卫国宗室、卫鞅之祖的莫大荣耀！至于第七道门中，则是空无一物，卫鞅听卫英说过，老总事建造这个仓库的原因，乃是为了囤积财货，以备不时之用，而当时建造时，老总事特地嘱咐说："但凡人间之物，皆不足道也！可居前六室，留此一室，以待神品。"将这个房间留出，闲置不用。

心念电闪间，卫鞅已经跟老师来到了第五室的门前，卫鞅心中惊讶，到底是什么东西？竟能与列国王侯所用之物相比？

只见老师深吸一口气，推开了门。

王屋山。山中木屋。

"魏熊，你学业已成，不必再待在山上了，带着《鬼谷子》下山，找你师兄去吧！"李悝有些疲累地说道。可以看出，他苍老了不少，眼神中的熊熊烈火几乎已经燃烧殆尽，一代法家圣贤，何事以至于此？

魏熊却英武了不少，他有些疑惑地问道："老师，你不跟我一起去么？"

李悝叹了口气，似乎在竭力压抑心中的苦楚，勉强笑道："我为大魏国操劳半生，今天又给魏国宗室教出了一个少年英才，老夫已经对得起魏国的知遇之恩了！……剩下的时光，老夫想要在这王屋山中休息一下了。"

魏熊还是不放心："老师身体未老，为何心老？就算要歇息，也要到魏国去，老师为魏国付出了全部的心血，魏熊岂能看老师在这荒山野岭中孤独寂寞？"

李悝眼中光芒大涨，看了看魏熊，又逐渐黯淡下去，终于道："好……你先下山，老夫收拾东西，即刻便去。"

魏熊又道："魏熊就在此等候吧。"

李悝笑了笑："好，老夫回房收拾行李。"说完一转身，慢慢去了。

魏熊在大厅中站了一会儿，还是不太放心，"老师平常可不是这个样子啊！莫非……"

李悝蹒跚回到房间，从一边拿出一坛酒，倒了一些在地上，蹲坐

137

在地喃喃道："君上啊！老臣不负所托，将魏熊这个孩子教出来了，老臣的使命完成了。"说完仰头喝了一口酒，呛得咳嗽起来，李悝原本酒量极好，看得出，这酒浓度很高。

李悝又道："老臣有些累了，君上不要着急，喝完酒，老臣就去了，咱们见了面继续喝酒、论政！"李悝又喝了一口，脸上有些发红，可眼神中却火光熊熊，他猛地站了起来，把酒坛摔向卧榻，拿起油灯扔了上去！

火起！

"不对！"魏熊突然醒悟过来，冲向李悝的房间，却被眼前的大火呛得连连咳嗽。

"老师！"魏熊仰天大吼，冲进火场。

不多时，魏熊拿着一个酒坛的碎片，跌跌撞撞从火场中走出，一下子瘫坐在地上，被烟熏黑的脸上泪如泉涌。

这一天，天下少了一位法家圣贤，多了一座荒野孤冢。孤冢的前面，放着一个酒坛碎片。

第六章 韩国风云

一、汇合师弟，卫鞅入韩

濮阳，卫氏商社仓库。

卫鞅有些吃惊地看着眼前的华美剑鞘，他似乎看到了剑鞘内的剑正在呼吸着，散发出无与伦比的灵气，混合着一股锋锐之气扑面而来，卫鞅甚至感觉到这剑气正在侵蚀着剑鞘，仿佛是有生命般，不愿意待在这狭小的空间中。

尸佼道："此剑乃你祖师佩剑，剑身长二尺二寸，即使在夜晚出剑，也是光芒冲天，令人不敢直视，我老师本欲将此剑交予你那被因于谷中的师叔，但天不遂人愿，老师故去时留下遗命，将此剑归为师保管，将来遇到大才，便将此神剑交付于他，卫鞅，接剑！"说完双手将剑托起，神色前所未有之庄重。

卫鞅没有推辞，就要接剑，突然发现老师托剑的双手微微颤抖，抬头一看，不禁大惊失色，老师的脸色突然变得苍白起来，血色尽褪！卫鞅自己心中也突然一紧，好像感觉失去了什么一般。

老师的双眼毫无神采，将剑交给卫鞅，跑出仓库，期间数次跌倒，卫鞅紧跟其后，将其扶起。

老师终于冲出了仓库，卫鞅没想到，感觉仅仅在仓库中待了一会儿，出来时天色已由明亮变得暗淡起来，太阳已经消失不见，又过了许久，月亮来到了半空中，天色已经全黑，可以清清楚楚地看到天上的星星。

在一旁肃立了许久的老师突然抬头，在漫天星河的西方寻找着什么，卫鞅跟随老师的目光望去，发现西方原本明亮的"太白星"倏忽不见，过了一会儿，一颗灰暗的星星悄无声息地从西北方出现，一路向南方划去，代替了"太白星"的位置，静了一会儿后，光芒大亮，一瞬间又黯淡下去，终于消失在卫鞅的视野中，老师凝神细望了一会儿，突然倒在地上，泪如泉涌。

卫鞅连忙上前搀扶，刚刚把老师扶起，老师终于忍耐不住，吐出一口逆血，昏倒在地。

卫鞅惊呼道："老师！"

过了三天，尸佼犹未醒来，卫鞅已经从早已赶到的魏熊那里，知道了一切。

这天，卫鞅守在老师榻边，迷迷糊糊间看到老师的手动了一下，惊喜道："老师？！"抓住老师的手用力摇动。

不一会儿，尸佼睁开双眼，看了看卫鞅，迷茫地问道："我昏迷了多久？"

卫鞅恭恭敬敬回答道："三天三夜。"

尸佼又突兀问道："魏熊来了？"

卫鞅有些意外，老师一直昏迷，如何知道此事？支支吾吾回答道："是，是的。"

尸佼猛然坐起，双眼如刀，直视卫鞅道："他都说了些什么？"

卫鞅强忍住心中的悲痛，假装什么都不知道："师弟说他学成归来，下山与我们一起周游列国。"但眼神还是出卖了卫鞅心中的悲伤。

尸佼看卫鞅的双眼，心中已如明镜一般，心中一酸，又躺下身，叹息了一声道："鞅啊！你不要说谎了，你师伯李悝究竟如何了？说吧，为师撑得住。"

卫鞅再也不能隐瞒，跪倒在地泣道："老师！师伯教完魏熊后，在山上自焚了！"

尸佼尽管心中已有准备，但听到自己的猜测已成事实，还是浑身一颤，许久未动。

静默了一会儿后，尸佼勉强支撑着坐起，强笑道："卫鞅啊！不要伤心了。你师伯为魏国耗尽了心血，此时终于可以休息了，不必为他伤心了。"说罢，强自起身道："走，去看看魏熊。"

帝丘。官道。

"鞅啊！此处再往西走一段路程，就是韩国地界了，老师就送你到这里了！"马上，一名身穿白衣的老者高声道。

"老师！你不跟我们一起去韩国了吗？"另一名白衣人问道。

"事事都要老师跟在你身边来帮助你，不经过独自历练，如何能成为不世大才？"白衣老者笑道，"该出现时，为师自会帮你的。"说完便回转马头，头也不回地向东方而去。

白衣人回头看了一会儿，等身影消失在远方后才回头，神色有些落寞。

另一名许久未开口的红衣人安慰他道："师兄不必担心，师叔虽然经过老师一事，心智受损，但毕竟心境旷达，断不会有事的。"

卫鞅叹了一口气，喃喃道："希望吧。"

前方出现了一座村庄，似乎颇为破败。魏熊奇道："此处位于中原富庶之地，为何如此破落？"和卫鞅一起向村庄而去，等卫鞅二人稍稍靠近了些，才发现不对：村中竟然没有一个人！

卫鞅被眼前的景象惊呆了，村中尸横遍野，鲜血遍地，从那朴素的衣着中可以看出，这些人都是普通的庶民百姓，原本应该在田地上耕作的他们，此刻却倒在地上，身上的伤口触目惊心，几乎都是一击致命，没有留丝毫机会，卫鞅从那整齐锋利的刀口，以及伤口的位置看出，这正是赵国飞骑的手法，一旁的屋舍倒塌在地，茅草做的屋顶上，火焰烧灼着。

一旁的魏熊却没有看出来，而是误以为这是魏国军队所为，和卫鞅汇合这几日，他已经从卫鞅那里了解了这次赵魏交战的始末，在魏熊看来，这肯定是带队的魏国将领为了从庶民手中掠夺财富，命令手下所为，为了一己私欲，竟然杀害了这么多无辜百姓！心念及此，魏熊几乎无法忍住心中的愤慨，双拳不自觉地捏紧，发出"咯咯"的响声，脸色因为极端的愤怒而涨得通红。

卫鞅还在思索自己的事，没有注意魏熊的异状。赵国民风彪悍，不遵礼法，这本来已经是天下皆知的事实，更何况能够进入赵国最精锐部队的士兵，其彪悍之气更是无以复加！作战勇猛，不计生死，但也更加地不守军纪，大战之后烧杀劫掠一番根本无法阻挡，幸好赵军骑兵统帅是与卫鞅相熟的老将军赵甲，老将军素来性格暴烈，动辄杀人立威，在赵国骑兵中的威望无人能比，即使是赵侯亲至，也未必能盖过他。老将军一生忠于赵国，记得早在赵敬侯之叔赵武侯在位时，就以忠诚耿直著称，后来赵敬侯能够从叔父手中即位，也是老将军鼎力支持，在老将军看来，赵武侯虽然还算个合格的君主，但其子赵朔沉迷于声色犬马，不堪国君大位，将国君之位传与赵章，才是最好的选择，没有他，赵敬侯想要即位根本无从谈起，故而赵侯对老将军极为信任，让他担任骑兵大将，统领赵国飞骑，同中原不同，在赵国，骑兵几乎是国家的大部分力量，当上骑兵大将，就相当于半个上将军。可尽管老将军有如此大的威望，也只是能稍稍抑制士卒劫掠庶民，这也是卫鞅一直不赞成赵国强攻卫国，而是要野战夺城的原因，可惜，这次赵军两线作战，老将军被调往东线防守齐军，没能兼顾西线，让如此多的庶民死于非命！卫鞅叹了一口气，对魏熊道：“唉，这些百姓无辜而死，又暴尸在地，鞅实在于心不忍，师弟，我们把他们埋了吧。”

魏熊深呼吸了几下，勉强压制住心中的怒意，低声道：“好。”

幸好被赵军屠戮的庶民不是很多，看来大多数人还是在这之前逃了出去，让卫鞅心中有些欣慰。在忙活了半天之后，村旁多了一个巨大的土丘。卫鞅和魏熊休息了一会儿，继续向韩国赶去，只是路上气氛沉闷了许多。

一路无话，卫鞅与魏熊经过一段时间的行进后，到达了韩卫交界处——虎牢，此时的虎牢，还远不像后世三国中那样雄伟，但也是一座易守难攻的巨大关卡，耸立在两座巨大的高山之间，要想通过，只能强攻，据《水经注》载：虎牢之名，来源于西周时代，周穆王姬满在圃田泽狩猎，忽然看到老虎在草丛中游荡，"天子将至，七萃之士高奔戎生捕虎而献之天子，命之为栖，畜之东虢，是曰虎牢矣。"而虎牢被称为虎牢关，则是秦代的事了。此地地处韩卫交界与韩周交界，一方面，它将周王室紧紧锁在洛阳一隅，无法突破，限制了东周洛阳，与韩国在洛阳以西的国土形成了对周王室的包围，另一方面，它孤立于大河南岸，为韩国在大河中游南岸唯一的领地，其他在大河南岸的领土，大多位于洛阳以西，被周王室阻挡，无法与虎牢建立有效的联系，所以，尽管它极具战略价值，但是对于韩国而言，它却是一个扔了可惜，留着没用的烫手山芋。尽管身份如此尴尬，但韩国还是不想将虎牢让与别人，因为一旦被别人夺走，其他国家就可以通过虎牢对韩国觊觎了好久的东周下手。

经过赵军斥候侦查，发现魏国大军正是通过虎牢关从背后偷袭赵军的，这次，卫鞅决定从这里调查一番。

"喂，"卫鞅见魏熊有些愣怔，摇晃了他一下，取笑道，"师弟在山上修行许久，出神的功夫大有长进啊！"

"哦。"魏熊应了一声，但眼神还是空洞洞的，望着天边的阴云，脸上毫无生气。

卫鞅感到事情有些不对，魏熊秉性率直，如果是在原来，听到这话一定会与卫鞅互相取笑。二人关系原本极好，性格相同，主张一致，这种打趣也是一种友好的表现，可魏熊在看到那个被洗劫的村庄后，就一直魂不守舍，一路上一言不发，与他平常的性格判若两人，卫鞅不禁有些担心。

又推了魏熊一下，魏熊终于回过神来："哦，哦！鞅兄？"

卫鞅担心道："师弟，你自从看到那个村子后，就一直走神，是不是出了什么事？"

魏熊犹豫了一会儿，终于还是道："没什么，只是看到那些庶民百姓无辜而死，有些伤感。"

卫鞅怀疑道："真的？"

魏熊用力点了点头，好像要说服自己什么："真的。"转而岔开话题道："鞅兄刚才有什么事吗？"

卫鞅对着虎牢一边的山峰遥遥一指，道："我看这个虎牢好像有些不同寻常，我们上山，从高处看看能有什么发现。"说罢，飞身一跃，在陡峭的崖壁中来回穿梭，转眼间就爬上一半距离。

魏熊摊开手心，露出一块玉佩，眼神中露出坚定之色，用力紧握，巨大的压力使手指的关节"咯咯"直响，仿佛要把玉佩捏碎，借以发泄心中的怒火。天边的云，又黑了一些。

片刻后，山顶。

卫鞅仔细打量了一番关中的守军，判断道："明面上看，大约有三千守军。"

魏熊有些好奇，问道："鞅兄，为何要计算守军人数？"

卫鞅解释道："有些关卡表面的守军人数，并不一定是它看起来的那样，而是伪装出来的，比如，原本守军有一千人，可却在城头上放三千人的旗帜；也可以缩减城内的驻军，将一部分人派到城楼上，借以迷惑敌军，使人以为城中兵力足够，不敢进攻。"本来这些知识是斥候才知道的，但卫鞅在赵国军中做军务司马的任务并不是处置军务，而是在关键时刻替老将军赵甲出谋划策，所以平常无战事时，卫鞅就经常向斥候营部队中的士卒请教关于这方面的问题，凭借着过人的禀赋，将他们的技能悉数掌握，时间一长，便在军中有了"斥候司马"的名号。

魏熊又问道："鞅兄刚才说明面上看，那么如何从暗面上看呢？"

卫鞅笑道："师弟真是聪慧，一眼便看到了问题所在。"他顿了一顿道："没错，虽然可以通过种种措施使得敌人认为我方兵力众多，但有些地方是无法伪装的。比如军中起炊数目，一次两次伪装可以，时间一长，耗费的人力物力就无法计算，关卡的常驻守军，自然不能天天伪装；还有就是岗哨数目，要知道，夜晚的哨兵要比白天略多一些，可是关卡守军本来就是从城中抽调，自然不能再在夜晚增加，只要稍稍注意，就能发现。还有其他很多判别方法，但都只是针对进攻者使用，此处就不适合了。唉，看今天这天象，好像要下雨，也不知道晚上还能不能看得清楚。"

魏熊不禁叹道："战场之争，原来不止争在明处，这暗处争斗，比明处还要激烈万倍！"

卫鞅哈哈大笑，继而故作老成状："战场兵事原本就是尔虞我诈，切不可掉以轻心也。"说罢，还摇头晃脑，颇似一位先生一般。

魏熊颇为默契，玩笑似的一鞠，道："多谢老师教诲。"还未说完，便再也忍受不住笑意，软倒在卫鞅身上，犹自笑声不断。

卫鞅伸手一扶，假装捋髯笑道："如此，孺子可教也。"说罢，也是哈哈大笑。

哪知，卫鞅这个动作却触动了魏熊的心，他想起了那个伟岸的红色身影，也是一样的动作，也是一样的笑声，只是，他早已经不在世间。魏熊收住了脸上的笑容，但却再次紧握住了手中的玉佩。

卫鞅看着魏熊的表情突然变得无比凝重，顿时知道自己做错了什么，连忙将魏熊扶起。

魏熊起身，看了一眼西北方向的天空，那是那个人最后长眠的位置，许久，许久，回过头来，师兄弟两人相视无言，空气中一阵肃穆。就连树上的鸟儿，此刻也停止了歌唱。刚才还在吹荡的山风，此刻也忽然停止。

"滴答！""滴答！"水滴打在山石上。

雨至。

二、侠风古寓三杰聚酒

入夜，雨下得越来越大，虎牢高大的关墙上，两个黑影一闪而过，一个巡逻的哨兵似乎听到了什么声音，扭头看了看空无一物的城墙。

"看什么呢？"旁边的哨兵询问道。

"没什么，可能是眼花了。"哨兵不以为意。

关墙一个黑暗的角落中，卫鞅和魏熊披着黑色的斗篷，只露出两双锐利的眼睛看着外面。卫鞅扳着手指，计算着时间和巡逻人数。

不知过了多久，卫鞅眼睛一亮，从城墙的一头又出现两个哨兵，看身形，与刚才的两个哨兵不同，卫鞅"嘿"了一声，魏熊马上问道："怎样，是否和白天人数相同？"

卫鞅又啧了一声，才疑惑道："通过游动哨人数计算，大约比白天稍稍多一些。"

魏熊惊讶地叫出了声："啊？"卫鞅连忙捂住他的嘴。

不过已经迟了，哨兵听到声音，马上冲了过来："是谁在那！别动！"

"走！"卫鞅大喊一声，飞身离开关墙，魏熊紧跟其后。留下两个目瞪口呆的哨兵。

片刻后。

还是那个角落，卫鞅和魏熊又回来了。

"如果虎牢内的士兵真的有这么多，不可能让魏军通过这个关卡，肯定有什么地方不对！"卫鞅肯定道。

"有没有这个可能，韩国和魏国勾结，共同攻击赵国？"魏熊突然灵光一闪。

"不可能！"卫鞅顿然否定，"这次战败后，韩侯曾经派人送来一封国书，说魏国派大军强行通过虎牢，守军无法抗衡，非韩国有意要与赵国为敌。如果韩国与魏国勾结，那么何必再说是魏国强行通过呢？况且韩国素来不与赵国为敌，且无论兵力、国力，都无法与赵国相比，如果帮助魏国，不怕赵国进攻？"喘息了一下，卫鞅坚定道："此事定有蹊跷。"

魏熊听卫鞅这么一说，感觉也有道理，沉思不语。

"将军您看，刚才那两个人就是在这里……"一个哨兵带着一个将军模样的人走了过来。

卫鞅一惊，连忙拉着魏熊，闪到旁边的角落中。

只见那个将军走了过来，打量了一下地上的雨水，猛然起身道："刚才那两个人又回来了！"

一边的哨兵一听，连忙拔出剑来护住将军，惊慌道："在哪？"

那个将军脱下身上的蓑衣，露出一张年轻的面孔，卫鞅有些惊讶，这么年轻，能当将军？忽然觉得此人有些眼熟，声音也似乎在哪里听过，只是雨下得太大，看不真切。

熟悉的将军见身边的哨兵如此紧张，笑着安慰道："不必惊慌，那两个人对我们没有恶意，不然，我们现在还能站在这里说笑吗？"说着，眼神向四周环视。

危险！卫鞅汗毛乍起，连忙闭上了眼睛，即使如此，他还是感到，一道锐利得堪与自己相比的眼神穿透了层层雨幕，穿透了黑色斗篷后从身上扫过，像一把利刃，切割着自己的身体，那一刻他甚至觉得，对方已经发现了自己。

终于，那个人收回了自己的目光，对一旁的哨兵道："看来他们刚刚离开了。我们走吧，今夜的事情，就当没有发生。"

等那两个人远去后，卫鞅与魏熊才缓缓起身，魏熊后怕道："刚才那个人，好厉害！"

"嗯？"卫鞅看到那个熟悉的将军刚才站立的位置，留下了几个用剑刻出的字，走上前一看，写的是：明日正午 侠风古寓。

魏熊也注意到了这几个字，疑惑道："这是什么意思？难道刚才那个人已经发现咱们了，只是不说？"见卫鞅不语，又道："看样子是想让我们明日在这个侠风古寓与他相见，去不去？"

卫鞅看着熟悉的字迹，喃喃道："侠风古寓……韩国侠氏……难道是他？"

魏熊问道："莫非鞅兄认识？"

卫鞅摇摇头，又点点头。沉默了许久后，终于艰难道："去！"

"去？"

"去。"

卫鞅看着那人远去的方向，不再说话，他的心已经飞回了遥远的

过去······

一夜无眠。

正午。侠风古寓前。

一个身材瘦削、身着白衣的青年和一个虽然身着宽大红衣，却难掩身材臃肿的青年站在门前，不露声色地徘徊着。

"鞅兄。"沉默许久，红衣青年开口了。

白衣青年未待红衣青年再次开口，便提前打断道："师弟，不必着急，待卫鞅确认心中所想，再进去也不迟。"说罢，便继续盯着门口。

红衣青年见状，只得怏怏等待。

许久，一个身着紫衫、相貌俊秀的青年从古寓中匆匆跑出，虽然刻意装成一副商人做派，但整齐的步伐，凌厉的气势，明亮又锋锐无匹的眼神无不显示出：他就是昨晚城头上的将军。

卫鞅看清楚了来人相貌，惊呼道："果然是他！"语气中难掩心中的惊喜之情。

魏熊疑惑道："鞅兄认识此人？"

卫鞅也不理睬，径直走向紫衫青年，未及走近便高声笑道："哈哈，侠公厘没想到临淄一别，你竟做起了商人，吞吐天下财货，快否？乐否？"

紫衫青年闻卫鞅叫喊，转头看到卫鞅，不禁微微一愣，但瞬间便反应过来，同样高声笑道："卫鞅！你如何来了韩国？"

卫鞅快意地大笑道："如何？只许你侠公厘来韩，不许卫鞅到韩国来？"话虽如此，脸上却没有丝毫的讽刺之情。

侠公厘却道："公厘记得在临淄时，鞅兄可是志在强国变法，如何来韩国贫苦之地？"

卫鞅摇摇头道："非也，其一，韩国民风朴素，百姓正直淳朴，此乃一强国所必备之民气！其二，谁说韩国是贫苦之地？土地肥沃，有大量平原可作耕地，只是无人开垦，且韩国拥有大量铁山，可以制作兵器，大量扩军。此乃一强国所必备之地利。其三，韩国与天下第一强国魏国素来交好，有魏国庇护，无人敢于攻击，有充分变法时间。此乃一强国所必备之天时。有此三利，韩国现在虽弱，难说以后也弱！"卫鞅慷慨激昂。

侠公厘摆了摆手，服输道："许久不见，鞅兄论政还是如此直戳要害，公厘佩服。"

卫鞅笑了笑，道："不请我们进你的'侠风古寓'坐坐？"

侠公厘与卫鞅在韩国相见，一时激动，竟把这事忘了，经卫鞅一提醒，连忙道："哎呀！公厘竟连这事也忘了！鞅兄请！"又转头看了看一旁未发话的魏熊，询问道："不知这位兄台如何称呼？"

卫鞅介绍道："这是我的师弟，名叫魏熊。刚刚修学完毕，下山历练。"他犹豫了一会儿，还是没有把魏熊是李悝弟子的事情说出来。

侠公厘肃然起敬，一边拱手一边道："如此说来，魏兄也是名士才子，公厘失敬了！"

魏熊也拱手道："公厘兄不必客套，魏熊之学问，岂堪名士？"

三人来到侠风古寓一僻静房间。

卫鞅端起酒爵，笑道："今日与公厘兄韩国相见，实出卫鞅之意料，来！干！"说罢，将杯中美酒一饮而尽。

侠公厘问道："鞅兄此来韩国，欲变法乎？欲勘察乎？"

卫鞅笑而不答。

魏熊在一旁，见侠公厘还没认清状况，终于忍不住笑了出来。

侠公厘疑惑道："魏兄因何发笑？"

魏熊收起了笑意，默不作声，眼神直盯着卫鞅。

卫鞅也直盯着魏熊。许久，三人同时笑倒在坐榻上。

侠公厘不明所以，急切道："到底公厘哪里做错了？鞅兄、魏兄，你们究竟为何发笑？"言毕，他猛地站起来道："二位再不回答，公厘恕不奉陪！今日公厘还要见两位重要客人呢！"

卫鞅和魏熊听到这句话，刚刚收住的笑声便又响起来，直笑得站不起来。

侠公厘急得脑门上直冒汗，还是束手无策。

还是卫鞅捂着笑得发痛的肚子，站了起来，上气不接下气地问道："公厘兄所说的客人，可是昨夜在虎牢城楼上遇到的？"

侠公厘闻言一愣，仿佛猜到了什么。此时，魏熊也站了起来，终于揭晓谜底："你昨夜在城楼上见到的人，就是我们。"

侠公厘一听魏熊确认自己心中所想，顿时喜出望外："昨夜见到的是你们？天哪，公厘在此等候许久，也不见昨夜二人前来，正失望之极，却想不到苦苦等待的人就在眼前！"说完，便一把抓住卫鞅。

魏熊吓了一跳，不明白为什么侠公厘突然发难，下意识后退了一步，手中长剑已经半出鞘。但看卫鞅没有什么反抗，依然微笑自若，便又把手中长剑收回。

侠公厘此刻已经是泪流满面，颤抖道："鞅兄，敢请……你昨夜所佩宝、宝剑一观。"因为过于激动，侠公厘甚至微微有些结巴了。

卫鞅露出一副"我早知如此"的表情，坦然自若道："好一个相剑大师侠公厘！果然不出卫鞅所料，你昨夜能在大雨、黑暗、斗篷、牛皮剑鞘的四重遮蔽下，找到我与魏熊之所在，靠的并不是我与魏熊的气息，而是卫鞅手中的宝剑！"

侠公厘已经无心回应卫鞅的称赞，只双手紧紧抓住卫鞅不放，脚步虚浮，几乎全靠卫鞅拉住，眼看再不答应，就要倒地不起了。

卫鞅这才微微一笑，道："宝剑岂能在此铜臭之地现身？"

侠公厘听卫鞅如此说，知道卫鞅有意邀请自己到藏剑处相剑，一咬牙，站了起来，兴奋道："鞅兄，敢请带路观剑。"

卫鞅点点头，径自走出房间。

路上，卫鞅向魏熊说起了与侠公厘相识的经过：初到临淄时，卫鞅为了查勘临淄物价，几乎走遍了整个临淄上市，一日来到一处铁匠坊，看到铁匠正要把一把锈迹斑斑的短剑扔进铁炉重铸，便想上前观看。就在短剑几乎进入铁水中时，一个紫衣青年凌空飞来，几乎贴着滚烫的炉口，将短剑抢出，不禁大为惊讶和好奇，惊讶者，从此人身法看来，并非剑术高人，竟敢从滚烫的火炉中抢东西；好奇者，这把短剑锈迹斑斑，明显不是贵重之物，为何这名青年要奋力抢夺？他便走向那名青年。

白发老铁匠怒骂道："你这憨后生！不要命了！知不知道你要掉进铁炉，连骨头都不会剩下？"言语气势汹汹，显然是动了真火。

那名紫衣青年却不生气，站起身拍拍身上的土，对着老铁匠一拱手道："铁匠老伯，晚辈刚才救剑心急，让老伯受惊了。"口气颇为真诚。

老铁匠看他衣着华贵，显然是贵族名门子弟，又如此谦逊，便也消了气，嘟哝道："小子还算有礼，罢了，你既然如此看重这把破剑，就赠与你了，走吧！"

紫衣青年见老铁匠如此大度，不禁惊讶道："老伯，此剑真送与公厘了？"

老铁匠摆摆手："是，是！走吧！"言语间有些不耐烦。

卫鞅在一旁看着，见青年要离开，连忙上前拦住："敢问这位兄台，为何要舍命救这把破剑？"

紫衣青年笑笑，拿起一边的铁匠锤，把短剑放在架上，用力一砸！

嗡！

一声清亮的剑鸣，短剑上的铁锈层层掉落，露出一点青色的光华。

嗡！

又是一锤，大块的铁锈纷纷被强大的冲击力震落。

嗡！

剑鸣越来越响，终于震得卫鞅捂起耳朵，就连卫鞅腰间的长剑，也跟着震颤起来！

终于，剑鸣停止，卫鞅抬头一看，顿时目瞪口呆！

原本摆满了长剑的剑架上，那些原本寒光闪闪的利剑，此刻全都黯淡无光，仿佛听话的仆人，有些还在瑟瑟发抖。而中间一柄青色短剑，则有如王者降临般，高傲地阵阵嘶鸣。卫鞅也是饱学之士，但却没有听说过这样一柄宝剑。

紫衣青年一看青色短剑之态，顿时变了脸色，叱道："邪气满溢之剑，竟敢冒充王者圣剑？"

青色短剑骤然放光，仿佛不服此说，犹自嘶鸣不已。

紫衣青年见状，拔出腰间另一把短剑，指向青色短剑，大吼道："鱼目混珠之辈，欲狡辩乎？"手中短剑随主人之语，一声宏大剑鸣，以壮声威。

紫衣青年腰间短剑一出鞘，青色短剑便迅速黯淡下去，不敢与其争锋。

卫鞅不禁大为叹服，世间竟有此奇人！连忙拱手道："敢问兄台高名上姓？卫鞅偶遇奇人，愿与兄台痛饮一番！"

紫衣青年笑了笑，道："我乃韩国侠公厘，兄台若能说出公厘手中短剑与此剑名讳，公厘便与君一饮。"

卫鞅沉吟片刻，指着剑架上的青色短剑断定道："此剑灵性已成，锋锐无比，堪为神品！此等铸剑技艺，只有欧冶子、干将、莫邪可为，公厘兄刚才又说此剑邪气满溢，欲鱼目混珠，冒充王者圣剑，据此推断，此剑名为胜邪，欧冶子所铸。"

侠公厘点点头，笑问道："那公厘手中这把短剑，兄台可识得？"

卫鞅一语石破天惊："此剑，名为鱼肠剑！乃专诸刺僚所用之剑！"

侠公厘笑了笑，道："兄台此言，不觉有失偏颇？可知，鱼肠剑早已被埋葬于越王勾践陵中，如何出世？"

卫鞅仍不改变自己的判断，坚定道："此剑，就是鱼肠剑！"

侠公厘不置可否，岔开话题道："临淄遇到兄台，真是快事一桩，兄台可欲痛饮一番？"

卫鞅也不再坚持，哈哈大笑。

三、人性本恶，大仁不仁

就这样，卫鞅与侠公厘相识，侠公厘引卫鞅为知音，卫鞅也觉得侠公厘是天下难觅的侠士，两人临淄一别后，直到如今再次相见。

说着，已经到了卫鞅与魏熊暂住的客栈，卫鞅不紧不慢地在前面走着，侠公厘则是快步跟随，不断催促道："鞅兄，你那把剑到底在哪？快些！"

卫鞅在一处转角处停下，进入对面的房间，拿起桌上的牛皮包裹的长剑，笑道："公厘兄，一赏名剑吧！"说罢，猛然将长剑从剑鞘中拔出。

一阵白光闪过，卫鞅被这刺眼的光芒照得闭上眼睛，这由老师赠送的古剑，他也是第一次见到真身，没有丝毫准备。

"扑通"一声，侠公厘跪倒在地，一把抢过还未收敛光芒的古剑，紧紧抱在怀中，脸上两行清泪涌出，口中犹自喃喃道："是你，是你……"

三日之后，韩国宜阳。

宜阳是为数不多的较为富庶的城池，亦是韩国最大的铁山所在，韩国坐拥天下最大铁山与最肥沃的平原，却甲兵不利，国力不强，不亦悲乎！

卫鞅三人慢慢走进一家看起来并不是多么华贵的酒肆，眼前豁然一亮！只见宽阔的大厅正中，搭着一个高高的圆台，一边的墙上高挂着三个字：论政台。论政台上，一紫衫青年正在侃侃而谈：

"当今正值大争之世，国家欲在列国混战中留存，必先强大自身的力量！"卫鞅闻听此言，不禁微微点头。

"但是！"紫衫青年话锋微微一转，"列国君主不知治国之法首在宽刑谅民，复兴井田，以礼乐治国。唯知任用酷吏！用法家士子治国，殊不知，庶民百姓原本淳朴良善，守法尊礼，但却受到法墨兵三家影响，自甘沉沦，原本人性本善，如今却尔虞我诈，惜呼！上古之大同世界不复矣！法墨兵三家毁世矣！"

卫鞅紧皱眉头，似乎正在压抑心中怒火，一旁的魏熊却忍不住了，就要上台与那紫衫青年论战一番，被卫鞅拦住。

紫衫青年见台下和者寥寥，怒斥道："愚昧之士，岂通大道！"就要下台。

卫鞅终于忍不住了，大喝一声："大谬！"快步走上台。

紫衫青年轻蔑地笑笑，道："这位兄台不说原因，唯知骂人，大有学问也！"

卫鞅没有反驳，而是针对青年刚才的论政反驳起来："兄台刚才所说，有失偏颇！卫鞅乃法家士子，今日就要为法家正名！"

紫衫青年遥遥拱手道："愿闻其详。"眼神中十分不屑。

卫鞅侃侃而谈："兄台刚才论政所言，说人性本善，法墨兵三家使人性沦丧，实乃谬论！人，性本恶！"

紫衣青年顿时怒斥道："兄台所说，不觉毁世欺人乎？人性本恶，闻所未闻！"

卫鞅丝毫不乱，反问道："儒家之主张，要弃人之恶，留人之善，兄台可知？"

紫衣青年道："当然知晓。"

卫鞅问道："那么，何为善，何为恶？"

紫衣青年不假思索："为一己谋私是为恶，为天下大众谋公是为善！"

卫鞅却摇摇头道："卫鞅以为，此皆为恶也。"不待紫衣青年反驳，抢先道："为一己谋私，是为肉体之恶，是为了让自己的肉体得到更好的生活而有此欲；为天下大众谋公，是为灵魂之恶，是为了使自己的精神得到满足而有此欲。此皆为从自己角度着想，故而，此皆为恶也。"

台下士子原本三三两两交谈，听到卫鞅语出惊人，早已在周围聚集起来，此时纷纷道："卫鞅新说！详加拆解！"

卫鞅大袖一挥，道："卫鞅以为，人自出生于世间，便有其之恶性，其之所思所想，所作所为，皆为使自己得到更好的环境，此乃人之根本恶性。"卫鞅一字一顿。

"而人之恶性，又可分为两种，其一，为身体之恶，此等恶性，亦分为两种，其一，为人们所说之'善'，便是不愿意沾染恶习，以使自己身体健康，长寿益年。其二，乃是人们所说之'恶'，便是盗窃乱法，通过损害他人来获得财富使自己得以享受，得以富有，也是一个强国所必须禁止的乱法之行。"

卫鞅稍稍喘息，继续道："所以说，人不论是做什么事，都是从自己的角度考虑，此乃天性，亦不能称为人之'恶'，但为论政之便，权且称之。再说人之恶性其二，为灵魂之恶，此等恶性，最难为常人所辨查，因为灵魂之恶难以表现，试问，有谁会在做了一件别人认为是善事的事后，说自己只不过是在为自己着想呢？况且，常人也根本不会认识到自己的所作所为，其实是受了灵魂之恶的驱使，这是无法感觉的。举例言之，圣贤治国，呕心沥血，极心无二虑，尽公不顾私，远有大禹治水三过家门而不入，近有祁奚[1]举杀父仇人替代自己官职，此皆为灵魂之恶所驱，因为在做了这些事后，人们会感到精神之乐，灵魂会更加充实。"

围观士子在台下听得如痴如醉，不知是谁带头喊了一声"彩！"大家一同跟道："彩！卫鞅继续！"

卫鞅在证明完人性本恶后，转而辩论法家精义："而法家治国，便是要控制人的恶欲，使人的恶性得到限制，不被恶欲所左右，此等控制，表现于两处，其一，控制人身体之恶，以严密无缺的法律来刑惩罪犯，使其无乱法害人之想，以高效的官吏甲士来抓捕罪犯，使其无害人逃脱之念，以守法刚直的庶民来举发罪犯，使其无乱法蒙蔽之能，此三点又具体表现在严法、明吏、连坐上，一旦国家达到这种程度，便可以近乎完全控制人身体之恶。"卫鞅一字一顿，"但仅仅控制人的身体之恶，还远远不足以使国家长久强大，卫鞅发现，每一个国家的灭亡，都与人的灵魂之恶没有得到控制有直接关系，夏亡于桀⁽²⁾，是因为桀年少孔武有力，在朝臣称颂中，得意忘形，贪图享乐所致；商亡于纣，是因为纣自幼聪慧，为万民所称道，以为无须顾及朝政，后世幽王也与此相似。此中共同点，在于庶民朝臣称颂王之功德，使其骄傲自大。百姓称颂王之功德，是因灵魂之恶；朝臣称颂王之功德，是为了谋求官位，而想要更大官位，更多权力，也是灵魂之恶，所以，国家要想长久强盛，必须禁绝称颂君主功德与圣明。故而，名士变法，都要禁绝此等行为，惜呼！列国君主无一人明此道理，再有心怀叵测之人阻拦，方今天下，无一国能够行使此法，我法家也因此为世人所诟，殊不知，要想强国于永远而不行此法，无异于痴人说梦矣！泱泱华夏，战乱不断，害我无数法家士子丧生其中！"卫鞅说到最后，声泪俱下，他想起了师伯李悝，还有那个虽然未曾以法家扬名却也是一位法家圣贤的吴起，茫茫上天，我变法人之命运，难道只有身死功成这一种吗？

这边卫鞅还在出神，另一边的紫衫青年却再次发难："说得再好，你也无法掩盖法家之真实面目，无非是玩弄权术、以势压人两种而已，皆鼠目寸光宵小之辈，有何大义高风可言？"

紫衫青年此话一出，论政台下的各家士子都纷纷诘责："何为宵小之辈？不解我法家之真谛，却断章取义，此等无识之人，何足论也！""虽然在下乃墨家之士，仍觉足下此言有失偏颇，不觉过甚乎？"

卫鞅见论政失控，只得挥手大声道："各位肃静！"周围士子立刻安静下来，看这个卫鞅如何辩白。

卫鞅转身面对紫衫青年，笑道："足下显然没能完全理解我法家之真谛，法家有术治、势治两派，虽然互有矛盾，但最终之目的殊途同归，便是为变法清除阻力，铺平道路。可惜现在少有士子能明白此两派真义，误认为只要控制国家权力、整肃国家吏治，便可以使国家永久强盛，实则不然，此乃舍本逐末之行，卫鞅认为，术治、势治虽可收一时之效，然则吏治总有污浊的那一天，权力总有失去的一天，所以，此等行为可应急，不可长久，要想使国家永久兴盛，只有力行法治！"卫鞅慷慨激昂。

"先生新说！敢请拆解！"台下一黄衣士子拱手道。

卫鞅大袖一挥，道："所谓法治，便是依靠法律条文治国，不兴权谋、不以势压人，国家令行统一，如臂指使，行法不避权贵，举国一法，因为法律是不变的，严密的，它不会像权力那样流失，不会像吏治那样腐败，只要严守法律，不做丝毫之退让，就可以在全国树立起法律与国家的威严，贪官污吏不敢再行贪污，疲民懒汉不敢游手好闲！国家真正强大于永远！"卫鞅稍稍喘息，继续道："然则法律也并非永远不变，要随着国情之变而变，卫鞅粗略估计，国家至少要经过三代以上的坚守法治，才能使法律威严无可撼动，之后，若天下大事改变，可根据实情修改法律，但一定要对修改法律的权力严加约束，要经过层层审核，朝会议决，民众拥护，国君批示才可以决定变法，这样，宵小之徒想要乱法，就难上加难，除非能够控制国君、朝臣，再逢一大势初定、立足未稳之机，或能成功。然此等机会，天下难有，即便有之，也是天欲亡其国，人能奈何？"

论政台下鸦雀无声，每个士子都沉迷在卫鞅所说以法治国的论政中，许久，台下突然爆发出热烈的喝彩声："卫鞅大才！卫鞅胜！彩！"这等热烈，在即使是大城的宜阳酒肆，也是从未有过，毕竟，宜阳是靠着盛产铁矿富庶起来的，城中商贾巨富数不胜数，有真知灼见的名士却不多。

"慢！"刚才那个黄衣士子突兀发难道："先生刚才所言，虽然有理，但在下还有一事不解。"

卫鞅有些不解其意，但还是道："足下但说。"

黄衣士子走上论政台，颇为持重地对着台下诸位士子一拱手，然后问道："鞅兄刚才所说，虽然说明了坚守法治的重要性，但是，法家求治过急，法令严苛，对庶民百姓用刑过重却是事实，不知鞅兄作何解释？"

卫鞅心中暗暗惊讶，此人一上台就直指法家之根本漏洞，论政之老辣、思维之敏捷堪为大才，可看他来势，分明不是法家士子，究竟是何家士子，有如此口舌？卫鞅沉吟许久，反问黄衣士子道："卫鞅有一问，足下觉得，痒与痛相比，何者难以忍受？"

黄衣士子有些愣怔，不明白卫鞅为何有此一问，但还是道："当然痒更难忍受。"

卫鞅马上接着道："痛，只持续一时，只伤害人之身体，对人之心神伤害甚小；痒，可持续许久，对人之身体，几乎没有伤害，但却极损害人之心神，试想，若人之身体无时无刻不受痒之折磨，如何安然做事？"见台下士子纷纷点头赞同，卫鞅继续道："法家以严刑峻法来惩治罪犯，使恶人无犯法之念，纵使刑治过重，也无后人敢于再犯，这，便是卫鞅所说之'痛'；而一旦以宽刑对待罪犯，就会使其有再犯之心，毕竟，刑治不严，无以震国，就会有后人纷纷仿效，长久犯法不断，法令之威仪何在？这便是卫鞅所说之'痒'。"

台下士子皆恍然大悟，不禁连声赞叹。

卫鞅突然高声道："所以，法家之精神，便是'大仁不仁'，以严法震慑恶人，使其不敢犯法，实际上也是保护他们，更保护了庶民百姓！"

卫鞅的声音振聋发聩，黄衣士子不禁肃然拱手道："鞅兄真乃大才名士！在下齐国孟轲，儒家士子。"

卫鞅一愣，不禁想起了稷下学宫论战交锋，拱手道："人言儒家士子多愚钝，竟有孟兄一般明锐之士，便知传言不真也！"

孟轲笑了笑，转而道："治世原本无一道，儒家之学未尝不能治国理民，孟轲决意以儒术秉政，二十年后，愿与鞅兄一争高下！"言语间豪气冲天。

卫鞅淡淡一笑，道："孟兄既有此雄心壮志，卫鞅拭目以待了。"

周围士子见二人立下赌约，齐声道："卫鞅大才！孟轲大才！二十年后见分晓！"

注：（1）即祁黄羊。
（2）夏朝最后一任君主，亡国之君。

四、有客有客兮，我亦白其马

回到驿馆，卫鞅刚坐下就对侠公厘道："不知公厘兄在韩国是何等地位？"

侠公厘目光一闪，却是笑道："鞅兄说笑，公厘原本相剑师一名，能有何地位可言？"

卫鞅摇了摇头，质疑道："若无地位，公厘兄如何能做了虎牢将军？莫非成心戏耍卫鞅？"说罢，一双锐利的眼睛直盯着侠公厘，显然是咬定不放。

侠公厘也用明亮的眼神看着卫鞅。

许久，侠公厘终于眼神黯淡下去，叹了口气道："公厘原本想隐姓埋名，与鞅兄周游天下，如今鞅兄既问，公厘便如实说来。"沉吟了一会儿，侠公厘下定决心，道："家父乃韩国上卿侠趁，家母乃韩国丞相公厘子之妹，公厘之名，也由此而来。"

卫鞅却并不惊讶，显然是早就有所猜测，见侠公厘如此说，马上道："听闻韩侯正在勘踏新都，公厘兄可知何处？"

侠公厘闻言一惊，断然道："鞅兄，此等大事，公厘却不能说，国有法度也。"他从怀中拿出一张羊皮地图，指着图上的郑国都城摇动双手。

卫鞅会意，心中却是一惊，韩国要吞灭郑国？须知此时的郑国虽然没有春秋时期那么强盛，但也是中等诸侯国，国力不比韩国差多少，一旦交战，旷日持久，难保魏、齐两个大国不出面干涉，到时万一有一国攻韩，与郑国联兵，韩国立时便是大险。

旁边的魏熊看了看地图，也明白了侠公厘的意思，猛然瞥见地图上虎牢与韩国国都阳翟恰成钳形之势，夹住了新郑，顿时明白了韩国庙堂的图谋，笑道："韩国虾蟹要吃掉郑国蚌珠了！"

卫鞅与侠公厘一愣，一同放声大笑。

接下来的事顺理成章，韩国从虎牢、阳翟两路出兵，阳翟一路以疑兵吸引郑国大军来抵挡，却以虎牢大军直扑新郑，当与阳翟韩军酣战的郑军看到新郑方向的火光时，顿时斗志全失，束手就擒，就这样，韩国梦想了数年的郑国，被轻易灭掉，韩国灭郑后，军威大振，一时间，魏国和齐国也只能装作不知，毕竟彼此互相征伐，分身乏术，如何能有军力攻击韩国了？

而卫鞅，则来到了新郑，要与这个韩侯见上一面。

经过侠公厘的精心安排，终于，卫鞅在新郑城头见到了韩侯韩屯蒙，史称韩哀侯。

卫鞅初次见一国之君，丝毫没有惶恐之相，拱手见礼道："卫鞅参见君上。"

　　韩侯堪堪而立之年，却无丝毫急躁冒进之态，稳健地一拱手道："闻公厘所说，先生有大事相告，敢请教我。"

　　见韩侯如此厚重稳健，卫鞅有些惊讶，道："卫鞅先预祝君上迁都新郑。"

　　韩侯见国之机密被一个外邦士子轻易说出，却无丝毫惊讶表露，仍旧笑道："先生此来，莫非对迁都之事有所见教？"对此事不置可否。

　　卫鞅摇摇头，道："卫鞅此来，非为迁都，而是要为君上再添一喜。"

　　韩侯有些好奇，不禁询问道："先生有何喜要给屯蒙？珠宝？奇兽？"

　　卫鞅又摇摇头笑了，道："莫非君上以为，一国之喜就只有珠宝异兽？若如此说，卫鞅只能叹息。"

　　韩侯似乎感到卫鞅意有所指，但还是问道："先生为何叹息？"

　　卫鞅道："叹息韩国将亡。"言语间竟是前所未有之刻薄。

　　"大胆！"周围侍卫闻卫鞅此言，不禁怒目而视，齐声呵斥道。

　　韩侯抬手阻拦道："听先生说下去。"

　　卫鞅侃侃而谈："为一国计，堪为国喜者，唯有人才而已！君上若以珠宝异兽为喜，则国无奋发之气，民无敬士之心，则必无大才名士来韩，如此，韩国岂不亡也！"

　　韩侯肃然一鞠，道："屯蒙心智浅薄，先生一言令人惭愧也！"

　　卫鞅淡淡一笑，转而道："卫鞅此来，是要给君上强国秘策。"

　　韩侯闻此说，立即屏住呼吸，道："何为秘策？先生教我。"

　　卫鞅小声道："变法。"

　　韩侯一听，顿时哈哈大笑道："先生此言，未免失之过甚！魏国变法而成天下霸主，至今已有数十年！这也能称'秘策'？"显然是嘲笑卫鞅的浅薄。

卫鞅却颇为神秘地道："既然君上说变法非'秘策'，那么卫鞅试问君上，除了魏国变法，列国可有变法成功者？"

韩侯显然对于变法已经钻研日久，顿时如数家珍道："赵国赵侯变法，而能与魏国相抗；楚国吴起变法，虽然因吴起之死而中断，但楚国也是国力大有提高；齐国齐公变法，而成东方大国；秦国甘龙变法，练成十万精兵，此皆为变法成功之例也！"

卫鞅不置可否，反问道："君上既认为此四国变法皆已成功，那么其中可有国力能与魏国不相上下者？"

韩侯不禁语塞，沉吟良久，颓然道："没有。"

"这便是了！"卫鞅马上道，"君上以为此四国变法成功，是依照一时之国力判断，而卫鞅认为，变法是否成功，并非以国力是否强大为标志，此四国之所谓'变法'，尽皆人治而已！变法之标志，在于法令是否完备，旧时腐朽之制是否废除，法律之威严是否深入人心，贵族封地是否取缔。而不在于是否能够抵抗强敌！"卫鞅一字一顿，掷地有声。

韩侯也为卫鞅的气势所感染，断然道："先生能有此言，实乃大才名士！不知有何方略？"

卫鞅微微一笑，道："方略只有八个字：举国一法，立法根基。"

韩侯闻言，顿时肃然拱手道："敢请先生详加拆解。"

卫鞅却只是笑笑，没有说话。

韩侯见卫鞅没有详细说明之意，独自沉吟良久，恍然道"先生是说，不管全国何人犯法，都作同等处置，以此来树立变法根基，而后再谋求变法？"

卫鞅点点头，道："君上大明。"又默不作声。

韩屯蒙突兀一句："先生可愿在韩国变法？屯蒙愿意举国听从先生之言！"显然是下定了决心。

卫鞅惊讶了，他万万没想到，韩侯竟有如此魄力，一旦看准名士大才，便毫不犹豫地赋予其权力。既有稳健的处事风格，又有识才用才的权力调度之能，卫鞅几乎要心动了，但想起韩国氏族根基深厚，此时变法，且不说能否使法令顺利颁布下达，就是朝堂之上，韩侯能否抵挡住汹涌的"民意"也未可知，还是先要稳妥行事。

想清楚了其中关节，卫鞅坦然道："君上此言，卫鞅大为欣慰，但卫鞅觉得，骤然高位变法，恐难服众，愿君上先立定法治根基，卫鞅告退！"说罢，未待侍卫阻拦，从城墙上飞身而下，落在一匹马上，自顾自离开了。

韩侯愣怔片刻，站在墙头边，看着卫鞅远去，叹道："可惜可惜。"

离开王宫的卫鞅有些迷茫，韩侯的成熟稳健与过人的魄力让他相信，这是一个罕见的君主，但他还没有完成老师留下的任务，思考出"立法之要"究竟是什么，而且他也没有周游完天下列国，也不敢确认自己的想法究竟是否正确，故而，他还要思考。

偏在此时，迎面飞来一骑，凭借着过人的眼力，卫鞅看到，这是一个少年，身着白色长衫，看起来有些眼熟。

白衣少年看到卫鞅，先是一愣，继而惊喜地大叫道："鞅哥哥！"

卫鞅凭借声音听出了来人，竟然是小童！不禁哈哈大笑，打马一鞭，飞速迎上，眼看就要撞在一起，卫鞅与小童同时突兀勒马。

卫鞅看着原本是一个稚嫩幼儿的小童变成一个俊秀的白衣少年，有一种梦幻之感，不禁叹道："时光飞逝哉！幼童变少年了！"

"鞅哥哥，好久不见你样子没变，才气涨了不少啊！刚见面就唉声叹气！"小童笑道。

"小子，嘲笑大哥不是？"卫鞅佯装生气，作势要打。

小童却是真的着急，抗议道："我不叫'小子'！我已经加冠了！"说罢，还颇为骄傲地扬扬头。

卫鞅这回是真惊讶了："你加冠了？你可没到加冠之年啊？"要知道古人年至二十，方行加冠之礼，小童的年纪，最多也就十岁左右，竟然如此之早就加冠，实在是不合常理，卫鞅奔走列国也有三年左右了，阅历远超同龄之人，尽管如此，也没有加冠。

小童昂昂然道："如何？不行么？"

卫鞅无奈地拍拍小童的头，笑了笑道："小子虽然加冠，心智却远不及少年啊！"

小童一把打开卫鞅的手，大声道："我不叫'小子'！鞅哥哥，你从上山就叫我'小子'，现在我已经加冠，应该呼我之名！我叫鲍华！"显然是真的生气了。

卫鞅只能摇摇头道："好吧！鲍华小弟！"

鲍华终于高兴了，也叫道："卫鞅大哥！"

卫鞅道："你突然来找我，不知有何事？"

鲍华猛然醒悟，一拍脑袋道："忘了正事！这是你老师给你的信。"他从怀中掏出一只铜管。

卫鞅接过铜管，打开一看，却是一张薄薄的羊皮，展开，便看到老师那严正的字体："见韩侯，切不可轻易答应做官之事，列国周游，仅剩楚、魏两国，楚国地大物博，位处南方荒蛮之地，民风怪异；魏国财多甲利，位于中原富庶之地，雍丽繁华。然多有奸佞作祟，权衡再三，吾决意先游楚国，兰陵苍山，十日后见。"

卫鞅仔细看完，沉默良久。

鲍华见卫鞅看完，急切道："如何？去哪儿？"

卫鞅一声长叹："老师思虑，胜过卫鞅多矣！"

第七章 异数南国

一、兰陵昭氏截杀，卫鞅师徒重聚

十日后，兰陵。

"小弟你看，这道山以东，便是楚国地界，以西，则是齐国边地，西南一部分还是宋、鲁两国的拉锯地带，方圆不过数十里，竟有四国驻兵，也是天下一奇。"马上，一名高大的白衣青年指着远处的高山说道。

"噫！"另一名俊秀的白衣少年发出一声惊呼："如此说来，此地岂不是有许多士卒了？会不会经常打仗？"一边说，一边紧张地打量四周。

"小弟未免过于胆怯了。"白衣青年神秘兮兮地一笑，道："其实此地四国驻兵加起来，未必有千人之数。"

"噫，那不是防不胜防了？"少年又是一声惊呼："一旦有人奇袭，该当如何？"

卫鞅淡淡一笑，解释道："因此处是四国交界，一旦一国用兵，他国必定出手干预，久而久之，无一国敢于主动攻击，自然不需要派兵驻守了。"

少年恍然道："竟是如此简单？唉，列国将军都是傻子了。"

卫鞅一声长笑："小弟呀！天下英才皆能看清此中道理，可你说，有哪个英才愿意当个守边将军了？"

谈笑间，眼前又出现一座山峰，只是这座山峰与之前看到的不同，竟是与周围山峰连成一体，绵延成一条长达数十里的高大山岭。卫鞅顿时道："小弟！前方就是苍山了！"

鲍华一看，顿时嘀咕道："这么大一片山，上哪去找师兄啊？"

卫鞅指着正中间最为高大的山峰道："此山最高，若要寻找老师，最为便利，留下马，上山！"说罢，将马拴在一旁的树上，飞身上山。

几个跳跃间，卫鞅已经到了半山，正想停下来等等鲍华，发现鲍华在山石间穿梭，竟与自己不遑多让，笑道："小弟平时不显山露水，此刻吓大哥一跳也。"

鲍华也笑道："大哥不知道的事还多着呢！"加速赶上。

卫鞅见自己无须担心鲍华，顿时加快了速度，一路朝山顶而去。

到了山顶，卫鞅堪堪停下，便深吸一口气，大喊道："老——师——"鲍华片刻后也到达山顶，此刻也喊道："师——兄——"

两人的喊声在山间回荡着，久久不停。良久，卫鞅颓然坐下，喃喃道："莫非老师还没到？"

"两后生寻人？"一个药农打扮的老人自一块岩石后转出。

鲍华看到老人黝黑的脸庞，顿时道："老人家，可是山中药农？"

老人嘿嘿一笑："不是药农能在山中转悠？咋，不像？"

鲍华心中一喜，要知道，这山中药农最是熟稔山中路径，有他帮忙，要找尸佼会容易许多，忙道："老人家最近可曾遇到一个中年士人？"

老人骤然睁大了眼睛，惊奇道："你们莫非要找尸佼？"

鲍华立时来了精神，高兴道："没错，那是我师兄。"

老人有些不相信地看了鲍华一眼，似乎不明白一个少年如何能是一个只比自己小不了多少的人的师弟，道："老朽前些天在山中采药，救起一个跌下悬崖之人，就叫尸佼，现在正住在老朽家中。"

鲍华一听尸佼跌下了悬崖，顿时急切道："老人家，你家在哪？快带我们去。"

老人道："那是当然，跟老朽来吧。"说罢转身就要下山。鲍华正要快步跟上，卫鞅在一旁突兀大喊道："站住！"

鲍华听出卫鞅语气没有丝毫的急迫紧张，知道事情有异，停住了脚步。

卫鞅缓缓起身，走到老人面前，不紧不慢道："老人家，您刚才说，救起的人，名叫尸佼？"

老人转过身来，回答道："这位后生莫非重听？老朽刚才已说了两遍，就是尸佼。"

卫鞅眼神一闪，变得凌厉起来，直直地盯住了老人，质问道："你究竟是什么人？"

老人额头渗出滴滴细汗，犹自坚持道："老朽是山中药农啊！后生也忒是多疑也。"

卫鞅哈哈大笑："休要狡辩！山中药农。记得住'尸佼'这个名字？当卫鞅是小儿么？"

"鞅兄真是好眼力啊！"一声长笑，岩石后又转出一个绿衣青年，对着卫鞅一拱手道："在下楚国昭雎，见过鞅兄。"

卫鞅似乎一点也不感到意外，淡淡道："昭雎？可是楚国第二老氏族昭氏？"

昭雎又是一拱手，不卑不亢道："正是。"

"昭氏'人才辈出'，竟派一无名小卒来为难卫鞅？有失敬贤之道也。"卫鞅一副颇为唏嘘的样子。此言一出，昭雎眼神中顿时闪过一丝怒色，却又转而笑道："鞅兄自命不凡，真乃清高之士也。"见卫鞅没有说话，昭雎颇为悠闲地绕着卫鞅踱步道："鞅兄可知，为何昭雎要在此处接鞅兄入楚？"

卫鞅揶揄道："总不至于是要为楚国求贤吧？"

"鞅兄说笑了，昭雎早就听闻，卫人卫鞅，于韩国宜阳酒肆与儒家论战，其所言语，皆为变法强国之道，博得满座喝彩；后又于新郑城头面说韩侯变法大计，之后扬长而去。鞅兄可知，自你离去后不满三日，韩侯便下令举国一法，竟连贵族也不得例外，韩国贵胄元气大伤。今日又要入楚，我楚国氏族还有好日子过？必会沿途截杀，故昭雎来此，护送鞅兄。"言语间一副颇为恳切的样子。

卫鞅目光一闪，冷然道："那，鞅若不需昭兄护送呢？"

昭雎仍然是一副笑容满面的样子，挥了挥手，一队士卒立刻包围了卫鞅，然后笑道："久闻鞅兄剑术颇高，但若遇到楚国精锐甲士，不知结果如何？"

卫鞅淡淡一笑，道："昭兄未免过于托大了，区区几十甲士，就想拦住卫鞅？"

昭雎哈哈大笑："不是拦，是请！"言毕，又一队弓箭手快步赶上，队伍最前方者，竟是侠公厘！在经过卫鞅身旁时，不着痕迹地对卫鞅点了点头。卫鞅同样微微点点头示意。

"昭兄不奇怪吗？"卫鞅良久无言，突兀一问。

"有何可奇之处？"昭雎不解，仍旧是笑着。

"卫鞅一介布衣之士，如何能在刚刚被韩军攻下的新郑城头，与韩侯见面？此事难道没有蹊跷？"见昭雎默然，卫鞅继续道："事已至此，卫鞅也就不多说了，昭兄可知卫鞅有一友人，乃韩国虎牢将军？"看到昭雎的眉头越拧越紧，卫鞅猛然大喝："竖子小儿，公然劫持天下名士，不觉有违法度乎？"

几乎在昭雎骤然醒悟大喊的同时，躲在带剑甲士后的弓箭手纷纷从背后抽出短剑，只几下，便将楚国最为精锐的甲士击倒在地。卫鞅眼力过人，更是看到其中几个身手颇为不凡的弓箭手手持的宽背短剑皆颜色深黑，竟能一下削断楚国甲士手中的长剑，显然不是凡品，此等人物，岂是侠公厘一个贵族公子仓促之间请得？

正值卫鞅疑惑之际，魏熊自弓箭手中走出，卫鞅顿时心中疑惑尽消，魏熊在墨家修行多年，这些剑士多半是他请来的墨家士子了。看也不看一边犹自愣怔的昭雎，卫鞅大步走上前去，抱住魏熊大笑道："师弟！"及至分开，卫鞅缓缓端详许久，不禁肃然一鞠："师弟为卫鞅马上奔波许久，真辛苦也。"

眼前的魏熊，原本颇为壮硕的身躯骤然消瘦，白嫩的脸庞也变得黝黑，显然是连日奔波，寻找墨家士子帮助去了。

魏熊豁达笑道："师兄此言，羞煞魏熊也！魏熊不知，师兄是如何知晓这奸邪小人要在苍山劫持？"

卫鞅摇摇头，笑道："若非老师书信，卫鞅也不知此事。"

鲍华惊讶了，难以置信道："鞅兄，这些天我在你身边，如何没见你接到师兄书信？"

卫鞅淡淡笑道："你整日就知大呼小叫，看路上的稀奇之事，如何看得见卫鞅接老师书信？"说罢，又颇为神秘地一笑道："若非老师与卫鞅定下此计，故意让这楚贼知晓此事，如何抓得此上佳护身宝物，好在楚国安稳度日？"说罢，指了指瘫坐在地的昭雎，眨了眨眼睛。

魏熊恍然道："原是如此，我却没能参透，真惭愧也。"

卫鞅哈哈大笑："师弟无须挂怀，我看这楚国老氏族，也都和师弟一样，如坠云里雾中了。"

"噫！"鲍华突兀大叫起来，"鞅兄快看那座山！"

卫鞅笑着转头，猛然凝固了。

只见顺着鲍华所指，山顶上站着一个飘忽的白衣身影，那瘦削的身形，仿佛随时都会被呼啸的山风刮离地面，但又偏偏稳如泰山般站立在山顶。

沉默良久，卫鞅仰天长笑，如飞一般奔向那伟岸的白衣身影……

楚国，淮北。

"老师，此去不远，就是楚国黄氏封地了。"卫鞅指着前方一大片广袤的山丘平原道。

尸佼呵呵笑道："要不是这个昭雎，我们还真不能如此顺当到达寿春⁽¹⁾。"

卫鞅看了看身后独坐一匹马，犹自闷闷不乐的昭雎，皱眉道："虽说有此人可保无忧，但总是带着一个酒囊饭袋，也忒是麻烦了。"对卫鞅所说感同身受的鲍华在一旁听了，立刻附和道："大哥此言大是！此人真是一个贵胄公子一般！一路上净嚷嚷着要吃什么珍馐，要喝什么兰陵佳酿，明明是囚犯，却如同主子使唤奴隶！"显然是心中不满许久了。素来稳重的魏熊在一旁也是连连点头。

尸佼微微一笑，岔开了话题："前方就是寿春城了！你等可知，楚国地大物博，博就博在这食物千奇百怪，令人目不暇接，偏偏个个都叫不出名字，可惜这还只是淮北，要是到了大江⁽²⁾以南，珍奇更多！你等有口福了！"一番话说得鲍华跃跃欲试，恨不得马上飞到江北之地。

卫鞅皱皱眉，却也不再言语。

谈笑间，一座颇为繁华的城市出现在众人眼前，高大的城墙在阳光下闪闪发亮，华贵的城楼下，巨大的城门洞开，来往商旅虽说没有齐国的熙熙攘攘，却也是车马不绝。

鲍华惊讶了："噫！这楚国也忒是富庶了！随便一座大城，都可堪比一国之都！"

卫鞅淡淡笑道："这楚国国土原本广袤，有几座大城也不足为奇。"

魏熊打趣道："如此说来，楚国岂不是有许多备用国都？"卫鞅不禁莞尔。

尸佼却是不置可否："楚国呀楚国，后路太多，断了上进之心也！"言毕，卫鞅、魏熊幡然醒悟，不禁一同沉重地叹息了一声。

　　一路无话，几人走进寿春城后，架不住鲍华的苦苦要求，卫鞅只得带着少年寻找"珍馐美味"。走在街上，无意间，卫鞅眼角瞥见一家酒肆，感觉装饰有些眼熟，不禁多看了一眼：洞香春。

　　此地也有洞香春分店？卫鞅不禁大为惊讶，要知道战国时期交通不甚便利，一个酒肆竟然能在高都、寿春两个相隔千里之地设有分店，足见此店主人该是怎样的商贾巨富。心念电闪间，卫鞅一把拉住东张西望的鲍华，走进了幽深的华贵酒肆。

　　刚刚踏入店门，立刻便有侍女迎上，卫鞅有些不忍打扰此处的幽静气氛，低声道："选一小间，我与这位少年一同。"侍女甜甜地点点头，引领着卫鞅二人进入一个隔间，卫鞅吩咐道："赵酒一坛，另摆些楚地独有菜肴便可。"话音刚落，侍女突兀消失不见。

　　卫鞅与鲍华堪堪坐下，两名侍女立刻飘然而入，放下一坛装饰精美的赵酒、几盘奇异菜肴，笑道："此乃我楚国独有美味，先生如若不清楚如何吃法，招呼便是。"言毕，又飘然而出，关上隔间小门，室内立刻寂静无声。

　　鲍华盯着几案上的食物看了良久，猛然拿起象牙箸，对着桌上的棕色带毛物体戳了戳，露出内部翠绿的果肉来，犹豫良久却没敢吃。又瞅瞅另一个盘中的黄色大蟹，有些不知从何下手，只得夹起盘中的小鱼，一点一点地剔除鱼刺。

　　卫鞅在一边看着，却佯作不知，拿起地上的酒坛，倒了满满一爵烈酒，自顾自独饮。

　　许久，盘中的刺已经堆得如小山一般，鲍华终于抬头看看犹自饮酒的卫鞅，求助道："大哥，帮帮鲍华了。"

卫鞅如梦方醒般，瞪大了眼睛道："小弟，如何这么久只吃几条小鱼？满案珍奇，放开品尝了！"

鲍华撅起了嘴，抗议道："大哥休要装糊涂！满案奇怪食物，鲍华不知如何下口！"

卫鞅哈哈笑了，指着盘中的黄色大蟹道："此乃云梦泽大蟹，肉质鲜嫩美味，与海蟹相比，更少腥臭之气，此等珍馐美味，不可草率乱吃，要用专门利器了。"说罢，拿起一边摆放的青铜小锤，敲开蟹钳，顿时露出白亮鲜美的蟹肉来。鲍华正要下箸，卫鞅伸手拦住道："小弟莫急，此乃大寒之物，不可直接下肚。"说罢，象牙箸夹起一块蟹肉，顿时香气扑鼻，卫鞅不紧不慢，把蟹肉放入一边黑亮的醋中浸泡，片刻拿出，笑道："此醋中必有姜末拌之，姜乃大阳之物，阴阳中和，方可强身健体了。"

鲍华惊叹道："噫！世有此奇物，已是天地钟灵，楚人有如此吃法，更是得天独厚也！"

卫鞅笑道："小弟慨叹过甚了，天下之大，各地有各地所长之处，何须感叹他国之民？"见鲍华眼中落寞之色渐消，卫鞅又笑道："小弟说楚人吃法得天独厚，可曾见过楚人吃蟹之最？"鲍华一下来了兴致，颇为好奇地摇摇头。卫鞅轻轻拍手，立刻有一长裙侍女飘进隔间，卫鞅指着几案上的黄色大蟹，笑道："久闻楚人吃蟹技艺天下独绝，敢请赐教了。"

"先生过誉了。"侍女甜甜一笑，飘然移至几案边，轻轻敲了敲案底，顿时案底大开，露出一套形容不出的怪异工具！卫鞅、鲍华正惊叹间，侍女双手各拿一个奇异工具，片刻间，便将蟹钳蟹腿中的嫩肉纷纷剔出，整齐码放在一旁的碗碟中，轻盈利落之极，接着换了一对工具，打开蟹壳，拨出一块黄得流油的蟹黄来！

鲍华乃是北方人士，又是久居深山幽谷之中，虽然听说过蟹黄，但自然不曾亲眼见过此等物什，拿起象牙箸夹了一块放入口中，立刻捂着嘴大呼："好腥！"

卫鞅看鲍华一副强忍不吐的模样，微微一笑道："华弟可不要败坏了这大补之物！此物先腥后香也！"说得鲍华只得细细品味，皱着眉头良久，骤然惊叹道："好鲜香也！"连忙又夹起一块放入口中，逗得一旁的侍女咯咯直笑。

二人谈笑间，侍女已经将几个黄色大蟹拆分完毕，只见蟹肉、蟹黄整齐码放，一旁的蟹壳被整齐拼好，直和拆分前一般无二，活像一只鲜活大蟹张牙舞爪！卫鞅饶是见识过人，也啧啧称奇。

鲍华咽下口中的蟹肉，指着一旁的棕色带毛果子问道："这可是沐猴桃[3]？"

侍女甜腻笑道："这位公子好学识。这正是沐猴桃，因此物生长于山中沐猴出没之处，常为沐猴食物，故而称之为沐猴桃。熟透之后质地柔软，山民采摘后食之可消除疲劳，止渴生津也。"看鲍华迫不及待，正要拿起一个沐猴桃品尝，轻柔伸手拦道："公子切莫着急，此物不可与虾蟹接连食用，须得等待片刻。"

卫鞅哈哈揶揄道："小弟见了这珍馐美味，莫非连性命也不顾了？"鲍华佯怒道："大哥就会取笑我！就不信你没有心急的时候！"

二人饱餐一顿后，有些昏昏欲睡，他们回到驿馆，没有找到魏熊和老师，索性待在驿馆中等候。

良久，尸佼果然带着魏熊回到驿馆，鲍华左瞧右看，没有见到昭雎，疑惑道："师兄，那个酒囊饭袋哪去了？"

魏熊颇为欢欣道："师叔把那个家伙交给了黄氏族长看管，日后省得我等再操心了。"言语间掩饰不住对于昭雎的厌恶。

鲍华顿时精神起来，大声欢呼。卫鞅却有些担心："虽说是送走了昭雎，但日后我等在楚国可是不得安宁了。"

尸佼颇为反常地哈哈大笑道："不必担心，为师已与黄氏族长约定，一旦遇到袭击，立刻放飞信鸥，老族长接到消息，便要将昭氏擅自调动楚国王室精兵的事告诉楚王，昭雎必然凶多吉少！"卫鞅终于长长地舒了一口气，并未注意到老师的反常。

众人一时默然无话。良久，尸佼突兀道："终于走了。"

没头没尾，众人有些摸不到头脑，还是魏熊解释道："方才师叔与我回来时，身后跟着昭氏的间人，师叔刚才故意高声说话，便是为了让此人将师叔与老族长的安排告知昭氏元老，让他们有所忌惮，不敢轻举妄动。"众人恍然大悟。

尸佼又是神秘地一笑，道："寿春城中有一大贤，此时拜会正当其时，离此地不远。"

鲍华立刻摇摇头道："拜会贤士，鲍华就不去了，论大道至理可是没意思的紧。"

卫鞅猛然拍了一下鲍华的头，笑道："华弟忒是少年意气也！你若不去，孤身一人在此，若被昭氏间人抓走，教大哥如何处置？又得拿昭雎换你！"说得鲍华幡然醒悟，连连拍拍自己的小脑袋道："如何连这也没想到？真是蠢也！""甚事都不上心，你小子也就上心珍馐美味了！"卫鞅一句调侃，众人哄然大笑，就连尸佼也是笑得喘不上来气："看来卫鞅经这小子折磨一会儿，可是上心了！"说罢，又是大笑。

寿春郊外，群山之中。

"这次我等要拜会的高才大贤，乃昔日楚国三闾大夫屈宜臼。"尸佼一边谈笑，一边在山中缓缓前行，丝毫没有因天色将晚而显得担忧。

魏熊闻听此言，皱了皱眉头，道："师叔所说，可是那个反对吴起在楚国变法的屈宜臼？"时下吴起身死有年，其生前之事已为天下所知，其中，在吴起变法之前，曾经向封地位于淮北之地的屈宜臼请教，不料却遭到坚决反对，吴起死后，屈宜臼虽未参与政变，也落得一个"迂腐老朽"的名声，为天下新锐名士所不齿。

尸佼顿时收住了笑容，长长地一叹道："屈兄虽然反对变法，然终究是为楚国着想，却落得如此下场，隐居深山，不亦悲乎！"

卫鞅显然是知道屈宜臼的故事，一时也颇为唏嘘。

众人默然间，一个药农打扮的老人迎面走来，尸佼走上前询问道："前辈是山中药农？可知三闾大夫屈宜臼居于何处？"

老人抬起头，一双浑浊的老眼露出难以置信的神情，直勾勾盯着尸佼。

尸佼并未在意，只当是老人年老重听，再次高声重复了一遍。老人才试探着问道："这，不知这位大人找屈大夫何事？"尸佼继续高声道："故友来访，聊叙旧情。"老人猛然盯住了尸佼，许久后终于惊呼道："尸佼！你如何来此？"身下一个趔趄，险些倒地。

尸佼愣住了，莫非眼前的黝黑药农，竟是昔日堂堂楚国三闾大夫屈宜臼？身为一国重臣，竟会沦落如此境地？对，是他！尽管眼神浑浊了，但眉宇间的气质隐约相似。他猛然上前，抓住了屈宜臼的粗糙大手，难以置信道："老哥哥！怎会沦落到这步田地？"老人一声叹息，良久才道："一言难尽，跟我来吧。"

众人跟着老人又走了小半个时辰，终于在山间低谷找到几间茅草屋，却也是破败不堪。尸佼泪水溢出眼眶，犹自不出声。卫鞅与魏熊也是颇为震惊。走进茅屋，坐在陈旧的几案边，老人拿起一个破旧陶壶，倒了几碗山茶，端起一碗带着浓郁土腥的茶水一饮而尽，而后才缓缓讲述起自己的经历：

"当初吴起来到楚国见君，还是老夫引见，吴起与楚王一夜密谈，说得楚悼王热血沸腾，发誓要在楚国变法。吴起当即便被任命为楚国令尹，大刀阔斧，废井田，开阡陌，除隶籍，减封地，样样都是掏老氏族的心窝子！老夫觉得其人太过激烈，楚国不同于中原列国，氏族封地几乎遍及全国，岂能立足未稳便与老氏族开仗！故而反对变法，被跟随吴起的那一帮新锐大臣戏称为'迂腐老朽'，真是羞辱老夫！"老人先是一番辩白，说得声泪俱下，稍稍喘息，继而沉声道："后来吴起被杀，变法失败，老氏族虽被刑治，然终究还是重掌了楚国大权，氏族大臣纷纷到府上庆贺，说老夫除奸有功，应当官至令尹！被老夫一番痛骂后，便开始上书楚王，说我也参与了政变，硬是将老夫罢官夺封，赶到这凄苦之地，如此还穷追不舍，数年来不断派出刺客骚扰，逼得老夫只得隐居山林，以采药为生。"老人说到最后，长长地叹了口气。

众人此刻皆听得脸色铁青，就连一贯诙谐的魏熊和还是少年心气的鲍华也是一脸愤怒，鲍华大声道："岂有此理！如此陷害忠良，不觉有违天道乎？"一副恨不得现在就到郢都与人决斗的样子。

老人看到鲍华如此愤愤不平，释然笑道："后生莫要发怒，须知老夫虽被赶到这苦寒之地，然则寿命却大有延长，那些个阴鸷奸邪，早已先于老夫而去也！"说罢又倒了一碗山茶饮尽。

鲍华稍稍平静，学着老人模样，端起一碗茶水，刚饮一口，便觉一股土腥之气冲上口鼻，立刻吐了出来，大呼道："这是茶水还是土水啊！为何如此多的土渣！"连连作呕，终于没能忍住，冲出门外，大口呕吐起来。

卫鞅坐在鲍华对面，被喷了一身茶水，皱了皱眉，却并未吭声。

老人只此一眼，顿觉惊讶，道："这位后生好定力！要是郢都那般贵胄子弟，此时早已跳脚大骂也！"说罢看向尸佼，羡慕道："老兄弟数年不见，可是收了一个好弟子啊！"言语之间颇为辛酸。

尸佼淡淡一笑，岔开话题道："老哥哥隐居有年，可愿意出山一游？"

老人猛然瞪大了眼睛，眼中闪现出奇异的光芒，片刻后又重新黯淡下去，摇摇头苦笑道："尸兄啊，你觉得老夫还有可能出山么？楚国庙堂，老夫算是彻底看透了，不愿再蹚浑水了。"

尸佼淡淡一笑，也不强求，转而笑道："屈兄，友人到此，不能只有山茶可饮啊。"

老人经尸佼一说，恍然道："尸兄来得正当其时，老夫刚到此处隐居时，曾经用屈氏封地的上等粮米酿下数坛好酒，尸兄既来，该当痛饮一番了。"说罢，老人缓缓走出茅屋，紧随而出的卫鞅这才打量起周围的情况来，茅屋地处一片巨大山谷的中央，似乎只有南方有出谷之路，其余四周都是无边无际的山脉连绵。

老人指了指北方最靠近茅屋的一片山崖，对卫鞅和魏熊道："两位后生才俊，老夫所酿之酒，便在那山崖之下的洞中，老夫年迈，不便搬取，烦劳了。"卫鞅和魏熊对视一眼，快步向山崖而去。两人走远后，尸佼揶揄道："老哥哥好心思！自己搬不动，便等人来搬酒，大是威风也！"老人颇为郑重地点点头，一本正经道："正是，若非尸兄来，老夫想尝那酒，不知还要再等多少年矣！"言毕，两人同时大笑起来。

注：（1）寿春：今安徽省六安市寿县。

（2）大江：长江。

（3）沐猴即为猕猴。

二、时也数也，大错铸成

些许时光，卫鞅独自抱着一坛酒归来，清理好污秽之物的鲍华奇道："如何只有大哥一人？魏兄呢？"

卫鞅把酒坛放到地上，道："刚才师弟接到飞鸽传书，说有要事，就先行离开了。"

尸佼虽然也不知是何事，只当魏熊不久后就会回来，笑道："魏熊不在，可是尝不到屈兄亲手酿制的美酒了，小子可惜也！"

众人回到屋中，除了鲍华少年不善饮酒，只得在一旁倒酒外，其余三人均倒上了满满一碗晶亮的酒。卫鞅之前已经饮过楚酒，知道其阴柔缠绵，不像赵酒那般凛冽，故而端起酒碗一饮而下。屈宜臼见卫鞅满饮一碗，本想阻拦，无奈卫鞅太快，只得看着卫鞅的脸色逐渐涨红，脸上冒出津津细汗，卫鞅随即大呼不止："好有烈性！此酒后劲好大，凛冽堪比赵酒！"

尸佼也是第一次饮此酒，惊讶道："屈兄，初饮柔和，后劲无比，这真是楚酒？"

老人得意地笑了，解释道："原本楚酒阴柔，然则我屈氏部族所酿之酒，其烈性举世无双！此乃屈氏部族之本性，忠贞护国，勇烈无比，自然融入酒中了。"

尸佼良久沉默，悠悠一叹道："楚国有屈氏，终究难亡也！"又浅浅喝了一口，道："我等来楚之时，原本以为楚国已经被广袤的国土消磨得没有了胆气，今日才知不然也！若屈氏掌权，楚国可吞天下！"末了，又突兀一句："老哥哥，真不愿意与尸佼一道周游楚国？"

老人一愣，终是叹气道："尸兄不要再说了，老夫心意已决，从此归隐山林，不问政事了。"

尸佼淡淡道："屈兄，事已至此，小弟只有一句话相告：楚王虽庸，太子却是早有强楚兴楚、问鼎中原之意。屈兄好自掂量。若是有意，寿春驿馆，我等恭候五日。"说罢，转身离开了。

三日后，魏大梁一酒肆内。

"公子，间人报告，公子缓在往安邑城内秘密调派甲士，意图不明。"稍稍停顿一下，又道："还有，上次对赵之战，统军者正是公子卯。"一名侍者低声在魏熊耳边道。

魏熊摆摆手让侍者退下，随即从袖中掏出一块玉佩，盯着玉佩上的"卯"字呆呆出神，他知道，这是魏国王室子弟才能拥有的身份标志。魏卯啊魏卯，难道那些无辜百姓，真的是你指使士卒杀害的？那可是数百条性命啊！你却视如草芥一般！魏熊心中想着，不禁捏紧了手中的玉佩，发出咯咯的响声，仿佛要把坚硬的玉石捏碎一般！

猛然，魏熊唤来侍者，低声道："秘密与公子缓接触，就说本公子想与他一同扭转'乾坤大局'。"侍者不着痕迹点点头，急匆匆离开。

公子缓府邸。

"秘密与韩赵齐三国联络的使者是否有消息？"一个衣着华贵，相貌英俊的青年对一名官吏询问道。

"公子，与齐国、韩国联络的使臣还没消息，但赵国已经答应出兵安邑了。"官吏恭敬回答道。

青年点点头，摆手道："有消息随时报我。"

魏国这边正在风云聚变，燕国蓟城又横生波澜。

先从燕国亚卿说起。赶走了燕简公后，亚卿府顿时成为整个燕国的政治中心，来往官吏之繁忙，比之朝堂王宫有过之而无不及，独掌大权的亚卿顿时感到了一种王侯气概，不觉豪气顿生，又逢燕国久无战事，士卒士气低落，于是便谋划一场对齐"大战"，希望能重振燕国"雄风"。

由于久无战事，谋划不周，燕国还未出兵，便被齐国间人探知，齐公大怒，就要发兵灭了这个不知好歹的"弱燕"。被丞相邹忌劝阻，方才只是派出五万步骑，夺取了燕国与齐国接壤的百里土地了事。清理战场时，统军大将竟然在一处粮囤中意外发现了躲藏于此的燕简公，将其秘密带回了齐国。齐公与丞相邹忌谋划扶持燕简公回燕复位未果，只得将其留在齐国。

如此一来，齐国忙于与燕国纠缠，自然无法理会安邑之事。

这些，还在周游楚国的众人由于消息闭塞，自然不会知晓。

又过两日，与屈宜白约定的五日之期已到。日暮，还是没有消息。

尸佼叹了口气，无奈道："看来屈兄是真的心念已死，不愿出山了。明日，我等继续南行。"

数日后，楚国郢都。

"噫！"鲍华一声惊呼，"这楚国人忒怪了！为何穿着打扮如此奇特？看那人，竟然将羽毛竖在头上，真是有趣。"说罢，迎面遇到一位披头散发的黄衣怪人，鲍华捂住了嘴，小声道："那个黄衣怪人莫不是受过刑的罪犯？否则为何头发如此之短？但一个罪犯，能穿如此华贵的衣服？"一边说，一边鬼鬼祟祟地飞快瞄了一眼。

卫鞅微微一笑，道："小弟不要奇怪，那短发披肩可不是受刑所致，而是越国固有传统，不留长发，定期修剪，也算是天下一奇了。"

鲍华恍然大悟："如此说来，越国人人如此了？"又颇为语重心长地道："身体发肤，受之父母，怎容一丝毁伤？越国人自剪其发，可是大大不敬祖先了，不敬祖先，怎能尊敬贤士？大哥以后可不要到越国做官啊！"

卫鞅有些哭笑不得，拍了拍鲍华的头冠，笑道："小弟此言有失偏颇了，天下之大，岂能不容人有特异习俗？匈奴人不也是兽皮短衣，披头散发，原是一国有一国的特色罢了，何必以中原眼光视之？"

尸佼收回落寞的目光，赞赏道："此言大是！一国有一国之特色，汇聚融合，便成天下了。"

鲍华一把打掉卫鞅的手，佯怒道："大哥就会逞口舌之能，欺负小弟！"一边猛然跳起，也拍了拍卫鞅头上的发髻，不满道："以后不许拍我的头！"

卫鞅挨了一拍却不生气，反而打趣道："小弟加冠后，见识没长，脾气大了不少啊！看大哥加冠后，你还能不能够到大哥头顶？"

二人一阵大笑，忽然看到前方一辆高大的青铜轺车缓缓驶来，急忙避让。

轺车在驶过众人身旁时，车中一个人咳嗽了一声，轺车立刻钉在原地一动不动。卫鞅与鲍华正疑惑间，尸佼缓缓走上前去，似乎想起了什么。"唰"的一声，车帘掀开，一个中年贵胄的脸露了出来，他对尸佼笑了笑，做了一个卫鞅看不懂的手势。尸佼淡淡一笑，跳了上去，和轺车一同缓缓离开。

卫鞅和鲍华愣在原地，不知如何是好。一位家老模样的老人急匆匆走来，对二人道："两位公子不要着急，那位先生与我家主人要密谈一番，公子如果愿意，老朽可以带二位公子到驿馆歇息。"

卫鞅闻言，沉吟一会儿，拱手道："如此麻烦老伯了。"

家老深深一鞠道："公子折煞老朽了。"对着一旁驶来的另一辆轺车道："公子请。"卫鞅与鲍华跳上轺车，家老对驭手道："带两位公子到驿馆，好生招待，莫要怠慢了。"驭手点点头，一跺脚，轺车隆隆启动。

到了驿馆，早有一脸献媚之色的侍者迎上，开始没完没了地唠叨："两位公子是初来楚国啦？莫急，本店各种楚国珍馐美味是应有尽有啦，云梦泽的新鲜水产，南楚的奇异水果，还有兰陵佳酿啦！"

卫鞅似乎不为所动，淡淡道："无须铺排，随意上些饭菜便可。"

鲍华一听有珍馐美味，欢呼一声道："我晓得侬这里要甚都有啦！这样啦，凡是中原没有的珍馐，都上一份啦！"竟也学起了楚腔，满座哄然大笑。

魏熊最近有些烦闷。

自从上次确定了要帮助公子缓夺位后，魏熊与韩赵齐三国多方联络，希望三国能出兵相助，不料齐国与燕国纠缠，有心无力，韩国又作壁上观，赵国倒是跃跃欲试，然则仅赵国一国又无法与魏国强大的步骑混合军对抗，除非调来赵国的云中飞骑，然则如此一来，赵国背后无兵与北方匈奴牵制，自然不肯。眼看密谋兵变成了死局，魏熊只得去与公子缓商量对策。

魏熊并没有选择在夜晚与公子缓会面，而是光明正大地在白天进了公子府，此举并非是他不知道隐藏自己与公子缓的关系，反而是为了故意让太子魏罃看到，他与公子缓之间光明正大，没有朋党之嫌。

进入书房等候良久，公子缓才姗姗来迟，看到魏熊一盏茶已经饮光，魏缓拱手笑道："愚兄政务缠身，王弟久等了。"

魏熊并未在意，他知道，作为大梁城实际管理者，这个王兄确实是政务颇忙，只是拱手淡淡一笑道："王兄不必如此，魏熊此来，是有大事要与王兄相商。"

魏缓坐到几案边，沉稳道："何事？"魏熊低声道："出兵之事，赵国已经答应，但韩国还未表态，仍有变数，单单依靠赵国，我等成不了事。"魏缓只是笑道："不必着急，为兄再招募些甲士足矣。""非也！"魏熊一口否定，急切道："王兄！父侯近年身体有瑕，恐怕再过不久，我等就只能看着他魏罃在安邑即位了！魏罃与公子卯素来交好，必会倚重公子卯，公子卯空有大志却无大才，十足的酒囊饭袋，此等人在魏国掌权，大魏霸主之位不保！"一番利害陈词，直说得脸色涨红。

魏缓依旧是不急不慢，命令仆人上茶后，道："既然如此，王弟为何不去韩国一游？"

"如何？"魏熊有些愣怔，"韩国！去韩国作甚？"

公子缓哈哈大笑："王弟啊王弟，你素来持重明智，如今怎会如此糊涂？你难道看不出，现在只要韩国加入我们，胜算便增加半数！"

魏熊恍然大悟："哎呀，如何连这也没想到？魏熊不就是学习纵横之学的么？好，王兄在大梁静候。魏熊明日便走。"

谷中，兵堂。

"卫英啊！你来兵堂也有一段时间了，老夫已经将所知所学倾囊授予你，现如今鲍氏一族还留在谷中的，就只有老夫的兵堂和古堂那个老家伙了，尸佼曾传信与我，言其正在楚国周游，你可到郢都寻找。"兵堂长老一脸欣慰地看着眼前英武的少年。

"老师，卫英此去，归期不定，老师保重了。"卫英肃然一鞠，转身就要离开。

"卫英。"长老叫住卫英，郑重道："世事无常，虽以才能立世，然则万事慎之也！"

卫英转身，看着兵堂长老苍苍老的脸庞，强忍住眼中的泪水，猛然点了点头，转身快步离开。

魏熊与公子缓商议好后，快马兼程，加之三晋之间原本便相距极近，不久便到达新郑，以魏国公子身份禀明来意后，被安排在新郑最好的驿馆歇息一晚，于第二日午时在国君书房面见韩侯。

次日，跟随着白发苍苍的老内侍，魏熊来到书房与韩侯相见。

一番烦琐礼仪后，魏熊直入主题，道："魏熊闻听韩侯近日在军国大事上颇为犹疑，魏熊愿听韩侯之难。"

韩哀侯一听，马上就知道魏熊所指是出兵安邑之事，笑道："屯蒙原本有出兵相助公子缓之意，奈何丞相公厘子与上大夫段修坚决反对此事，本侯也不能一意孤行啊！"

魏熊似乎早有准备，微微一笑道："丞相与上大夫的封地皆与魏国接壤，一旦开战，必遭损失，利害所趋，故而反对出兵。然则出兵魏国于韩国而言，大大有利，君上明智，应该力排众议才是啊！"韩侯笑道："出兵魏国，韩国何等利市啊？"魏熊马上回答道："韩国如若出兵，可得魏国三百里上佳沃土！"

韩侯心动，但还是有些犹豫道："这——，容本侯与大臣商议一番，再做决断。"

魏熊心中顿时有些奇怪，闻听卫鞅所言，韩侯在国事上颇有见识，为何事涉外交，便如此犹疑？只得道："君上先暂且不议此事，魏熊给君上说一个故事如何？"

韩哀侯一听，颇有兴致道："既然如此，本侯洗耳恭听了。"

卫鞅二人在驿馆住了三天，还是没有老师的消息，卫鞅不禁有些担心起来，郢都鱼龙混杂，更是昭氏根基之所，老师万一被昭氏刺客所抓，后果更是不堪设想，每每心念及此，卫鞅几乎无法抑制内心的焦虑之情，若非在山中跟随老师磨炼日久，他早已动身寻找。

又是一日，鲍华照例端着几大盘说不出名字的楚国特有佳肴走进房间，利落地收拾好后，坐在几案一边。见卫鞅还在愣怔，鲍华吐吐舌头，背对着卫鞅做了个鬼脸，卫鞅一动，马上装成正襟危坐的样子。

许久，卫鞅犹自发呆，望着近在咫尺却无法下嘴的美味珍馐，鲍华终于笑着开口道："大哥若再不来，小弟就只能独自一人品尝美味了！"见卫鞅还是一动不动，鲍华撅起嘴，生气道："不吃就不吃，我吃！"对着卫鞅狠狠道："不吃饿死！"一扭头，独自吃了起来，眼睛却总时不时看看卫鞅。

鲍华索然无味地吃了一会儿后，终于认输道："大哥，小弟求你快来吧，一个人吃有何意思？"

卫鞅稍稍晃动了一下。

鲍华顿时眼睛一亮，继续道："大哥，师兄肯定很快就回来，无须担心了。"

卫鞅晃动得更厉害了。

鲍华顿感胜券在握，就要开口，卫鞅忽然软倒在门边，一动不动了。

"大哥！"鲍华一声惊呼，连忙起身冲向卫鞅……

入夜。

卫鞅一觉醒来，顿觉头痛欲裂，略微清醒后，想起了白天的事，猛然睁开了眼睛。正看到鲍华俊秀的脸庞倚在床边，脸颊微微发红，双目合拢，身体时不时晃动两下，显然是已经睡着了。

他竟然一直守在床边？卫鞅有些惊讶，在他印象中，鲍华一向是年少顽劣，从来不知关心他人的，今日竟然如此，实属难得，心中不禁涌过一股热流，小心起身，卫鞅缓缓背起鲍华，将他送回了房间。

　　第二日清晨，鲍华急匆匆冲进卫鞅房间，却发现房间早已空空如也，一扭头，向驿馆宴厅跑去。刚进门，便看到卫鞅熟悉的身影，惊喜道："大哥，你醒了？"

　　卫鞅正捧着一张羊皮卷仔细阅览，此时头也不抬，道："小弟忒是懵懂，如果大哥没醒，昨晚是谁送你回的房间？"

　　卫鞅原是玩笑一句，不想鲍华却是大为紧张，惊道："大哥昨晚去了小弟房间？"见卫鞅点了点头，鲍华只得小心翼翼道："那，大哥可曾看到些什么？"

　　卫鞅笑道："夜半昏暗，有什么可看的？"说罢好像意识到了什么，佯装质问道："小弟有何秘密，不想让大哥知晓？"

　　鲍华脸色一红，支支吾吾道："没什么，就是小弟房间……有些杂乱，怕被大哥看到。"

　　卫鞅虽然听出鲍华是在遮掩，但以为鲍华是少年心气，也许有些事不想让自己知晓，便淡淡笑道："小弟啊，你已经加冠，可要注意检点。"见鲍华不再吭声，卫鞅把羊皮卷递给鲍华，道："小弟呀，老师派人传信，说是要往楚国西方一游，何时出发？"

　　鲍华一听，原本慌乱的神色立即欢悦起来，大呼道："闻听楚国西方有奇物珍馐，即刻出发！"

　　卫鞅无奈地摇摇头，回房整理所需物品去了。

三、黑色信鹞带来了魏熊的决意

魏熊没有立刻讲述故事，而是发问道："中原各国中，齐国首创'军师'一官，不知韩侯知晓否？"

韩哀侯一愣，好奇道："齐国还有此官？莫非是专职军中武术教习？"

魏熊微微一笑："非也！军师一职，平时为'君师'，即国君之师，战时为'军师'，即三军战法之师，可谓军政两全也！"

韩侯恍然大悟，道："原是如此，那与贵使所讲之事，有何干系？"

魏熊淡淡一笑："韩侯莫急，先讲清楚何为军师，接下来魏熊才好说也。"韩侯点点头道："贵使请讲，本侯但听。"

魏熊沉吟了一下，缓缓讲道："早在'姜齐'时期，齐国曾有一军师，高深莫测，故齐公时常向他请教政事军事，对他十分倚赖，一次齐公计划对一诸侯国用兵，可又担心兵败，专门前去向军师请教，齐公便把战与不战之利弊与军师讲清楚，请军师决断。韩侯想想，此军师作何说法？"

韩哀侯笑道："反正脱不开战与不战了，要本侯说，应该是战！"

"非也！"魏熊笑道，"此军师只说了一个字，'然'。"

韩侯有些疑惑了，道："只此一字，究竟如何，战还是不战？"

魏熊继续道："韩侯所言甚是，只'然'一字，确实无法断定，毕竟齐公两种策略都说了一通。但这个齐公偏偏对军师极为倚重，军师又不再多说，齐公便独自琢磨，日日挂怀，时间一久，便忧郁成疾了。"

"竟有如此之事？"韩侯大为惊讶，哑然失笑道，"这个齐公好无能，为何不直接一人决断？偏偏要倚重一个军师？"感慨完后，又问道："之后如何？"

魏熊叹了口气，道："齐公病情日加严重，病入膏肓之际，招来那位军师，将自己的决断说了出来，问和军师谋划是否相同，军师还是只说了一个字。"

韩侯笑道："不会又是'然'吧？"

魏熊一声惊呼，赞叹道："韩侯大明！军师正是如此说！"

"啊？"韩哀侯一时也颇为惊讶，镇定后道："之后又如何？"

魏熊眼神黯淡下来，道："齐公一听此言，当场气绝。"

韩侯颇为意外，沉默一番后连声叹息，道："唉，这个齐公如此优柔寡断，枉为君王也！如今一朝病亡，出兵之事便成泡影了。"

魏熊赞叹道："韩侯大是！今日韩侯之事，韩侯为何不君心独断，独创霸业？"

"这……"韩侯有些犹豫，想了想，终于一咬牙道："好，本侯出兵五万！"魏熊闻听此言，立刻长鞠到地，高声道："韩侯圣明！"

卫鞅与鲍华快马兼程，于数日之后赶赴楚国与秦国的拉锯地带——上庸，由于秦国的衰弱，上庸这片广袤山地早已被楚国占据数年，期间双方虽然偶有摩擦，但总体来说秦国还是没有过多注意这片人迹罕至的深山，毕竟与中原沃土相比，这片山林就显得微不足道了。卫鞅有些摸不到头脑，老师为何要带自己来这片偏僻的山地？

虽说人迹罕至，但此地风光亦秀丽无比，云雾缭绕，若仙境一般。二人一路谈笑游览，兴致正浓之际，卫鞅敏捷的耳力突然听到隐隐马蹄作响，也并未上心，只是继续前行。不久之后，马蹄声越来越近，终于出现三名身着青衣的带剑骑士，朝卫鞅二人飞奔而来。

鲍华猛然一惊，长剑已出鞘在手，卫鞅微微一笑，让鲍华不要担心。

毕竟二人来楚时日尚短，怎会有仇家追杀至此？只当是几位风尘侠士。

果如卫鞅所料，青衣三人只是恰巧与卫鞅二人相遇，此时看也不看二人，昂首而去。鲍华大出了一口气，犹自有些慌张。卫鞅笑道："小弟如此胆小，可是无趣得紧哪！"鲍华惊魂未定地嗔怪道："噫！还不是上次大哥齐国遇险，差点没了性命，小弟担心这回又是那些人嘛！"

卫鞅哈哈大笑，正要开口，那青衣三人竟然又去而复返，这次方向明确，直朝卫鞅而来，鲍华顿时慌乱得不知所措了："大哥，不会真是那些人吧？如何是好？"卫鞅淡淡一笑，道："无须担心，区区三人，能胜过你我？"卫鞅如此一说，鲍华顿感轻松，紧握着长剑的手也缓缓垂下。

堪堪一尺之地，领头青衣人突兀勒马，三人顿时定在原地，只此一下，卫鞅就断定三人绝非平庸剑士。

领头青衣人停下马后，不看卫鞅，却直盯着卫鞅腰间的长剑，扭头对另一位瘦削的青衣人询问道："瘦猴，再看看，是否真如你所说？"

被唤作瘦猴的瘦削青衣人也盯着卫鞅的长剑，良久之后，终于肯定地点了点头。最为强壮的青衣人立刻就要冲上前，被领头青衣人拦下。

领头青衣人在马上拱手道："这位小兄弟，敢问你腰间所配之剑，却是从何而来？"

卫鞅心中一凛，知道不妙，莫非是这三人看出了自己腰间的老师赠剑不是凡品，起了购剑之心？无论如何，此剑乃老师赠予卫鞅的礼物，决然不能交给他们。打定主意，卫鞅镇定下来，他颇为稳重地一拱手，笑道："这位兄台，在下腰间之剑，乃友人所赠，三位有何见教？敢请明说。"

领头青衣人见卫鞅直截了当，道："足下此剑，绝非凡品，我等乃风宗剑士，风宗历来愿意收集天下名剑，足下如果愿意，我风宗愿以万金之数购足下之剑。"

卫鞅一听，顿时皱起了眉头，自称风宗剑士，莫非眼前三人竟是铸剑大师风胡子的弟子？不行，如此一来这把剑更不能给他们，心念及此，卫鞅不禁想起了侠公厘初次见到此剑时的情景……

"鞅兄，"侠公厘默然有顷，终于开口道，"鞅兄可知此剑之名？"

"不知，老师赠予卫鞅时，并未告知。"

"鞅兄啊！"侠公厘沉重地叹息了一声，"公厘以实相告，鞅兄不该保有此剑。"见卫鞅有些意外，侠公厘解释道："鞅兄不知，此剑名为公布，乃楚国铸剑大师欧冶子所铸，曾为吴王夫差佩剑，后来吴国为越所灭，此剑又成为越王勾践之佩剑，历经战乱，最后落入楚国王室之手，若公厘所记无差，此剑应该早已随楚惠王陪葬陵寝，如今却在鞅兄之手，鞅兄但想，如若楚国王室知晓此事，该当如何……"

心念电闪间，卫鞅回过神来，心道一定要谨慎处置，微微笑道："兄台既然求剑迫切，在下理当应允，然而此剑乃卫鞅友人留予卫鞅之念物，恕不能从命了。"

"好个不识抬举的小子！"壮硕的大汉终于忍不住了，跳脚大骂道："师兄看得起你的剑，且出万金之数购买，原本已是你小子的福气，既然如此，我等只能硬抢了！"说罢，一催胯下之马，就要冲将过来。

"师弟住手！"领头青衣人厉声呵斥道，又对着卫鞅笑道："兄台重义，我等佩服，然则我等求剑心切，愿出金三万，不知兄台意下如何？"

如卫鞅这般视金钱如粪土者，也不禁咋舌，一个铸剑流派，竟然拿得出三万金来买剑，实在是个异数，但卫鞅还是断然拒绝道："宝剑有价，可值万金之数，然则信义之价，无穷无极也！在下恕不从命了。"

青衣人皱了皱眉，觉得眼前的卫鞅也忒不识抬举，开价若此，竟然丝毫不为所动，脸色铁青，当下就要发作，身后瘦猴一拉，低声道："师兄莫要动手，看这两人也不像平常剑士。一旦动手，我们未必占得上风。"领头青衣人顿时泄气，目光一闪，微微笑道："既然如此，我等来日再会了。"说罢，在马上一拱手，扬长而去。

望着三人远去的背影，鲍华狠狠地"呸"了一声。

大梁公子缓府邸。

"王兄，魏熊已经劝说韩侯出兵成功，如此一来，我等足有近十万兵力！再加上王兄所募死士三百，胜算足有七成！"魏熊慷慨激昂。

"王弟莫急，须知河东安邑守军皆是大魏精锐武卒，骁勇善战，纵使我等拥兵十万，以三对其一，也难以取胜，当务之急是要想办法将武卒调离安邑，方可行事。"公子缓忧心忡忡。

"王兄，魏熊知一人，或有法骗走武卒。"

"哦？何人？"

"卫鞅。"

"卫鞅？"

"王兄，卫鞅乃魏熊师兄，其思虑、谋略、政务之见皆远胜魏熊，有此人襄助，此事断无不成之理。"

"如何联络？"

"王兄静候，魏熊即刻修书，不日鞅兄便可知晓此事。"

卫鞅与鲍华在上庸的茫茫深山中跋涉了数日之久，期间不断向山中药农询问路径，在经历数次迷失后，终于距离老师信上所说之山谷不远了。

鲍华一边捏着酸胀难忍的腿，一边低声嘟哝道："什么提示也没有，就来这蛮荒之地，不怕我二人迷路么？"山路难行，二人马匹早已寄存在最近的驿馆之中了。

卫鞅跟老师经过山中的历练，早已习惯于这样的跋涉，此时颇有些怀念之意，反而是兴致盎然，拍了拍鲍华的肩膀，笑道："小弟呀小弟，怨天载道可是不能当路来走。有此力气，继续赶路吧！"鲍华一听，差点跳起来，抗议道："今日已经走了如此多山路，再走，大哥不怕跑断腿！"

卫鞅哈哈大笑，猛然起身道："大哥是一双铁腿，不会断！"说罢，又起身前行。鲍华对着卫鞅远去的背影做个鬼脸，迎着天边通红的夕阳深吸一口气，大步赶上。

却说次日，天色有些阴暗，鲍华看了看东方逐渐压来的黑色云气，开始担忧起来："噫！若是下起霖雨来，只怕三天三夜也未必停得了也。"显然是怕这雨一旦旷日持久起来，二人便要被困在这无边无际的深山之中了。卫鞅也有些皱眉，低头闷闷赶路。

大约顿饭时光，天边响起了隆隆雷声，黑色云气笼罩了整个天空，卫鞅二人已经由快步疾行变成了飞奔，几乎是在和大雨争时，卫鞅额头渗出丝丝细汗，鲍华更是默不作声。不多时，天空一声炸雷闪过，大雨倾盆而下，鲍华瞬间瘫坐在地，也不管溅起的一身泥水，喃喃道："终于还是没有找到……"

走在前方的卫鞅猛然转身，背起浑身湿透的鲍华，大步走向前方的一块山石，一跃而下……

次日黎明，大雨刚过，浓浓的山雾笼罩，整片山谷隐没在雾霭之中，隐约看到一片茅屋。

卫鞅从房间中走出，正看到老师在院中伫立。

"老师，黎明雾气重，于己不利……"尸佼转身，看着眼前布衣散发，精神抖擞的卫鞅，露出欣慰的笑，道："鞅啊！大睡三日，感觉如何？"

卫鞅有些惊讶，自己竟然睡了三日？不禁想起那日大雨……

卫鞅背着鲍华在山中飞掠，数息之间便到达了山底，此时卫鞅已经浑身衣衫尽湿，紧贴身体极是不便，再加上背着鲍华，更加步履艰难，只得强自撑持，寻找有顷，终于发现了这片茅屋，顾不得礼仪之道，直接冲进门，便看到老师和几个陌生士子，卫鞅顿时眼前一黑，颓然倒在了地上……

回过神来，卫鞅想起了鲍华，急忙道："老师，鲍华小弟在何处？他那日连续赶路，恐怕是有些脱力。"话音未落，就听到一个熟悉的声音在背后响起："大哥终于知道关心小弟了么？"一转头，正看到鲍华粲然一笑："大哥无须担心，小弟比大哥还早醒一天，此时早已无碍。"

卫鞅长舒一口气，自嘲说："如此一来，大哥还不如小弟耐得长途跋涉了？"鲍华哈哈一笑，说："大哥年纪大了，哪有小弟身子骨耐得打熬？"卫鞅佯作惊讶，笑道："卫鞅年未加冠，便已年老，如此说来，人岂不是只能活个二三十年？还是小弟可人！"鲍华佯作生气，说："大哥又欺负小弟！"

尸佼在一旁看着二人斗嘴，捋着发白的胡须哑然失笑。

二人互相揶揄了一会儿，天空中忽然飞来一条黑色闪电，遥遥一声长鸣，电光火石间，另一个小院中也是一声长鸣，又有一条白色闪电冲上天空，直冲黑色闪电。卫鞅目力极佳，一眼看出那黑色闪电竟是魏熊与自己联络的信鹞！顿时着急起来，急切道："老师，那是黑云，快让那白鸟回来，小心被黑云伤了！"

尸佼一声尖啸，白色闪电顿时一停，原地折返，直直飞到尸佼肩头，竟然也是一只信鹞！黑色闪电在空中稍稍盘旋，倏忽消失不见，瞬息之后，悄无声息地出现在卫鞅肩头。卫鞅抚摸了一下黑云的羽毛，叫声"好鸟儿"，立刻取下一精制铜管，打开密封，抽出一张薄薄的密信，立见魏熊刚劲的字体：

> 鞅兄如面：
>
> 　　回魏谋国，魏国太子罃乃庸常之人，又有饭袋公子卯蛊惑，定然败坏社稷宗庙！深思有顷，决意助公子缓，兵变夺位，奈何安邑武卒精悍，我等束手无策，师兄速来大梁洞香春一聚。
>
> 魏熊手字

卫鞅看完信，长长地叹息了一声……

第八章 雄杰悲歌

一、唯其博览各家，可成天下之法也

酷夏时节，卫鞅到达了大梁城。

顶着炎炎烈日，大梁城依旧车水马龙，自从魏武侯即位后，大梁城因为更加靠近富庶的东方平原，日渐繁荣起来，及至此时，早已经成为魏国第一大城，堪为天下文明风华之中心。卫鞅看着一片片商市店铺，感叹魏国富庶之际，又不期然生出担忧之心来，魏国国人之耿直坚毅，是否会湮灭在这无边无际的繁华海洋中？

凭借着敏锐的直觉，卫鞅直向大梁中心而去，他相信，作为天下一等一的酒肆洞香春，一定位于最为优越的一城中心。

果不其然，在紧紧挨着大梁官署的一条街之外，便看到洞香春奢华的酒肆。卫鞅游历数国，这种情形自然熟悉无比，几番询问，便到了一个隐秘幽静又极为宽敞的隔间中，侍女轻柔地传递口信：已经派人前去知会公子熊，请稍稍等候。卫鞅婉言谢绝了艳丽的侍女歌舞，吩咐上一盏清茶即可。

片刻时光，魏熊与一位衣着华贵无比的俊秀公子来到幽静小间，刚一进门，魏熊便哈哈一笑，大步走过来拍了拍卫鞅的肩膀，笑道："鞅兄久等了，这就是我那位王兄，大梁城公务繁多，王兄想到这洞香春消闲一番，可是不易。"一边的俊秀公子稳重练达地一拱手，淡淡笑道："先生便是王弟时常提起的师兄？魏缓久仰先生大名，正欲求教。"卫鞅同样一拱手道："公子过誉了，卫鞅一介布衣而已，何敢言教？公子请坐。"

魏熊知道自己这个师兄素来厌烦客套，因而直入主题道："鞅兄既已来此，魏熊便将我等目下之难和盘托出，还望鞅兄指教一番了。"说罢，将今日来的种种事件一个一个讲与卫鞅听。卫鞅听完魏熊的讲述，沉吟良久道："依卫鞅所见，师弟目下之难，在于安邑的精锐武卒难以对抗，然则此难却未必非要依靠我等兵力来解决，可以依靠邦交斡旋来解决。"

魏熊与公子缓一听有办法解决这个问题，几乎同时问道："如何解决？"

卫鞅皱了皱眉，有些为难："只是这解决之法，有些难以接受。"

魏熊极为了解自己这个师兄，他知道，师兄从来不夸大其词，他说难以接受就一定有他的理由，不禁也紧皱起了眉头，反而是公子缓仍旧兴致勃勃，继续问道："敢问先生究竟是何方法？"

卫鞅道："安邑武卒是魏国拱卫国都的常驻守军，一般应该是绝对不能外调的。"先是一语廓清大势，说得魏熊与公子缓二人纷纷点头。见二人没有异议，卫鞅继续侃侃而谈："但是当今魏侯乃是好兵之君，寻常之时从不拘泥成例，这就有了应对之法。可以与一国通使，猛攻河东河西，使魏侯被迫派遣武卒抵御敌军。"

公子缓一听，顿时泄气："先生此言的确是个方法，但是韩赵两国皆已表态：只派遣五万兵力，围攻安逸尚且困难，怎能额外调兵？"显然已经否定了此计。魏熊倒是颇为冷静道："鞅兄既然说了此法，就一定有把握，敢请鞅兄继续。"

卫鞅蒙魏熊解围，顿时心下活泛起来："虽然韩赵两国无法派兵，但是和河东河西接壤的，还有一国。"

魏熊对兵事极为敏感，顿时恍然道："鞅兄是说，秦国？"见卫鞅点了点头，魏熊不禁有些担心："野蛮之国，如何邦交斡旋？这倒是确实为难。"

卫鞅淡淡一笑道："师弟过虑，秦国虽说地处野蛮之地，然则必然好利，可与其订下盟约，攻击河西，一旦功成，便将河西给予秦国，秦国收复河西之心早有，必然出兵。"

公子缓微微皱眉："仅仅出兵河西，便将河西之地悉数交与秦国，是否有失大魏国威？"

"要害便在此处。"卫鞅有些惊讶于眼前这个公子敏锐的眼光，"河西之地显然不能交与秦国，然则背弃盟约，魏国必将失信于天下，两难也。"

魏熊断然拍案道："鞅兄不必担心，邦交无常，岂有拘泥于盟约之理？鞅兄有言：'大仁不仁'，今日魏熊借用，曰'大信不信'！"

原本卫鞅乃法家人士，自然对信义法度极为尊崇，但魏熊生于王室，见惯了权力斗争，自然不会如此，再加上学习纵横之术，更是不看重邦交信义，毕竟国与国之间的斡旋，利益永远都是唯一的准则。

尽管魏熊如此一说，卫鞅依旧紧皱眉头，感觉此事过于龌龊。公子缓却顿时舒了一口气，对着卫鞅肃然一鞠道："先生此计开我茅塞，日后魏缓但为魏国之主，必重用先生！"卫鞅反而是淡淡一笑，道："公子不必如此，卫鞅希望公子记住今日所言。"说罢，悠悠一叹道："惜呼！卫鞅空负大才，世无明君也！"魏熊强忍住笑意，拱手赳赳离开了。

在盛夏的农忙时节，魏熊顶着炎炎烈日，从秦国回到了大梁。一切都如卫鞅所料，秦国答应了出兵河西的请求，只是魏熊带来了一个让公子缓心情有些沉重的消息：秦国国君即位后，重用了几个东方士人，整肃国政，秦国国力比之前已经不可同日而语，或许日后将成为魏国的劲敌。若只是这些，公子缓或许还并不担心，毕竟国力再强，要想对魏国造成威胁，还是要靠战场真刀实枪地较量，但魏熊经过探查，发现秦国目下几个王族公子都颇有才能，军政两通，尤其是秦公的大公子嬴虔和二公子嬴渠梁，更是出类拔萃，魏熊更是对嬴渠梁极为推崇，甚至言之"一旦此子登临君位，必可与越之勾践、楚之怀王相提并论也！魏国但与此子为敌，魏秦相邻，不能安卧也！"作为王族公子的魏缓，甚是清楚秦魏两国之间的血海深仇，魏国以吴起为将，夺取秦国河西，把秦国这个曾经为"春秋五霸"之一的西方大国打成了一个穷国、弱国，秦国一旦强大，岂能不复仇？魏国便如芒刺在背也！如此情势，魏缓焉能坦然处之？

尽管有此长远忧虑，魏缓过人的定力还是生生将其放在一边，毕竟目下之要还是在于如何成功夺得储君之位。魏缓知道，父侯魏击乃是从残酷的权力角斗场中生生夺出一条血路，才获得储君之位，最后即位魏侯的，父侯在位之时，自己要想政变夺权，无疑是痴人说梦，必定败在魏国强大的铁军手下，只能在父侯病势沉重无法理事，甚至父侯崩逝之后，自己才有机会战胜那个无甚才能的王兄魏罃。魏缓认为，魏国要强大，必须要靠国君的强势，而王兄魏罃处事游移不定，耳根极软，焉能统治天下第一流强国——魏国？况且他身边又有那个酒囊饭袋公子卬煽风点火，屡屡图谋对魏缓下手，一旦让其即位，魏缓还有命在？所以，不管是为了魏国的强盛还是自己一人的性命安危，魏缓都只能背水一战！下定如此决心，魏缓顿时心无顾忌了。

魏熊回归大梁数日有余，一个意外的消息便通过魏缓在安邑精心布置的间人传了出来：魏侯得了怪病，尽管照常进食，身体却日渐消瘦，已经卧榻不能理事了！魏缓顿时感到，这是一个极好的时机，只要趁父侯病重，将太子罃一党连根铲除，大事必成！

就在魏缓苦苦思谋如何行事之时，一个意外的消息带来了绝好的机遇：大梁城外大河决口，决口之水漫灌数十里良田沃野，甚至形成一条全新河流！魏缓敏感的直觉立刻告诉他：这是一个千载难逢的机会，可将大梁情形如实上报，父侯又无法理事，太子罃极有可能亲自来此处置水患，如此一来，岂不是天赐良机？魏缓将此情形与魏熊一说，魏熊也是极为赞同，但是魏缓询问是否要与卫鞅商议时，魏熊却笑着道："魏熊知鞅兄秉性，凡事皆信奉煌煌阳谋，历来不屑此等政变权争，前番肯为王兄出谋划策，已经是看在与魏熊之情谊，今日之事，不要告知鞅兄，以免鞅兄心怀芥蒂。"

虽然觉得事情重大，但是感觉魏熊所言非虚，魏缓犹豫了一会儿，还是点头同意了。

就在两人期盼着太子罃到达大梁之时，又一则消息却让二人顿时泄气：魏国丞相公叔痤亲来大梁处理水患，留太子罃领政守国。二人心中无奈，却也只能敷衍了事，草草将水患处理完毕了，将新生河流定名为鸿沟——一旦让久经宦海的公叔痤到达大梁，难免兵变之事不被察觉。反倒是卫鞅毫不知情，竟然兴致勃勃跑去决口地域，勘探研究水势去了。二人无计可施，只能暂时等待下一次良机了。

殊不知，这次鸿沟决水，为日后秦国灭魏，埋下了一个幽深的伏笔，二人处置过于草率，使得鸿沟成为一条水淹大梁最为便利的河道，后来秦国王贲灭魏，就是从鸿沟决水，从而使大梁这个天下第一坚城化为废墟，此乃后话。

炎炎夏日，大河两岸的腾腾热浪却因为有苍苍林木以及河水的抑制而减弱了不少，直如春日般清凉。只是新河鸿沟因为处置甚急而弯弯扭扭，两岸依然有河水时时渗出，弄得道路泥泞无比。原本想到城外一赏新修鸿沟之景的庶民商贾、达官显贵，看到如此情景纷纷离去，几个心有不甘者走上岸堤，立刻摔倒在满地淤泥中，引来一阵大呼小叫。

卫鞅一身白衣，在一棵大树下遥望鸿沟残破景象，不禁一时默然。忽然听到身边一声苍老的叹息："唉，此等治水，与蓄养水患何异也！"卫鞅猛然一转头，正看到一个苍老干瘦的红衣老人叹息着，老人虽然满头白发，却是眼冒精光，透出一股威严之气和凌厉杀气，极像一位幕府老将，若非身体实在太为瘦削，卫鞅几乎便想起自己在赵国结识的老将军赵甲了，此人必是魏国军中之将！心念及此，卫鞅淡淡笑道："前辈既有此说，想必是有治水之法了？"

老人正色道："老夫虽无治水之法，却知战场之情，大梁乃我大魏坚城，城中粮草无数，军士精锐，加之城墙高大，没有十万大军数年之久，断然无法攻破，可如今鸿沟已成，便为大梁城防之唯一破绽！"老人慷慨激昂，稍稍喘息一阵，道："但如原先魏韩赵三国灭晋一般，决鸿沟之水以灌大梁，则城必破！此其一也。"

卫鞅听其一说，更加肯定此人必是军中之将，否则不会出此兵事之见解。心中更加好奇，拱手请教道："敢问前辈其二为何？"

"其二，有此水患，必为大梁民众之害。"老人一句话将水患带到了政事之上，卫鞅不禁有些愕然，若是言及政事，此人为一国之将的可能就将大大减小了，但还是凝神细听。老人侃侃而谈："民众之害者，此水岸堤不稳，堪堪修复便四处渗水，但逢大雨必定决口，其时漫灌数十里良田沃野，庶民一年无收，生计定倍显艰难！"说到此处，老人一声叹息："鸿沟但得治理，绝为大梁富庶之不世良机，惜呼无人可治鸿沟也！"大袖一挥，显然是不屑再谈了。

卫鞅淡淡一笑："前辈意思是说，改换鸿沟水道，一则避其水患，二则可使其成为天下商旅来往大梁之商道？"

老人惊讶地打量了卫鞅一眼，此子尚未加冠竟有如此见识，当真天下难寻，不禁也来了兴致，笑问道："说得有理，然则如何改换水道？老夫可无定见也。"卫鞅见老人有意考校自己，一字一顿说出八个大字："河道改直，疏通淤积。"仅此一句便使老人大为惊讶，又从改制后如何限制取水，如何使鸿沟不会成为敌军攻击大梁的破绽，如何为来往商旅设立法度等等难题向卫鞅提出诘难，没想到卫鞅竟然一一对答如流，且回答几乎无懈可击。

老人惊叹道："世间竟有如此少年英才？敢问足下师从何人？"

卫鞅拱手正色道:"前辈见谅,老师曾经有言:不可以师名混世,在下恕不奉告。"

老人被卫鞅拒绝,竟然不显难堪,反而是赞叹道:"能有此言,足下老师堪为大贤也!不知足下所持何学?"

卫鞅淡淡道:"卫鞅乃法家士子。"

老人疑惑了:"足下既为法家士子,为何对兵事、农商以及治水甚为精通?"

卫鞅哈哈大笑:"前辈懵懂也!法为何物?规矩也。规矩何来?人从世事之处置方法中总结而来,故法家士子岂能只读几本法家著作便可行法立法?唯其博览各家之学,总结世事之理,方可成为法家圣贤也!"

老人真的被震撼到了,如此年轻的一个少年,竟然将法家之学提升到了一个全新的高度——博览各家之学,总结世事之理!老人几乎毫无疑问地肯定,眼前的少年日后必定成为一代法家圣贤,与管仲、李悝并称!开创一个全新的法治战国!心念及此,老人稍稍稳定心神,道:"足下刚才所言,老夫深为敬佩,不知可愿入魏国庙堂,领一国之政?"

卫鞅愣怔一会儿,突兀大笑道:"前辈推崇过甚也!卫鞅年未加冠,安能入得大国庙堂?就算前辈信得卫鞅,魏侯信得么?"说罢,不待老人说话,犹自上马离开。

老人看着卫鞅远去,沉重地叹息了一声。

二、卫英定计破武卒

阴沉沉的黑云笼罩着天际,雷声滚滚,偏偏没有一滴雨落下。

安邑。

魏武侯在太子罃的搀扶之下，缓缓走上了安邑城头，宽大的侯服挂在瘦弱枯槁的身体上晃晃荡荡，谁能想到原本健壮尚武的魏侯，竟然在不到一月之中消瘦成如此模样！

城头上的士卒早已被遣散到城下，此时城头上只有魏武侯和公子罃二人，魏罃低头默默不语，偶尔用担忧的目光瞅瞅自己的父侯。魏侯看着安邑城内雄伟的王城，毫无血色的脸上渐渐流露出一丝不甘，当初，他从父侯魏文侯的手中，接过了这个富庶强盛的魏国，先是亲征诸侯，后又任用吴起为将，大战百场有余，终于将强盛的国力转化为广袤的国土，一举确立了魏国的霸主地位，可是后来，他渐渐骄纵了自己，吴起逃国后，尽管魏国依旧大战连绵，但国土却未见大增，实乃自己不察忠奸之过，不然，魏国早已一统华夏！

心念及此，魏武侯的眼神黯淡下来，看着身边的太子罃，魏国，以后就要交给自己这个儿子了。知子莫若父，魏击很清楚，自己这个儿子在治国理政上，最多只是个中才，且耳根极软，此等君主可以恪守祖制却不能开创霸业，魏国今后如何实在是前途难料，可是他是长子，自己又不能随便废掉其太子地位，那无异于挑起国内氏族纷争，只能听天由命了。可是不管怎样，决不能让他重蹈自己不察忠奸之旧辙，魏击艰难地开了口："罃……"

魏罃有些心不在焉，似乎没有听到。魏侯只得用尽全身力气重复道："罃！"一声喊罢，猛然一阵咳嗽，鲜血溢出嘴角。

太子罃反应过来，见父侯吐血，急切道："父侯！父侯病势沉重，不要再说话了！儿臣送父侯去找太医！"魏武侯勉强笑了笑，看来自己这个儿子虽说才具平庸，可德行操守还算无可置疑，突然感到胸中一阵憋闷，知道自己没有多少时光，咽下一口鲜血，缓缓张开口："父侯……有一句话，要……留给你……"堪堪一句，口中又吐出一口乌黑的血，颓然倒地。

"父侯！"魏罃一声惊呼，手足无措。只见魏侯嘴角紧闭，显然是要说话却力不从心，魏罃便把耳朵贴在父侯嘴边，魏侯艰难地再次张开口，双目圆睁，却没能发出一丝声音……

魏熊和公子缓是真的发愁了。魏武侯在安邑城头逝去的消息，经过安邑间人的刺探，已经告知了二人，公子缓还颇为忧伤了一段时间，毕竟是自己的父侯，如何能不黯然神伤？但更让两人上心的，还是如何统帅赵韩联军。赵国已经确定以老将赵甲为将，率领赵国七万步骑混编军；而韩国则是十万步卒，只是可惜没有合适的统兵之将，仅仅派了一个原本便不赞同出兵的上大夫段修做监军。一个兵精，一个兵多，都想得利市而不损大军，协调起来真是千难万难，思来想去，魏熊只得勉强做了领军主帅，可是毕竟不精此道，心中难免无甚把握，有心让卫鞅出谋划策，可是自己这位师兄去了鸿沟之后便没了踪影，出兵时间又极其紧迫，不能耽搁，魏熊只得勉力协调，总算是隐蔽地使赵韩联军陈兵在河东的一处隐秘山谷。好在魏武侯新丧，安邑整日忙活着张罗大丧，竟连斥候都没有派遣，饶是如此，每日处置两军的种种摩擦争斗也使魏熊耗尽心力，整个人瘦了一大圈，如何思谋大计？

这一日，帐中军务司马却给魏熊带来了一个意外惊喜——卫鞅来了！魏熊高兴得一蹦三尺高，赶忙跑出大帐，看到卫鞅带着一个英武黝黑的年轻将军，心下也未多作考虑，遥遥拱手道："鞅兄啊！你可总算是来了！魏熊今日统兵，方知为将之难也！"

卫鞅哈哈大笑，并未接话，只是指着英武的少年将军道："师弟还记得此人乎？"魏熊凝神一看，顿时喜出望外——卫英！愣怔一会儿后，顿时苦笑起来："鞅兄啊！前几日魏熊还在为军中无将而忧心忡忡，今日军中骤然得二良将，人之境遇，孰能料之？"显然是感慨颇深。

卫鞅揶揄道："师弟素来倔强，今日服软头一次也！"说罢，正色道："可否入帐一叙？"

魏熊猛地拍了一下脑袋："哎呀，如何连正事也忘了？"拱手道："二位请进。"

楚国上庸山地的一片山谷，十几个身着黑白双色布衣的士子在忙碌着开垦土地，搭建茅屋。

尸佼站在山上一峰巨石上，对着身边一位而立之年的厚重士子笑道："相里子，你家老师在神农大山待得好好的，为何非要在这上庸荒山之中设立一座墨家分院？"

厚重士子脸上平淡得没有一丝表情，道："前辈，我师也有我师的苦衷也！墨家奔走列国诛杀暴政，已然成为实行暴政各国之公敌，老师睿智，焉能不为墨家弟子着想啊！"

二人走进魏熊的军帐，顿时吃了一惊，但见每一寸地面上，都堆满了竹简，直如小山一般，显然是各类未及处置的军务。

卫英皱了皱眉："如此为将，不妥也。"卫鞅虽然也是颇为吃惊，却并未说话，此时听到卫英如此说，考校似的笑问道："卫英向来不作无理之语，为何如此说？"

卫英郑重道："凡为将者，必立威信。谋划于一人心中，决胜于千里之外，若能如此，三军敬之；胜，则不惜赏，罪，则必重刑，若能如此，三军畏之；然则最重要者，是决然不能与寻常军务司马一般，整日处置军中杂务，否则士卒必轻之也。"说罢，将地上的竹简推到一边。

卫鞅笑着诘难道："若是不理军中事务，如何了解军中士卒之心？小子霸气过甚也！"

卫英摇摇头："卫英所言者，非不理军中事务也。而是要靠为将者之敏锐目光，只决事务之大致方向，其余之事，皆可交予司马夫长，否则整日埋没于杂务之中，大将又与小吏何异？如何立得威信？士卒如何能令行禁止？"

魏熊原本便不甚通兵事，此时在一旁愣怔半晌无话，突兀冒出一句："魏熊魏熊，何时真为了笨熊也！"一语落毕，三人同时哈哈大笑着软倒在地上……

良久，魏熊想起大事，顿时忧心忡忡，道："虽有韩赵大军十七万，然则安邑乃天下第一坚城，但有三万武卒守护，没有数月之功又如何攻下也！魏熊不通兵事，还望两位兄长指教一番了。"说罢，起身对着二人肃然一鞠。

卫鞅摆了摆手道："出兵之事，卫鞅不再过问，师弟若是有为难之处，问卫英便是了。"说罢，对着魏熊挤挤眼。

魏熊心领神会，知道卫鞅是要有意考校一下卫英，便对着卫英肃然拱手道："英兄可有良谋？"见卫英点了点头，忙拉着他来到地图边。

卫英指着安邑城道："河东之内，原有魏国五万武卒外加一些平常步军驻守，一旦秦国发兵攻打河西，必定攻势猛烈，使得河东守军抽调出一部分前去援助，卫英初步估算，届时留下的精锐武卒应该在三万上下，驻扎地，应该是安邑城西的这片地域。"说罢，拿起长剑指着地图上的一片平坦地带。"此地四面开阔，绝无突袭可能，武卒又极其善战，一旦强行冲杀必定损失惨重，还会让安邑守军有了防备。而安邑守军该有一万上下，常年不经征战，士气低落甲胄残破，战力更是低之又低。然则我军若是强攻城墙高大的安邑，城内太子魏豁必会期望援军来到而拼死抵抗，届时便有可能横生变数。"一番话将战场大势刀砍斧剁一般分析得清清楚楚，引得一旁的魏熊连连点头。

卫鞅仍然不紧不慢，笑问道："时也势也，计将安出？"

卫英一拳打在地图上，断然道："此中方略，只在八个大字：围城打援，乱敌战心！"

卫鞅立刻知晓了卫英的想法，顿时哈哈大笑："好一个'围城打援，乱敌战心'！我卫氏一门又多一英才也！"对于卫英的方略完全认同了。

魏熊却不明此中道理，拉过卫英道："究竟如何打法？魏熊可是门外汉一个。"

卫英拉过魏熊，在其耳边嘀嘀咕咕一阵，魏熊听罢，顿时一蹦三尺高："哎呀，好计策！鸟，吓破魏豁小子的胆！"卫鞅笑得上气不接下气，揶揄道："师弟一入军旅，如何性情大变，竟成一市井之徒耳，连此等粗俗之语一并学会了！"

魏熊佯作正色，摇头晃脑道："非也，军旅本色，有何粗俗之理？鞅兄可是迂腐也！"说罢，三人又是一阵大笑，直是无比的轻松快意。

帐外夕阳的余晖照耀着山谷，茂密的树林衬托得一片片军营格外明亮。

清晨的安邑外城，高大雄伟的城门之下行人商旅来往不绝，处处一片嘈杂之声，几乎没有人注意到隐没在遥远山林边缘的韩军。

守城将军正在巡视城防，自从武侯病逝，太子䓖一党便开始筹划盛大的葬礼，完全不把国务放在心上，殊不知，英主新丧时，国家最是不稳，必有外敌侵犯，唯其如此，守城将军只得一个人撑持起了安邑的防务。甚至秘密抽调了三百个大魏武卒中最为精锐的士兵，要在必要时发挥作用。

守城将军检查完了防务，弥补了发现的纰漏后，方才长舒一口气，两手挂在城垛上，遥望着东方的天际。忽然发现远处的山林竟然在逐渐向安邑靠近！他连忙凝神细看，一面高高飘扬的军旗突兀竖起，上面赫然写着一个大大的"韩"字，守城将军终于反应过来，嘶喊道："敌袭！！！"见士卒皆显出慌乱之色，守城将军又大喝道："斥候出城，向城外武卒求援！"又唤过一个士卒镇定道："快向太子，不，新任魏王禀报！"他知道，眼下正需要新的魏王来稳固大局，这个新魏王究竟是个什么货色，只能试了。

毕竟将乃三军之魂，守城将军的冷静，使得守军士气大振，再加上城外尚有援军，一时间人人喜笑颜开了。

那韩国大军也忒是奇怪，推着一座座木头做的临时攻城器械，竟然足足走了一个时辰才到城下，又是安营扎寨又是埋锅做饭又是叫喊不断，可偏偏迟迟不攻城，真是让人摸不到头脑。守城将军只得冷笑道："韩军鼠辈，见我大魏城高甲坚，怕是无从下手也。"内心却是无底，韩军深入魏境，补给困难，魏国以逸待劳，后有援军，两军相较，韩军必求速战速决，可是却迟迟不下手，难道真是统帅平庸？决然不会，定是还有其他诡计。不管怎样，在大魏的精锐重甲步兵魏武卒面前，一切阴谋阳谋都将统统化为乌有！

堪堪到正午，城内的太子一党还是没有丝毫的表示，只是象征性地派士卒传话：将军守城即可，余事无须挂怀。将军一接到这个口信，几乎一脚将传话军士踢翻在地，终是气喘吁吁地守城去了。不多时，只见城池正西方向迎面飞来一骑，浑身鲜血，竟然是派出去求援的斥候！守门士卒立刻将这个浑身鲜血的人领到了守城将军面前。

血人扑通一声跪在地上，连连叩头道："将军，武卒部队接到求援消息后，立刻向安邑城进发，在路经一片山林时……遭遇赵军袭击！士卒疲惊交加，与赵军铁骑激战数个时辰……全军覆没了！"

"当"的一声，守城将军手中的长剑落到地上，良久，终于知道了为何韩军大张声势却不主动进攻——就是为了逼迫武卒回援安邑，赵军从而利用安邑与武卒驻扎地之间的山林来伏击！更为可怕的是，援军无望，安邑只有一万老弱步卒，士气必然崩溃，其时何须韩军进攻？必然不战自溃也。最为重要的，即使守城将军知晓此等战法，也必须急令武卒回援，因为安邑是决然不能失守的一国之都！如此煌煌阳谋，联军统帅究竟是谁？竟然想出如此战法？

终于，两行清泪顺着面颊缓缓滑下，将军一声怒号："君侯呀！臣等无能！竟然在君侯离世不到一月之间，令魏国宗庙落入他国之手，夫复何言？"说罢猛然捡起长剑，就要刺入腹中！两旁军士连忙死命抱住，可还是看着那三尺长剑一点点向肚腹靠近……

三、内忧外患，韩赵两难

恰在此时，城下突然传来一阵呼喝："在下乃是王族公子魏熊，欲与守将一晤。"

　　王族公子？守城将军一愣，腰间长剑已被士卒夺去。此时却顾不得了。连忙趴在女墙上向城外望去，之间城内弓弩的射程之外，魏熊在马上遥遥一拱手道："将军别来无恙乎？"

　　将军勃然变色："魏熊，足下乃王族公子，为何勾结他国，攻我大魏城池？不觉有辱先人乎！"

　　魏熊微微一笑，并未生气，反而是和颜悦色道："将军差矣，非是魏熊要与大魏为敌，而是太子辔胸无大志，无治国强军之才，仅凭阴谋诡计夺得储君之位，身边更有酒囊饭袋公子卯挑唆，要在继位之后杀我兄长魏缓，魏熊迫不得已才请赵韩出兵襄助，为大魏除去昏君佞臣！"

　　魏熊一番话掷地有声，说得守城将军脸上一阵发烧，其实，原本若是只有这一个太子辔当魏侯，还不至于使魏国陷入多大灾祸，最多只是一段平庸的守成时期罢了，然而魏辔身边有一个公子卯，这就坏了大事，魏辔平庸无常耳根极软，却偏偏对自己这个同父异母的庶出弟弟极为倚重，不管是国务军政还是宗族事务，统统听这个弟弟的话，公子卯本人更是骄纵无能，如此一来，魏国能不大乱？

　　见守城将军有所动摇，魏熊一鼓作气道："将军何苦为一介昏君佞臣空耗时光？为了大魏能够继续称雄列国，何不开城放我大军入内？"

　　"魏侯到！"内侍一阵尖锐的宣告，打断了两人的谈话。只见原本的太子辔，如今的新魏侯身着华丽的侯服，眼神不怒自威，一步一步走上城墙。守城将军一时间大为惊愕，竟然忘记了行礼，待到反应过来就要行礼时，魏侯稳重地伸手搀扶道："大战之时，将军无须多礼。"

　　"将士们！"魏辔一声高喝，"如今魏国王室子弟中，竟然有人勾结他国与魏国为敌，还要妄图篡改魏国社稷，此等叛臣贼子之行，魏国定然不饶！"说罢，眼睛瞟了一眼城下，见魏熊脸上毫无表情，又继续道："魏銮心中已定！与安邑共存亡！诸位将士但肯为大魏奋战，战后一律赏百金，晋爵三级！"守城的兵丁一听，顿时精神一振，纷纷拿起了手中的兵器。魏銮见还有少数士兵面露犹疑，再次高声道："不仅如此，本侯还要在城墙上亲自督战，凡是为大魏战死者，战后再赏三百金，其子晋爵五级！"

守城士兵顿时惊愕了，魏侯竟然要亲自督战！顿时一阵大吼："魏侯万岁！魏国万岁！誓与安邑共存亡！"所有人都拿起了手中的兵器。

守城将军扑通一声跪倒在地："魏侯大明！末将定然死守安邑！"说罢，仰天长呼道："先侯在天有灵！定然护佑大魏！"而后猛然起身大吼道："准备守城！"

魏熊在下面听得真切，知道情势已经无法挽回，只得长叹一声回到营地……

联军幕府。

"怪也！"魏熊愤然高声道，"那个魏銮原本软弱无定，为何此次突然圣明了一回？"他在帐中来回踱步。

卫鞅也有些摸不到头脑，但还是颇为冷静道："现在不是追究此事的时候，当务之急是赶在魏国其余各地援军到来之前攻下安邑。"

魏熊幡然醒悟，连忙拍案道："即刻猛攻安邑！"布置完军令后又终是释然笑了："不管怎样，十万大军总是攻得下安邑的了。"

上庸山地的宁静夜晚，阴沉沉的乌云笼罩了天空，看不到一颗星星，只能看到月亮在迷雾中艰难地发出一丝亮光。

身材瘦削的老人已经在院中站了很久，像一尊石雕般纹丝不动，仿佛亘古便伫立在那里。

"前辈……"不知何时，一个高大的黑白柱子站在了老人身后。

"相里子啊！老夫今日总是心神不定。你说，魏熊这次能成功么？"

"晚辈不通军事，如何能妄言？尝听家师言，前辈精于天象之术，为何不观天预言一番？"

"唉……"瘦削的石雕一声叹息，"老夫惜呼有心无力也……今夜阴云盖住了漫天星辰，如何观得天象？"说罢，心中猛然一闷，顿时咳嗽起来。

"前辈不要在院中忧心了，夜晚湿气重，还是回屋歇息，听前辈说话都有些嘶哑了。"相里勤依旧是那么谦恭，"久闻扁鹊大师正在楚国行医，晚辈去请大师为前辈诊病。"

大梁城公子缓官邸。

"让开！老夫乃是大魏丞相公叔痤！若是耽误了大事，你等性命不保！"一个须发皆白的老人迎着守门士卒伸出的戟矛撞去，看着老人身后的一排排士卒，守门士兵吓得连忙闪开。

在毕恭毕敬的家老的引领下，公叔痤走进公子缓府邸的书房中，在示意家老离开以后，公叔痤从一卷卷竹简中翻动着，终于找到一个精美的竹简。打开一看，上面赫然写着韩侯回给公子缓的书信：

公子见信：

　　本侯决意力排重臣之议，出兵十万攻打安邑，然则氏族大臣似有不满，望速战速决，以免生变。

韩侯韩屯蒙

公叔痤看完这封短短的信，顿时哈哈大笑……

此时的安邑城头，才是真正的人间地狱。鲜血染红了一片片女墙，死尸堆起足有半人之高！还能够大口呼吸这血腥空气的士卒寥寥无几，而且个个眼中的神采全部消散不见，几乎如行尸走肉一般。残破的刀剑扔得满地都是，城下堆满了各种滚木雷石，空中不停地有敌军的箭枝飞来飞去，人人都随时可能被射中。

守城将军瞪着通红的双眼，看着韩军再次架起云梯向城上爬来，想上前奋力拼杀却连迈出一步的力气也没了，只得眼睁睁看着安邑城头被韩军攻占……

"击退敌军！"一声中气十足的呐喊，一个守城将军从未见过的年轻将军带着一对对衣着怪异的杂乱士卒冲了上去，将云梯纷纷掀翻，冲上城头的韩军士卒被消灭殆尽后，他迈着稳重的步伐，来到守城将军身边，拱手道："末将救援来迟，还望将军恕罪。"

救援？守城将军有些诧异，城内守军已经全部用于防守且损失殆尽，要不是自己带领秘密募集来的死士和三百武卒带头守城鼓舞士气，现在守军早已溃散，安邑早已失守。城内怎会再有援军？莫非是河西魏军战胜秦军后回援了？守城将军大为惊喜："将军可是从河西回援？"

年轻的将军摇了摇头，低声黯然道："赵军早已封锁了河西援军与安邑的联系，现在魏秦战况未知。"见守城将军不解，只得再次低声道："这些士卒乃是君侯从各个官邸中抽调来的全部护卫侍从，还有——"四处张望了一番，见左右没有军士在听，年轻的将军用更小的声音道："君侯身边的内侍。"

守城将军几乎是愣怔了，原本来说，在都城被围困之时，大臣交出护卫侍从是很正常的一件事，毕竟一旦城破，大臣也绝不可能独善其身；可是当今魏侯竟然连自己身边的内侍也都用以御敌，则是前无古人。守城将军很清楚，一个君王的威严，便在于三个字——权、财、人，君王拥有至高无上的权力，难以计数的财富和众多的侍从，这就是君王与庶民的差别。

可如今，魏侯居然将身边的侍从全部派出，这意味着当有任何需求时，王者将没有人能够帮助，只能亲自动手，如此君王，与庶民何异？心念及此，守城将军不禁老泪纵横了，转身大吼一声："三军将士听令！"回答这句吼声的，只有士卒们半死不活的一丝眼神，但守城将军也不知从何处得到了巨大的力量，继续大吼道："魏侯派河西援军协助安邑城防，大部援军即将赶到！"

只见三军将士原本毫无生气的眼神，顿时露出一丝神采，竟然互相搀扶着站了起来。年轻将军脸上毫无沉重的表情，高声大呼道："赵韩两国撕毁三晋盟好之约，有违天道，我军必胜——"

"必胜！魏侯万岁！魏国万岁！"将士们骤然爆发出一阵激烈的吼声。

赵韩联军这边，却出现了问题。

先是兵力分配。

原本的计划，是赵军多为骑兵，彪悍难当，用于伏击武卒，韩军多为步军，善用攻城利器，职司攻下安邑。对于这个战法，显然是与武卒作战的赵军损失更大，但是因为赵军统帅是卫鞅颇为熟稔的老将军赵甲，自然可以稍稍让步，而且确实只能由赵军单独对阵魏国的精锐武卒，原因有二，其一便是如果两军混合作战，由于赵韩军制的不同，两军必然没有默契，徒然窝了战力；其二，如果以韩军对阵武卒，赵军就必须放弃明显的骑兵优势来操持攻城器械，实乃以己之短攻敌之长，韩军也是如此。

当时韩国监军段修大为满意，欣然同意了这个战法。

可是如今没有想到魏罃的抵抗竟然如此强烈，韩军接连猛攻损失近万也没有攻下安邑，段修见安邑城防如此坚固，便开始要求换赵军攻城，可是赵军早已被派往河西与河东的交界之地预备防守河西援军了，怎能攻城？魏熊以此理由向段修说明后，对兵事一无所知的段修竟然要求韩赵两军互换位置，殊不知如此一来，安邑便会获得喘息之机，魏熊如何能同意？可是段修竟然以韩军退兵为要挟，魏熊只得不断拖延时间，希望能攻下安邑。

这日段修气呼呼闯进主帅营帐，看到魏熊无力地伏在案前，不知在思考什么。

见段修进帐，魏熊缓缓抬起头，通红的双眼直盯着段修，没有说话。看得段修不禁一阵后退，随后稳住心神，清了清嗓子，以傲慢矜持的语气缓缓开口了："将军啊！不知赵军何时来换位韩军？拖延日久，韩军可是损失不起也。"

魏熊勉强一笑："监军何须着急，赵军主将赵老将军已经在来此的路上了，相信马上……"还未说完，便有军士入帐禀报："赵甲将军已在帐外！"

魏熊缓缓起身，淡淡道："请老将军入帐。"

韩国新郑丞相府。

公厘子已经一动不动地在书房中端坐了一个时辰，脸色阴鸷得就像一头老狐。

家老悄悄走进书房，低声道："丞相，段大夫托人送来密信。"

身着绿衣的"石雕"看着家老将一只铜管小心地挑开封泥，恭敬地放在案上后，终于发出一声低沉的命令："下去，任何人不得打扰。"家老深深一鞠，向后退出房门，终于匆匆去了。

公厘子从铜管中抽出一卷羊皮纸，仔细阅览了半个时辰，脸色渐渐阴沉起来，这时家老突然又打开门："丞相……"

公厘子突然发出一声暴喝："不是说任何人不得打扰了吗！"

家老浑身一阵颤抖，终于还是没有软倒："魏使求见。"

公厘子猛然抬起头，愣怔了一会儿才缓缓道："正厅宴客。"家老仓皇离去，险些摔倒在地。

魏国使者竟然要求见自己？公厘子有些不知所措，据段修所报，安邑已经被韩军所包围，根本无法派出特使，唯一可能派出使者的，便是魏国在大河南岸的领土。而大河南岸的大梁一带，则是公子缓经营了数年的势力范围，为何要向韩国派遣特使？一时之间公厘子摸不着头脑。

走进正厅，公厘子看到一个须发灰白的威严老人坐在客座首位上，见自己来了，缓缓起身拱手道："韩相可真是公务繁忙，本使自大梁而来，可是等了许久。"

公厘子皱了皱眉，此人言语未免忒是狂妄，就是在魏国全盛之时，魏使到韩，也必须按照尊贵盟友的礼仪对待韩国，何况现在魏国四面开战，兵力吃紧之时？公厘子厌恶地微微一拱手道："魏使来此求见老夫，有何要事啊？"同时微微挥动一只手，示意老人坐下。

老人颇为利落地坐下，淡淡笑道："本使此来，非为魏国，乃是为了韩相而来也。"

公厘子哈哈一笑："贵使为老夫而来？不知有何见教？"

老人微微拱手："据本使所知，韩相封地正好与魏国边界相邻？"

公厘子心头一凛，莫非这个大梁来的魏使竟然要以封地要挟自己不得阻拦韩国继续攻打安邑？不禁哑然失笑，韩侯此次出兵甚为坚决，他公厘子岂有阻拦的本事？公子缓也忒小心了。心念及此，公厘子无奈地笑道："贵使此言，莫非要挟老夫？若贵使是为出兵安邑一事而来，回去告诉魏缓，老夫虽欲阻拦出兵，然则却有心无力也，叫他放过老夫吧！"

老人淡淡道："韩相多虑了，公子魏缓已经永远要挟不了韩相了，须知，公子魏缓已于三日前身亡。"

此话一出，公厘子脑中顿时响起一声惊雷，几乎拍案而起大喝道："足下说什么！"

老人脸上依旧毫无表情，几乎是没有任何感情起伏地重复道："公子魏缓已于三日前身亡。"见公厘子没有反应，老人解释道："公子魏缓违背先侯遗命，起兵妄图篡夺国君之位，已被大梁一带的魏国士兵击杀。"

公厘子喘息一阵，才艰难开口道："那……魏使此来是要……"

老人不待公厘子说完，突兀打断道："魏国十万精兵已经陈兵魏韩边境，韩国只要不撤出围攻安邑的韩军，魏军立刻围攻新郑！日后魏国必然要报复韩国，其时，韩相封地岌岌可危也！"老人说完，好像又想起了什么，道："还有，齐国已经拥立燕国新君即位，准备趁三晋内乱之机偷袭韩赵两国，渔翁得利。"

公厘子几乎无法反应过来，又是一阵粗重的喘息之后才缓缓开口："本相明白了，魏使稍待，本相立刻入宫面见君侯。"匆匆走到正厅门口，又突兀转身道："敢问魏使高名上姓？本相好对韩侯叙说。"

老人神秘地一笑，但仍旧难掩威严的神色："老夫，魏国丞相公叔痤。"

四、战地风雪，名士茫茫

赵甲身着一身轻便的骑兵甲胄大踏步入帐，行走之间极是利落。骑兵不穿重甲其实是赵国的老传统了，常年孤立于华夏的北部与匈奴林胡等蛮夷浴血拼杀，赵国形成了迥然不同于中原的军士甲胄，不讲究沉重威猛，而是较为轻快灵活，唯有如此，才能和飓风一样的匈奴骑兵相抗衡。其实不光是衣着，赵国在许多方面都吸收了草原诸部的习惯，例如马奶子、弯型战刀等，与其极为类似，这也是日后赵武灵王能够实行胡服骑射的重要条件，此乃后话。

魏熊只是勉强挥了挥手，招呼老将军与监军段修一同坐下，自己也缓缓入座。

段修刚一落座，立刻嚷嚷开了："老将军可曾带赵军前来换位？"

老将军赵甲一皱眉头，黝黑的脸上全是汗水，此时也没顾上，哈哈笑道："韩国监军果真要赵韩换位？韩军在区区一个守军不足两万的安邑前认怂了？"言语间讥讽之意呼之欲出。

段修浑然不觉，继续用尖细得犹如内侍一般的嗓音大叫道："韩军已经损失近万了！如此打仗，韩国损失太大，赵国岂不是得了大利市！

不中！"急切间韩国土语脱口而出。

老将军冷笑道："当初议定战法时，监军可是欣然同意韩军独力攻下安邑，赵军去啃武卒的硬骨头，如今攻城稍稍受挫，就要失信于赵国吗？"

"那也不中！"段修已经不管不顾了，"段式封地两万子弟兵还在军中，如今死伤五千有余，本监军……"还未说完便意识到不对，支吾了一会儿才重新正色道："叫本监军如何向君侯交代？"

"好一个无法向韩侯交代！"老将军起身冷笑道，"监军是怕自己族人死伤太大吧！"见段修默然无语，老将军顿时拍案暴喝道："难道我赵国士卒就可以随便死吗！"老将军脸色涨红，灰白的须发根根直立，如剑戟一般，吓得段修一阵哆嗦。

魏熊突然哈哈笑了，丝毫没有意外的感觉，起身离案绕着段修转了一圈，抬头道："监军，韩军初来时，本将军好像听说这十万韩军，都是韩国公室之兵，怎么会有监军封地的私兵在内呢？"一番话毫无恼怒之意，反而是前所未有的温和，段修却感觉比之前赵甲的一番怒吼更加寒气透骨，当韩侯决议出兵时，是他秘密将自己的私兵调入军营，而将两万公室士卒换回封地，本来他以为攻破安邑会十分容易，故而让自己的私兵冲杀在前，想趁机在城中劫掠一番，没想到竟然早就被魏熊知晓，还设下这么一个计策来对付自己。魏熊见段修脸色苍白，伴作恍然大悟道："监军难道是想趁城破之时，多从安邑城中得点好处？"说到这时魏熊突然脸色变得无比凌厉："段修！你封地中藏匿私兵两万不报国府，偷换出兵士卒密谋在安邑城破之时劫掠财宝，本帅要立报韩侯知晓！"

段修彻底慌乱了，急忙向魏熊求饶："将军！切勿告诉君侯啊！在下，在下必然对将军言听计从，绝不阻拦！"见魏熊轻轻点了点头，段修顿时长舒一口气，对着魏熊眨了眨眼，谄媚地低声道："将军放过在下，待到回军之时，段修必有珍宝相送。"说罢，对着魏熊眨了眨眼。

魏熊抑制住痛骂他一顿的冲动，厌恶地挥挥手道："走吧走吧。"

待到段修走出军帐，卫鞅和卫英突然从屏风后转出。魏熊轻松笑道："终于制服了这个蠢蛋，日后再无碍手碍脚之人从中作梗了。"

卫鞅依旧皱着眉头，仿佛什么都没有听见一般。魏熊以为卫鞅仍在为这次对段修使诈而耿耿于怀，拍了拍他的肩膀笑道："鞅兄不必拘泥，不收拾这蠢蛋，再好的良谋也无从施展也。"说罢对着卫英道："英兄可有异议？"

卫英依旧是一脸严肃："凡三军作战于外，必除作梗之人，否则后患无穷。"

魏熊点点头道："连卫英兄都如此说，鞅兄何必在意呢？"

卫鞅脸上仿佛有一层阴云，忧心忡忡道："卫鞅不担心段修，此人虽然身负监军之职，然则胆小如鼠难成气候，卫鞅真正担心的，是为何安邑的抵抗如此顽强。"说罢悠然一叹，其实他还有一层担心，就是至今仍行踪不明的公叔痤。

堪堪十月，一场罕见的暴雪淹没了华夏中部的茫茫平原，天地之间一片白雾茫茫，商旅已经因为道路被积雪阻塞而消失无迹，就连原本田野中劳作的农人，此时也了无踪迹。

对卫鞅等人来说，这场大雪可真的是祸从天降。原本这次出兵便只是勉强联合了赵韩两国，实际上两军早已暗生芥蒂，随时可能分道扬镳；其次韩国氏族大臣们一直在暗中阻挠对魏用兵，安邑又久攻不下，联军士气低落，再加上下了雪，连维持对安邑的包围都十分困难，如何能继续攻城？

魏熊在帐中急得团团转，不知如何是好；卫鞅与卫英二人则是眉头紧皱，脸色冷若冰霜；赵甲老将军在外率领赵军，此时不在帐中；段修则是要提议退兵，但又恐魏熊拿上次的事来要挟。一时间，帐中的大才、名士、宵小竟然一致出奇的安静。

魏熊见所有人都不说话，自己又毫无办法，只好沉重道："为今之计，寻常手段已经无法挽回局面，魏熊只得行险。"见三人一起抬头望向自己，魏熊说出了一个惊人的计策——刺杀公子䜣！

卫鞅第一个反对，而且理由很是实在："此事万万不可，且不说师弟此计能否成功——毕竟公子䜣身边不可能没有护卫。但说刺杀成功之后，我等未必就能攻下安邑。"

魏熊还是坚持："鞅兄此言有差，安邑之所以能够坚守如此之久，便是因为有魏䜣。魏䜣一旦死了，魏熊之族兄公子缓必然成为唯一的继承大魏社稷的合适人选！其时安邑岂会抵抗？"

卫鞅依旧忧心忡忡，反驳道："师弟想得太过简单，师弟曾经有言，公子䜣乃一庸常之主，遇事犹疑耳根极软，那么为何这次突然变得那么勇烈，竟然能鼓动区区一万老弱步卒与十万大军相抗？必然是有人在背后指点，此人一定极有见地，岂能坐视安邑投降？"

魏熊勉强笑了笑，苍白的脸上毫无血色："鞅兄多虑了，何等人物有此大才，竟然能够用区区一万士卒与我十万大军相抗，若说有，也只有那个老公叔，可是此人离开安邑之后至今不知下落，岂能为魏䜣出谋划策？必然是这小子狗急跳墙也！"

卫鞅断然否认，脸色无比坚决："师弟此言差矣！无论如何不能行险……"

"鞅兄。"魏熊疲惫地笑了笑，决然道："魏熊已经不能等了，自从围攻安邑那一刻起，魏熊便只能永远与魏罃为敌了！韩国一直在催促赶紧攻城，秦国与魏军的大战也快到头了，一旦河西守军真的回援了，局势恐怕更加难以预料。"说罢摘下沉重的主帅头盔，露出一头的白发："魏熊已经没有其他办法了……"

卫鞅看着魏熊，原本英姿勃发的师弟竟然被这一场无奈的战争逼得苍老如一个老翁！心中猛地一颤，终于叹了一口气道："既然师弟心意已决，卫鞅唯有一物相赠。"说罢，解下腰间套着牛皮剑匣的公布古剑，对着剑嘀咕一阵，剑身竟然微微嗡鸣起来，在场之人无不动容。卫鞅长吁一口气，双手捧剑递给魏熊："带着它吧，行刺公子罃，需要一把利器。"

魏熊没有丝毫犹豫，缓缓接过了长剑，对着卫鞅深深一鞠……

冰雪消融的仲冬之月，在茫茫的上庸山林，一片开阔的谷地。两匹快马从马匹能出入这片谷地的唯一道路处飞进了山谷。

身材高大瘦削的绿衣骑士艰难地将另一匹雪白的阴山胡马上的呆滞青年拉了下来，白衣青年利落地落在地上，眼神中却没有一丝生机，只是呆呆地跟着绿衣骑士向山谷中的一片茅屋走去，绿衣骑士口中大喊着："扁鹊大师在哪？"

一个鹤发童颜的老人从茅屋中迎出，丝毫不费力地将白衣青年背到茅屋之中，看着青年苍白无比的脸色和毫无光彩的眼睛，老人皱了皱眉，慢慢将青年扶到坐榻之上，对着绿衣骑士道："此病非身体之病，此乃心疾，老朽只能略微化解，要使此子完全恢复，还得靠他自己。"

白衣青年呆呆地望着前方，完全没有任何反应，此时在他心中只有一月之前那光怪陆离的一幕……

魏熊带着几名一流剑士趁着夜色，进入了安邑那破烂不堪的城门，就再也没有回来。

卫鞅本想与魏熊同去，结果被魏熊坚决拒绝了，魏熊道："此次行刺公子罃必然九死一生，魏熊乃魏国公室子弟，死不足惜！鞅兄乃是不世大才，岂可堕入游侠刺客一流，岂不埋没了鞅兄经天纬地的才华？"直到现在，卫鞅还记得魏熊临走前那个决绝的眼神。

这一等就是三日，再也没有魏熊的消息。卫鞅不得不绝望地相信，魏熊或许已经……他只能靠不断处理军务来麻痹自己，避免自己的心神为此而崩溃。

第四日，赵国特使来询问攻城情况，带来了一个更加令人心忧的情况——齐国已经处理完和燕国的纠葛，准备对赵韩两国下手，催促韩军赶紧攻城。老将军赵甲赶到军中，与特使密谈一番后，卫鞅只得命令两军统帅监军到军帐中商讨攻城事宜。

先是赵甲老将军的暴烈嗓音在帐中回响："事到如此地步，只能是韩赵两军共同猛攻安邑，早日夺取此城！鸟！老夫还就不信小小一个安邑能扛得住大军连番猛攻！"老将军本是一等一的猛将，此时一番大吼，更是使卫鞅精神大振。

赵国特使也随声附和道："老将军此言乃上上战法，为今之计只得如此。"

卫鞅见段修支支吾吾，似有难言之隐，只得问道："监军可有异议？"

段修原先被魏熊和卫鞅设计威胁，此刻有些畏惧似地小声道："段修本心赞同此战法，然则韩国背后有齐国后患，恐怕难以继续参加攻城了。"

赵甲脾气火爆，此刻一个巴掌拍得几案嗡嗡作响，起身大喝道："段修，你此言何意？莫非想要临阵退缩，不怕事后赵国问罪！"

卫鞅最是知晓这个老将军的秉性，此时温和道："老将军切勿着急，监军或是另有妙计。"白发苍苍的老将军才怒气稍歇，坐了回去。

段修刚才被赵甲吓得一个哆嗦倒在地上，小心翼翼爬起来道："段修之意，不如与公子蓥和谈，中分魏国，大河以南、韩国以东为公子缓之魏国，大河以北、韩国以西、河东河西之地为公子蓥之魏国。毕竟我军已无战心，且魏国并非无兵可派，只是大多在外征战无法脱身，一旦会军安邑，胜败犹未可知也。"

卫鞅沉吟良久，觉得这可能是最后的办法了，不到最后时刻绝对不能用，只得安抚段修，以免这个受了太多刺激的监军真的狗急跳墙："监军此计有些道理，然则或许我军只要再猛攻一日，安邑便会攻下，此时放弃，是否功亏一篑？不如先再攻几日。"

段修叹息一声，不再说话了。

五、侠公厘道出了刺杀实情

次日，一个从大梁来的公子缓手下死士带来了一个惊天动地的消息："公叔痤在大梁周边调遣了魏国在大河以南的全部守军，突袭了大梁，射杀公子缓！"那个死士满身是血，几乎是耗尽全身的力气说出这几句话，便没有了呼吸。

卫鞅瘫坐在地，脸色无比的苍白，没想到，公叔痤竟然击杀了公子缓，一时间所有的问题都得到解答：为什么公叔痤在前往大梁后就消失无踪，为什么齐国竟然不攻魏国反攻韩赵，为什么赵国特使竟然催促联军赶紧攻下安邑，恐怕赵国早就得到了消息，公子缓一死，魏国便只剩一个公子䓨，安邑若再陷落，魏国必然亡在赵国之手！韩国呢？韩国离大梁更近，肯定也早已知晓公子缓已死，段修的计策，就是为了让韩国独吞魏国在大河以南的全部土地，将安邑这个烂摊子丢给赵国。一时间，卫鞅终于洞悉了赵韩两国的真实面目，表面号称什么三晋一家，实际上魏武侯刚死，便要趁此良机对魏国动手，赵国打着拥立公子缓的名号，实则是要灭亡魏国，韩国和赵国乃是一丘之貉，也是要以此为借口，只是比赵国胃口稍小，仅仅是夺取了魏国一半土地。从来没有接触过权术阴谋的卫鞅，此刻有些慌乱了。

卫英几乎和卫鞅同时想到了这些，此时见卫鞅心神已经彻底乱了，赶紧道："少东主，此时决然不能再让安邑陷落，不然不但魏熊公子想要拥立公子缓让魏国继续强大的目的无法实现，就连魏国能否保住都是未知也！"

卫鞅终于清醒过来，连忙对侍卫吩咐道："传令！请赵甲老将军，监军段修速来中军大帐！"

卫鞅从屏风后转出，身着白色布衣，散发无冠，直是前所未有的安逸闲适。寻常身在军旅，卫鞅都是至少要一身轻甲。虽然尚未加冠，但是为了不让众人因为自己的年纪过小而心生轻视，卫鞅寻常时日都是要戴冠的，毕竟，以卫鞅周游数国而来的丰富阅历，任谁也不会想到眼前的只是一个尚未加冠的青年。

赵甲老将军并未对于卫鞅的这身异常穿着上心，只是豪爽地询问道："卫鞅啊，攻城正紧，又把老夫招来何事？"一旁的段修也是微微前倾，显然与老将军一样疑惑。

"老将军稍待片刻。"卫鞅先是笑着安抚一句，"赵侯特使，就快到了。"话音刚落，就有士卒入帐禀报，卫鞅吩咐一句，赵侯特使身着一身紫衣，倨傲地漫步入帐。

卫鞅遥遥拱手，示意特使坐下，之后绕着帅案踱步道："今日请老将军、监军、特使前来，要议定一事，安邑久攻不下，魏国援军随时可能到来，为稳妥起见，是否要向公子罃和谈？"

段修一听此言，原本低垂的脑袋立刻抬起，拍案高声道："将军此言大是！韩军久攻安邑不下，战心早已低落，今日议和实乃上策也！"

老将军不通政事，此时不知如何说好，只是盯着赵侯特使，特使哈哈笑道："将军何来此言？莫非为山九仞，最后竟然要功亏一篑乎？"

卫鞅淡淡一笑，不置可否。段修反而是开了口："特使此言何意？赵国家底厚，不怕魏国的报复，韩国此次可是倾举国之兵，一旦魏军不救安邑反而攻韩，该如何是好？"

特使也猛然一拍案："段修！小子胆小如鼠！但凡灭国大计，怎能没有风险？"

段修像是突然明白了什么一般，佯装恍然大悟道："特使方才说甚？灭国大计！莫非赵国竟然要一口吞下魏国么？"见卫鞅一脸震惊，段修又用讽刺的语气道："赵国胃口忒大，也不怕撑破了肚皮也！"

特使满脸涨红，也是不管不顾了："竖子说赵国胃口大，韩国主张和魏国和谈，不也是瞅准了大梁这块肥肉？公子缓已死……"还未说完，突然发现好像说漏了什么，急忙看向卫鞅。

卫鞅已经怔愣了，许久才反应过来，颤抖道："公子缓，死了？"

特使叹了口气，知道已经无法掩饰，反而是坦然道："没错，公子缓已经在大梁被公叔痤射杀。"

卫鞅脸色无比的苍白，踉踉跄跄走到帐中央，看了看三人，沙哑道："既然如此……卫鞅这主帅之位，也无甚用处了——特使与监军继续商谈吧。卫鞅，走了……"说罢，摇摇晃晃走出了中军大帐。老将军本想追出去，但终究还是又坐下了。

卫鞅骑上那匹火红的汗血战马，直直地向东飞去，数十里外，卫英早已等候多时。

"少东主……"卫英脸上没有丝毫表情，"韩赵两国必然争斗不休，安邑已无大患，接下来该当如何？"

卫鞅一脸疲惫，毕竟早知公子缓已死，刚才他的表现一半是真，一半是假，只是长叹了一声，默然良久，终于冷然道："去韩国，去新郑。"卫鞅心中还有最后一丝希望，借助侠公厘的力量，打探一下师弟魏熊是否还在人世。

天边夕阳缓缓落下，堪堪入秋的官道上，两匹骏马向东方而去，迷蒙的天边一片血红。

卫鞅也不知如何在新郑的一座酒肆中找到了已经喝得烂醉的侠公厘。没有一句言语，拉起侠公厘便向与卫英暂住的客栈走去。

到了客房，侠公厘醉得不省人事，闷头倒在坐榻上，卫鞅闻着他这一身酒气，皱了皱眉头，随手打了一瓢冷水，浇在侠公厘脸上。

侠公厘一阵哆嗦，一声大吼猛然起身，摇了摇头，看着卫鞅模模糊糊的身影，迷糊道："鞅兄？"

卫鞅冷冷道："卫英，带他去淋点凉水。"

小半个时辰后，侠公厘满目赤红地走了进来，嚷嚷道："鞅兄忒是急躁了，如此大醉，不睡个三天三夜如何能醒？"

卫鞅脸上冷淡得没有一丝表情，道："魏熊去行刺公子蟞了，至今没有下落。"

"甚甚甚？！"侠公厘几乎跳了起来，见卫鞅一脸正色，脸色立马阴沉，"我去打探消息。"

侠公厘通过侠氏与公厘氏在韩国的庞大根基，竟然打探到了魏熊行刺公子蟞的经过：

由于将宫中内侍尽数派遣到了安邑城头，公子蟞只能暂时住在丞相府中。魏熊通过自己在城中的一个间人打探到这个消息之后，带着两名招募来的军中死士直奔丞相府而去。

新魏侯魏蟞正在相府大厅中把玩一颗硕大的夜明珠，丝毫没有注意到派出去支援城头的年轻将军正朝自己走来。

看到魏蟞的样子，年轻的将军皱了皱眉头，见四顾无人，连忙道："君上！将士们正在城头防守，君上此时不该贪图玩乐也！倘若被人看到，岂不士卒离心？"

魏蟞笑着抬起头，低声道："此处除了几个忠心侍卫，哪里还有别人？只要先生不说，谁会知晓？"言语间竟是无比的恭敬。

年轻的将军正色道："君上，臣已经抽调三名魏武卒士兵充当侍卫，以免有奸人行刺。"

魏蟹哈哈大笑，显得有些不屑："先生太过小心了，赵韩联军正为攻不下安邑发愁，怎能有闲心来行刺？"

"君上差矣，正因为赵韩联军急于攻下安邑，才会冒险行刺君上。试想君上一旦被刺，城中士卒必无战心，溃不成军，其时安邑岂不唾手可得？"年轻的将军依旧是一脸严肃。

魏蟹恍然大悟，惊出一身冷汗，连忙道："先生所言大是，今后战事还要仰赖先生。"说罢，好像想起了什么，恭敬问道："先生有如此大才，不知师承何人？"

身着一身重甲的将军正要转身离开，突然停住脚步，拱手道："启禀君上，庞涓师承云梦山鬼谷子。"

正伏在窗边的魏熊嘀咕了一句："竟然是鬼谷一门。"

庞涓耳朵一动，没有出声，对着魏蟹再次拱手道："君上，臣去看看城防如何。"说罢，转身大步去了。

魏熊等庞涓走远，转身对一旁背着弓箭的一名死士低声吩咐道："动手。"那名死士利落地摘下弓，从怀中掏出一支箭头漆黑无比的箭枝——弓、弩等精巧机关正是墨家之长，一般来说这样一支锋利无比的箭可以轻易取人性命，无须淬毒，但这次行刺实在是意义重大，魏熊便破了墨家不用毒的规矩，在箭上涂了剧毒。

弓手弯弓搭箭，箭锋直指魏蟹，突然响起一声大喝："何人胆敢行刺！"弓手手一松，箭枝飞出十数步，停在公子蟹面前。魏熊马上反应过来，一声大喝："弓手继续！其余跟我上！"话音未落，一支长矛飞来，将弓手钉在地上！

魏熊脸色铁青，猛然拔出公布古剑，顿时剑体发出刺眼的白光，直如白昼一般，冲向了公子罃。公子罃终于停止了愣怔，朝门边飞奔过去，魏熊大步急追，手中长剑挥起一道道白光，却总是差之毫厘，不过两人之间的距离还是渐渐拉近。

就在此时，魏罃手中的夜明珠掉在地上，由于公布古剑发出的白光掩盖住了夜明珠的光芒，魏熊一下踩到光滑无比的夜明珠上，脚下一个趔趄险些摔倒，两人之间的距离又拉大了。见公子罃即将跑到门边，魏熊脸色涨红一声暴喝，手中长剑如虹一般飞出，直奔公子罃。

公子罃堪堪就要废命当场，一边又飞出一支毛笔，撞在公布剑上，竟然发出一阵金铁交鸣之声，毛笔顿时被一分两段，但公布剑也偏离了方向，直直没入一边的墙中。

此时公子罃已到门边，大门突兀打开，庞涓手持一柄长剑，身后跟着数十名侍卫走了进来。见魏熊已经手无寸铁，庞涓松了口气，看看一边断为两截的毛笔，惋惜道："我师出山之前赠予的铁笔剑，第一次用就被毁坏了。"伸手示意士卒把剑放下，但后方的弓手仍然搭弓指着魏熊。

庞涓微微一笑道："公子方才在窗外说话，声音可是忒大了。"

魏熊轻哼一声。

庞涓见魏熊没有言语，越发轻松起来："公子这是何必呢？君上乃是先侯遗命被拥立为魏侯的，又乃长子，于情于理都是魏国之主。"

魏熊冷笑道："庞涓，魏罃虽然久为太子，然则庸常无断又听信公子卬那个酒囊饭袋的谗言，如何能继承先君遗志，开疆拓土？今日听你之言，乃是因为赵韩联军时势所逼，日后一旦没有近忧，竖子如何得势？其时庞涓必定身败名裂！"说罢，猛然从怀中抽出一柄短剑刺入腹中，直直地盯着庞涓看了许久，终于颓然倒地了。

卫鞅听完侠公厘的叙述，木然良久，仿佛一尊石雕一般。

"鞅兄，魏熊公子乃一代英才，乃是为了魏国不被宵小奸佞掌控了朝局才断然联合韩赵攻魏，今虽身死兵败，然则也是为了魏国而死也。"侠公厘安慰道，"鞅兄无须伤心过度，以鞅兄之不世大才，若能前往魏国变法强魏，也算不负魏熊公子一番大志。"

卫鞅听了侠公厘的话，眼中忽然冒出一丝光彩，闪烁良久后却又黯淡下去，叹息道："鞅出山以来，一直认为魏国引领了天下变法潮流，又是天下一等强国，乃是一代法家志士实现毕生理想的不二之选，然则在魏国的见闻，却令卫鞅颇为忧心，魏国虽然甲兵财货无一所缺，看起来无比强大，实则根基不稳，变法只是极为粗浅的对于田制、军制、商道等做了一些稍稍改变，而影响国家根本战力的奴隶制、封地制全然没有任何再造，最为重要的，则是魏国似乎已经被表面的繁华蒙蔽了双眼，国人奋发耕战之心已经削减，朝堂黯淡、君主庸常，虽说有丞相公叔痤、鬼谷门人庞涓一文一武撑持大局，但公叔痤年老渐疲、庞涓墨守成规，气象难以久远，更有公子卯在侧，纵然卫鞅要想一展才能，却一筹莫展也！"

侠公厘原本以为卫鞅乃是看中了魏国这个天下一等强国，没想到卫鞅对于强盛的魏国竟然说出如此一番断语，实在是喜出望外，道："既然如此，鞅兄何不在韩国一试？当今韩侯可是一代明君。"言语之间邀请之意呼之欲出。

卫鞅皱了皱眉，道："鞅周游列国，韩侯实乃目下中原列国君主中最为厚重稳健者，韩国虽然氏族实力极为强势难以周旋，然则世事无难，要我辈何用？卫鞅但可一试。"说罢，对着侠公厘肃然拱手，道："还请公厘兄设法，让卫鞅再见韩侯一面。"

侠公厘拱手道："鞅兄无须如此。"说罢，起身大步离开了。

卫鞅默然良久，泪水终于从脸上滑落。

六、极心无二虑，大星垂沧海

侠公厘叹息着说出了事情经过，卫鞅听着听着，突然猛然起身，双眼暴射出一团精光，白发老人闪电般伸出双手，竟然将卫鞅按坐在榻上，力道大得惊人，一手按住卫鞅肩膀，一手对着卫鞅缓缓推出，只见一道若有若无的五彩之气朝卫鞅全身各处弥漫而去，渐渐消失，卫鞅终于缓缓倒在踏上。扁鹊摇了摇头，道："如此说来，此子所受创伤已经非比寻常，然则若无更大刺激，决然不会陷入如此境地。"

侠公厘惊叹于老人医术之精湛，道："大师果然高深莫测，鞅兄在韩国又受重创。"侠公厘长吁一口气，又说出了一番更为奇异的经过——

韩侯对于剑器也颇为喜好，故而经常在闲暇时与侠公厘探讨天下名剑，因此侠公厘想求见韩侯，还是比较容易的，堪堪一日之后，侠公厘又来到了客栈，招呼卫鞅进入王城。

辂车上，侠公厘语重心长地嘱咐道："鞅兄，韩侯并不知晓此番出兵与鞅兄有关，虽然此次出兵劳师无功并非鞅兄与魏熊公子之过，然则为稳妥起见，鞅兄还是不要对韩侯说起此事，以免横生变故。"卫鞅点点头，没有说话。

跟随着宫中老内侍，卫鞅又一次见到了韩哀侯，这次是在新郑王城的偏殿。依旧是除了侍卫宫女，只有韩侯一人。卫鞅深深一鞠，道："新郑城头一别，韩侯可是消瘦许多。"

韩侯仍然是稳健笑道："先生挂心了，韩屯蒙听先生之言，慢慢削弱老氏族之根基，目下已小有成就，若非此次本侯强行出兵安邑结果劳师无功，韩国老氏族该早已式微了，如今寸土未得，损我大韩大军两万有余，屯蒙实在是难以对朝臣有个说法。"

卫鞅道："但凡大军出征，谁能有必胜把握？冒不得天大风险，如何能建功立业？况且韩国此次出兵乃是偷袭安邑，却遭守军拼死抵抗，旷日持久，如何能不被迫撤军？"卫鞅想起侠公厘的嘱托，终于没说出监军暗中作梗的事。

韩侯拍案道："先生此言大是也！"又低声道："先生可知此次安邑何人守城？"

卫鞅佯作不知，道："卫鞅不知。"

韩侯声音更低了，道："守城之人，乃是鬼谷门人庞涓。"

卫鞅假装惊讶道："如何！鬼谷门人？"突然忧心忡忡道："如此一来，君上须得抓紧时间动手变法，如此一人一旦在魏国掌兵，必将大动干戈也！"

卫鞅道："魏国虽然经安邑一战，社稷几有倾覆之险，然军力并未受损，又有良将庞涓从旁相助，韩国必然沦为鱼肉，为今之计，只能是赶在魏国进攻韩国之前，韩国抢先完成内政变法、训练新军两件大事，再联合赵国，或许可以与魏国一争！"

韩侯断然拍案，道："先生既有此言，屯蒙愿将韩国举国交付与先生！本侯只做变法后盾！先生放手一搏！"

卫鞅摇摇头，道："君上此言差矣，非常之时宜用非常之法，韩国氏族根基还尚在，若在此时骤然变法，难说不会有国中内乱，为今之计只有一法：先暂时隐瞒鞅与君上谋划变法的消息，将一应变法事宜准备完成，待到大朝之时，一举根除韩国老氏族势力！"

韩侯大为振奋，狠狠一锤几案道："是该好好整肃一下朝堂了，韩国几代国君皆被老氏族制约，终生碌碌无为，本侯决然要富强韩国！"说罢，好像突然意识到了什么，顿时脸色苍白颓然倒地。

卫鞅吃了一惊，马上伸手将韩侯扶起道："君上如此惊慌，莫非韩国还有什么后顾之忧？"

韩侯摆了摆手，道："先生，恐怕韩屯蒙坏了大事矣！"说罢仰天高呼道："天啊！本侯何负于你！韩国何负于你！竟然连一次机会都不给韩国么？"说罢推着卫鞅道："先生，你快走！不要让一身大才丢在韩国！走！"

卫鞅有些惊愕，但还是冷静道："君上此言何意？"

韩侯稍稍喘了口气，急切道："先生啊！韩国宫中遍布老氏族之势力，本侯原本早已知晓，先生刚才一番话大壮本侯之心志，屯蒙一时之间竟然忘记此事！恐怕已有宫中侍卫去向氏族大臣禀报消息去了！韩国公室大军在宜阳修整未归，氏族私兵聚起来足有数万之众，一旦围攻王城如何是好？先生快走！"

卫鞅一阵眩晕，仿佛看到燕国蓟城氏族宫变逼迫燕简公出走的一幕在眼前重演，看了看韩侯惊慌的脸，卫鞅忧心道："君上，鞅一旦离开，氏族大臣岂不迁怒于君上啊！要在韩国变法的是卫鞅，岂能让君上为卫鞅受过！"

韩侯苦涩地笑了，道："先生啊！其实本侯对于老氏族不满久已有之，氏族大臣早已察觉，本侯即使今日不与先生相见，也不过是多活上几年而已，本侯对先生实话实说——"韩侯低声道："氏族大臣早就已经暗中谋划要废掉本侯，立本侯少子韩若山为韩国国侯了。"

卫鞅看着韩侯一脸的凄然，只觉得头痛欲裂，眼前的阴谋权术是卫鞅出山之前从未想过的，他一时之间无法接受。韩侯见卫鞅愣怔在原地，连忙道："先生快走！"

卫鞅终于清醒过来，看了看韩侯决然的眼神，一咬牙直奔王城宫门而去。

卫鞅迅速返回到客栈，招呼卫英收拾一下东西便要离开。

"鞅兄！"侠公厘突然闯进来，大惊失色道："父亲与其他氏族大臣秘密调集封地中的全部私兵，现在已经位于新郑城外！守城将军乃是公厘一族子弟，已经打开新郑北门放私兵入城！"卫鞅一愣，显然是没想到老氏族的反应竟然如此之快，道："多谢公厘兄的消息，公厘兄赶紧回府，以免令父起疑。"说罢就要出门。突然听到客栈外一阵嘈杂，中间夹杂着整齐的脚步声。

老氏族的私兵到了！卫鞅一惊，心中随即否定，就算老氏族有宫中内应，反应也不可能如此之快。

侠公厘打开一边的窗户，向外瞥了一眼马上回头道："是父亲府上的侍卫！"卫鞅马上醒悟过来，侠公厘为自己打探魏熊消息，早就已经被侠趁发现，侍卫必是跟踪至此。心念电闪间，卫鞅一声大喝，与卫英一同冲出窗外，正落在两匹西域汗血马上，便要强行冲出道路。侍卫见两人飞身而下，一阵后退，顿时挤在一起，混乱中卫英扔过一个青铜面具，境况紧急卫鞅也不便询问，只得戴上面具。

卫鞅见侍卫众多，大喝道："一人一边！城外集合！"话音未落便朝城西奔去。躲在一群侍卫簇拥中的段修一打量，指着身着一身白衣的面具骑士大叫道："那便是卫鞅！快追！"侍卫顿时一拥而上，还有几个骑着战马的骑士向东门赶去，希望截住面具骑士的退路。

"之后……"白发老人没有再问，他几乎已经知道发生了什么，但侠公厘双眼紧闭继续说了下去——

侠公厘被父亲侠趁的侍卫保护着出了客栈，看到城东燃起火光，一把推开了侍卫，夺过一匹快马便向火光处而去。但还是被一群群拥挤不堪的人流阻碍着无法前行，终于跳下马推推搡搡着步行了。

侠公厘赶到城东时，火焰已经熄灭，只剩下浓浓的黑烟笼罩着街道，顾不得残余火星和滚烫的空气，侠公厘跑向黑烟中心，被呛得连连咳嗽，泪水溢出了眼眶。只朦朦胧胧看到地面焦黑，倒塌的房屋堆起一座小山，若是有人在其中绝无生还可能。

他们奈何不得面具骑士，竟然放火烧屋！侠公厘脸色苍白颓然倒地，眼角余光正看到段修在一旁沾沾自喜："卫鞅啊卫鞅！你蛊惑韩侯欲对我等动手，没想到有如此下场！"又看到丞相公厘子被一群侍卫簇拥着而来，看了看遍地的灰烬，冷冷道："卫鞅呢？"

段修哈哈大笑道："丞相啊！卫鞅逃入此间房屋被团团包围，最后竟然自焚了！"又想起了什么，嘲讽道："竖子竟然带了青铜面具，妄想让我等误认，所幸修在安邑时也没少与卫鞅相见，知晓此人平生素爱白衣，腰间又有公子熊佩剑，这可是魏熊行刺公子罃时给他的，我岂能认错！"

公厘子依旧面无表情，道："余事交由上大夫善后了，就说是此人行刺韩侯，事成之后意图逃跑被逼自焚。"便转身离去，仿佛对眼前的惨状浑然无觉。

终于要对韩侯韩屯蒙下手了！段修浑身猛然一颤，朝着公厘子离去的方向恭敬地一拱手，转身对周围的侍卫厉声道："此间房屋是何人所有？本大夫要大大奖赏！"

侠公厘猛然起身，向城西而去……

"卫英真是忠心护主……竟然换上了鞅兄的白色布衣，还拿了魏熊赠予的佩剑，就是为了要吸引韩军，使韩国以为鞅兄已死，今后鞅兄再到韩国便无须担心了。"侠公厘哽咽道，泪水不禁涌上眼眶。

扁鹊谓然一叹，道："如此说来，此子所受之创伤恐怕更加严重，老朽也无能为力了。"

侠公厘知道以扁鹊的医术妙手尚且说出这等话，卫鞅的情况只能更为严重，不禁慌了神，急切道："那该如何是好？"

扁鹊沉吟良久，道："此子之师亦是高人圣贤，或许有法可行。只是……"

侠公厘如蒙大赦，一把扶起卫鞅就向茅屋外走去。

相里勤正在门外牵着一匹黑色骏马，侠公厘问道："敢问先生，尸佼前辈在哪儿？"相里勤似乎有急事，头也不抬，指了一个方向便上马去了。侠公厘连忙向唯一用石头垒起小院的一间茅屋跑去。

尸佼正坐在茅屋门边，看到侠公厘扶着卫鞅而来，愣怔了一会儿才问道："卫鞅如何这副模样？魏熊在何处？"

侠公厘只得再次把对扁鹊说的话重复了一遍。尸佼听罢，沉默了一会儿道："如此说来，此事还真只有老夫可解。"从侠公厘手中吃力地接过卫鞅，侠公厘从一边找过一块草席铺在地上，卫鞅软软倒在上面。

尸佼伸出双手平平推出，一条白色光带朝卫鞅射去，卫鞅立刻醒了过来，只是眼神依旧空洞。尸佼叹了口气，扳正卫鞅，缓缓开口了："鞅啊！老师知道你本性不谙权术，故而屡屡为权臣所制，但凡有才之人出山为政，皆有如此之困，然欲解得此困局，总是用得两法，其一，学习权谋之术以保证安危，再谋施政。如公叔痤、白圭及庞涓之流；其二，纯粹以才能立身，此等人物须寻得可靠君主，否则难成功名。如姜太公、管仲；然而君主有时未必能在权臣的攻击下保护名士，便有乐羊盛年辞官、吴起被迫逃魏之事，若欲避得此等祸患，老师只有一言：极心无二虑，尽公不顾私。佞臣方奈何不得我等。"尸佼一番话，没有劝慰卫鞅不要为友人之死而感伤，而是告诉卫鞅如何在权术斗争中躲避对手的明枪暗箭，竟然起了效果，卫鞅虽然眼神依旧有些空洞，但是渐渐有了几分光彩。

见卫鞅渐渐醒悟过来，尸佼长嘘一口气，脸色突兀涨红，连连咳嗽了几声便颓然倒地了。

"老师！"卫鞅一声大吼，眼神立刻明亮起来，直如公布古剑的剑光一般，双手猛然伸出扶住老师。

侠公厘看着眼前的惊天巨变，惊愕得说不出话来。

见老师双目紧闭，脸上毫无血色，卫鞅忙对着侠公厘大吼道："快去找扁鹊前辈！"其实卫鞅刚才神智一直清醒，只不过难以从悲痛状态中挣脱出来，故而眼神呆滞无法出声，但早已知道是扁鹊大师在为自己诊疗。

老师艰难地缓缓睁开了眼睛，看着卫鞅急切的眼神，勉强笑了笑道："鞅啊！还记得下山之前为师曾经问过你：立法之要在于何处？"眼中流露出一丝期冀。

卫鞅点点头，沉重道："老师，卫鞅已经知晓了。"见尸佼一直盯着自己，卫鞅道："立法之要，在于人心也。法律行使之最终目的，也是为了改变人心也。"

老师又是一阵剧烈地咳嗽，卫鞅连忙搀扶，老师摆了摆手道："如何在于人心？为何改变人心？拆解拆解了。"

卫鞅担忧地忘了老师一眼，道："法家变法之根本目的，不在于强大一国，也不在于富国强民，甚至不在于统一华夏，而是在于在国人心中树立起法律之准绳，让法律深入人心，让遵守法律成为一种本能。最终重新实现一个靠法律维护的大同之世！"

卫鞅微微喘息，道："上古时期庶民遭野兽之害，忍饥饿之困，不得已而互助互爱依靠井田之制而团结一体，成大同之世，而今天下步入大争之世，野兽对于人们已经没有多大威胁，甚至有了主动猎杀珍禽异兽，买卖其身体的商人，人口众多而土地稀缺，人们便生贪婪恶欲，外物的威胁已经无法对抗人本身的恶欲，只能靠法律来加以压制，一旦将完备的法令推行数十代以上，在人心中自然法律如山无法撼动，甚至不需要法律保证，人们便无违法之心，也就没有违法之行，人人无相互迫害，便成大同之世也！唯其如此，立法之时必须顺应人心，保证法令得以推行，使人与法律之间没有丝毫芥蒂，故而立法之要首在人心也！"
卫鞅一番大论如江河奔涌，刀砍斧剁一般慷慨激昂。

老师长吁一口气，脸上竟然有了一丝血色，低喝一声渐渐起身道：
"有子为徒，老夫死而无憾也！"

"老师！"卫鞅见老师精神逐渐好了起来，惊喜地叫道。侠公厘
正带着扁鹊来到门外，看到此情景不禁愣怔了，只有扁鹊打量了尸佼一
眼，眼中一丝悲怆闪过，默不作声地看了看纯净得没有一片云彩的天空，
还有天边那金色的骄阳，轻轻地叹息了一声。

老师微微一笑道："鞅啊，论法如此，为师已没有什么可以教你
的了，只记住一点，但得为政，需极心无二虑，尽公不顾私。此法可保
得你于英明君主离世之前无恙，其后……"老师莫名一声叹息，好像想
到了什么，"功成隐退便是了。"

卫鞅肃然一鞠道："老师之言，弟子谨记！"

老师想了想，似乎再也没有什么可以说的了，便坐在榻上期冀地
看了卫鞅一眼，缓缓闭上了眼睛。

"砰"！鲍华正端着一盆炖山鸡走进小院，看到这情景，陶盆掉
在地上摔得粉碎。

无名山谷空寂无声，晴空万里的蓝天之下被阳光照得一片明亮的
小院之中没有一个人说话。

第九章 天下鬼谷

一、不知我者，谓我何求

魏国安邑的宏伟王城，新魏侯的即位大典已经结束，在朝会上新魏侯魏罃先是慷慨激昂地咒骂了韩国、赵国攻击盟友的背信弃义，又满怀憧憬地诉说了魏国的美好前景，然后终于宣读了一个出乎所有人意料之外的任命——鬼谷门人庞涓，任魏国上将军，封地三百里！老丞相公叔痤晋爵一级、加封地百里！

大臣们议论纷纷，原本公叔痤加封受赏无可厚非，毕竟是他在大梁杀死了公子缓，又说服韩国丞相公厘子提出分裂魏国的建议，最终使联军分道扬镳，攻魏不了了之，无可厚非。但庞涓虽然是鬼谷门人，刚出山未加历练，没有丝毫军功就骤领上将军，确实是有些过于尊崇了。但大臣们想到国君刚刚即位或许是想要做些敬贤风范，也就没有发问。

庞涓终于如愿得到上将军之位，此时正暗暗窃喜，也没有提示魏罃说明自己守卫安邑的功劳。

公叔痤皱了皱眉，显然也不明白为何如此，只和群臣一个心思。殊不知，这为日后丞相公叔痤和上将军庞涓的无穷争斗埋下了伏笔。

卫鞅把自己一个人关在了茅屋之中，每天仅仅吃一次饭、喝一点点水而已。他不是在为老师的骤然逝去而黯然神伤，毕竟老师是看到自己的弟子学有所成，心满意足地离开人世的，而且老师绝不希望自己沉浸在悲伤之中无法自拔，那不是一个已经出师之后的名士大才的行为。卫鞅真正思考的，则是下一步该如何走，燕国亚卿专权不可前往，魏国已有公叔痤庞涓，况且魏侯未必信得过自己的才能，甚至有可能知晓自己参与围攻安邑之事，更是不可去。齐国齐公过于软弱，且偏安一隅无变法强国之志，韩国更是龙潭虎穴，原本春秋时期的老牌霸主秦国如今已经沦落到与蛮夷为伍，在中原的传说中历来是可怖之地，其野蛮可见一斑，卫鞅又对秦国极不熟悉，去秦国乃是下下之策。剩下的便只有楚国和赵国了，可目下赵国赵肃侯一股劲瞄准魏国狠打，完全没有余心变法，楚国自己又劫持了昭雎为质，昭氏乃楚国第二大族，不追杀自己便是托天之福，如何能够前往？

"噫，大哥整日闷在房中，小心憋成老夫子也！"鲍华端着一叠面饼和一块红亮的牛肉推门进房，笑吟吟道。见卫鞅不答话，慢慢放下碗碟道："大哥可想好该往何处去了？"

卫鞅刚刚回过神来，笑道："小弟可是从来不关心大哥往何处去，今日为何这般热心了？"

鲍华撅起嘴道："噫，大哥没事就会乱跑，这次去安邑……"连忙闭上嘴看着卫鞅，见卫鞅只是眼中闪过一丝苦涩，便抢着道："小弟关心一下大哥，还不领情！"

卫鞅似在自言自语般："如今列国皆不可去，似乎还是回魏国安邑留心四方消息，随机应变为上策。"

鲍华猛地一拍脑袋，突然想到一件事，道："大哥，老师之前有言：卫鞅但回，需往云梦山找鬼谷老人一叙。"

卫鞅有些疑惑，鬼谷大师何时与老师联系？如今老师留下此言，莫非有意将卫鞅托付给鬼门？但想到这是老师的遗愿，便点了点头道："既然老师有言，便是如此了。"

魏国朝歌云梦山。

云梦山和卫鞅修行的王屋山几相类似，只是清泉洞府较王屋山多了许多，山内道路泥泞无比，卫鞅在山中与鲍华艰难前行，只是看到这熟悉的景色，卫鞅不禁想起了与老师在王屋山修学时那段刀耕火种的日子，泪水涌上眼眶。

鲍华没有说话，只是低头在山中行走，二人都没有注意到迎面走来的一个布衣青年。那青年低头读着一卷竹简，脚下却没有一丝踉跄，直到数步之内，卫鞅才发现布衣青年，竟然是第一次见到鬼谷老人时的那个羞怯少年。

卫鞅拱手道："兄台可是孙膑？"卫鞅记忆力惊人，早就将此少年之名姓记得清清楚楚。

布衣青年猛然抬头，看到卫鞅正要开口，却脚下一个趔趄，险些倒地。稳住身形后拱手道："兄台怕是卫鞅了。"竟然也记住了卫鞅之名。

卫鞅没有丝毫吃惊，鬼谷门人尽皆奇能异士，有此能耐不足为奇，拱手笑道："卫鞅此来，欲寻鬼谷大师，不知尊师现在何处？"

孙膑淡淡笑道："老师早知鞅兄要来云梦山，特地要在下出山之时带上一筐白色石子边走边撒，鞅兄沿着这石子一直走，老师便在尽头了。"

卫鞅赞叹道："鬼谷大师果真智计百出，卫鞅佩服！"看孙膑一身行李似要出行，卫鞅道："孙兄，莫非是要下山？"

孙膑笑道："老师说我学业已成，不能老赖在他老人家身边不走，教我下山历练一番。"

卫鞅心中微微一动，道："孙兄可是要去魏国？"

孙膑惊讶道："正是如此，师弟庞涓有书信一封，说是邀在下到魏国安邑一叙，不然孙膑本是要去齐国也。"

卫鞅正想说些什么，又想起鬼谷老人给孙膑改的名字，突然浑身一抖，再没有说话，对着孙膑微微拱手，与鲍华沿着一条白色的石子"路"继续前行了。

孙膑看了一眼卫鞅的背影，笑着摇摇头，继续一边看书一边赶路了。

明亮的山道之上一道脚印一直延伸到遥远的西方，正午的烈日炙烤着云梦山的万物，终年笼罩迷雾的山顶之中隐藏着一个惊天的秘密，正等待着卫鞅与鲍华。

二人来到半山处，鲍华看着眼前高耸黝黑的石洞，不禁惊叹道："噫！好一处秘密所在，竟比那谷中藏书洞还奇异也！"

卫鞅在王屋山可很少见到如此巨大的石洞，赞叹道："鬼谷子大师能参透阴阳变化、鬼神玄机，也是与此钟天地之灵秀的奇山异水不无关系矣！"说罢对着洞中打量了一眼，似乎在犹豫着该不该进去。

洞中忽然闪过一丝光亮，接着一个没有一根头发的硕大头颅便从洞中探出，卫鞅吃了一惊，这可与当初在齐国见到的鬼谷子本人长相完全不同，卫鞅小心试探道："前辈可知鬼谷子大师在何处？"

一个连眉毛都已经变得花白的枯瘦老人从洞中走出，身穿一身黑白相间的布衣，看了看卫鞅笑道："小子必是卫鞅。难怪王诩那老头对你如此器重，竟让你参与……"还未说完便猛然打住。

"墨翟兄不必隐瞒，老夫既选中卫鞅，就决然不会走眼。"一个须发皆白、仙风道骨的老人从洞中利落走出，卫鞅马上认出了那双奇异无比的眼睛，肃然一鞠道："鬼谷子大师。"又对着秃头老人一鞠道："墨子大师。"他心细过人，早已经从鬼谷老人的言语中听出了老人身份。

秃头老人摇晃着滑稽的大脑袋，笑道："老夫就是不及这老头么？竟将老夫置于此人之后。"却没有丝毫气愤之意，悠然一叹道："王诩老头既然愿意坦然相告，老夫何必阻拦？便是如此罢了。"说罢瞥了卫鞅一眼，几个纵跃之间消失不见。

卫鞅赞叹道："墨子大师真奇人也！"鬼谷子笑骂道："奇人？不如说是气人也！整日挑别人毛病气自己！"看着卫鞅身后仅有鲍华一人，问道："你师未前来，莫非……"马上反应过来，叹了口气道："老夫上次与你相见，便看出此人有暗疾在身，无奈已经深入骨髓，纵是扁鹊恐怕也无能为力也！"

卫鞅眼神黯淡下来，沉重道："老师有遗愿，要卫鞅前来见大师一面。"

"可惜也！"鬼谷老人一声感叹，"你师乃除老夫之外唯一知晓此计策之人，如今骤然离世，老夫只能靠你一个后辈也！"

卫鞅奇道："鬼谷大师有何计策？卫鞅如何助力？"

老人侃侃而谈道："自从华夏族初立，便有种种法度来治理华夏。炎黄二帝用的是纯粹的人治，靠仁德感化天下，尧舜之世也少有改观，及至大禹治水，中原解洪水之患，人口得以大为增长，仅仅靠纯粹的人治，已经无法处理每个小小的纷争，于是大禹设立法官编写律法，法治真正得以出现，后来三代之中真正律法较为完全者当属商代，之后周治理天下依靠的周礼，则是律法的一大变异，不依靠强硬的处罚来约束人们，而是用道德与良知来对人们之心理形成束缚，如今礼乐崩坏，天下入战国之世，道德与良知已经难以限制犯罪的发生。"老人历数古今律法的发展，卫鞅不禁连连点头。老人继续道："老夫观天下之变，欲建立一个完全靠法治的新型国家，为了达成此目的，遍寻天下英才，对天下大势进行改换，原本魏国独大却无变法之志，其他诸国有变法之志，又恐魏国在其强大之前便将其扼杀，故而只能忍气吞声，老夫便先要创造一个均衡之局面，这样各国为了求得存留，必将纷纷谋求变法强大。"

卫鞅点点头，他已经看出老人的方法。先派出庞涓前往魏国，以庞涓之好斗，魏国必将四处征伐四面树敌，再派出明显比庞涓更高一筹的兵家大才孙膑，一山不容二虎，孙庞必然各执一国，而且庞涓极有可能会依靠先立定的根基赶走孙膑，这样不论孙膑前往哪一国，都会最终大挫魏国，其时列国纷纷攻魏，魏国便无法独大。但想起孙膑那不善心计的模样，卫鞅忧心道："孙膑已经前往魏国，前辈不怕庞涓……"他硬生生把"不怕庞涓暗下毒手"咽了回去。

老人叹息道："孙膑此子命中注定有此劫难，老夫早已知晓，况且这孩子若不受庞涓欺辱，如何能狠下心来对同门师弟出手？老夫虽然能知晓天意命数，然则却只能尽人事而已。"

卫鞅大为惊讶，没想到老人竟然连这点都早已经知晓，不禁对老师和老人预知天意的能力充满了好奇，赞叹道："前辈卜算天机之能，有如鬼神矣！"

鬼谷子沉重道："鞅啊！万万不可作如此想，须知人不可探知天意，老夫学得此能，却也受天意所限，不得出山为政，不然何须教书收徒？"

卫鞅点点头，想起了老师年少时游说列国却屡遭打击，最终竟然被逼得前往自己的故国卫国这样一个不入流的小国。心念及此，摇了摇头，道："那么卫鞅就是要建立如此一个只靠法律治理人民的全新型国家了？"

鬼谷老人点了点头，道："卫鞅心中，可有选择？"

卫鞅想起自己此前对于列国大势的分析，黯然摇了摇头道："目下卫鞅看来，列国局势尽是不死皆困，似乎没有合适之选。"

鬼谷老人笑道："如此一说，未免过于偏颇了，须知你尚且未至加冠之年，天下之大势时时有变，何须早下定论？老夫先为你框定选择。"说罢从怀中掏出一副列国地图，道："一旦建立完全由法治主导的国家，必将成为其余各国围攻之轴心，此乃求变新制与迂腐旧制之必然争斗，无可避免，老夫已经暗中选定两名弟子修习纵横之术，既要保得此国不在列国围攻中消于无形，又要限制此国不可过于快速统一华夏，以使国内本土法令得以深入人心，根基稳固，不然一旦统一华夏却又恢复三代之分封旧制，必将再次陷入大争之世。"见卫鞅连连点头，老人继续缓缓道："此中较量至少要持续三代以上，其间征伐不断，需得一尚武之国来变法才可确保变法稳妥，统一必胜！而中原列国文明发展过于迅速，国人早已丧失勇武憨厚之本性，无法承担变法重任，必将渐渐消亡，此乃文明脱离实际的必然结局。"老人微微喘息道："唯其如此！必须选得文明风华还未兴盛的边陲之国，老夫选择有三：赵国、秦国、燕国。鞅啊！你心中对此三国作何想法？"

卫鞅点点头，道："赵国乃卫鞅心中之变法首选，国力较强可以抵御变法过程中的惊涛骇浪，民风彪悍勇武好斗方能耐得长久苦战，更兼骑兵如飓风一般难以抵挡，只是赵侯似乎过于鲁莽，以一己之好恶治国，坚韧有余而忍让不足，似乎难以长久。燕国久在北方边陲，民风彪悍不输于赵国，然则却有二致命缺陷：其一乃国君软弱无定，以周朝建国老诸侯自居，整日沉迷于旧时之世，恐怕对于变法没有兴趣；其二乃实际缺陷，缺乏金铁产出，难以训练出真正的铁军。秦国卫鞅知晓甚少，不敢妄作评论。"

老人笑了笑道："鞅啊！你还是过于小看自己的才学禀赋，依老夫之见此三国之问题于你而言解决皆非难事，老夫尝闻你有言'世事不难，要我辈何用？'今日为何不见那豪迈气概也？"

卫鞅幡然醒悟，是啊！往昔自己的自信为何突兀消失不见？是因为见过了官场的权术阴谋而感到对此力不从心？卫鞅心中没有答案。忽然又想到老师对自己的要求——极心无二虑，尽公不顾私。这是最适合自己的为政之道，而且竟然和鬼谷老人选择的这三个国家有所暗合，此三国非文明风华过盛治国，权术之道自然也较中原列国差了些许，自己

255

只要按照老师的嘱托，又何须担心有佞臣从中作梗？卫鞅想到这些，心中顿时轻松起来，对着鬼谷老人肃然一鞠道："鬼谷子大师一语惊醒卫鞅，卫鞅今后决然不会再失胆气！"说罢好像想到了什么，又是肃然一鞠道："大师将秘策和盘托出，重任交予卫鞅，实乃卫鞅之师也！卫鞅定不辱老师所托！"鲍华见卫鞅往昔之大才风范又突兀重现，亮晶晶的眼神直盯着卫鞅，心中若有所思。

鬼谷老人抒着花白的胡须笑道："卫鞅可知晓今后该如何否？"

卫鞅点点头，笑道："目下列国皆大事不明，卫鞅可居于列国轴心静待良机。"

老人目光一闪，道："轴心在于何处？"

卫鞅指着地图，断然道："魏国。安邑。"

明亮的阳光撒在洞口，照得鲍华眯起了双眼。卫鞅浑然无觉，只是盯着地图，他仿佛看到了那日大梁城外的威严老人，心中若有所悟，良久终于长笑一声，鬼谷老人看着开怀的卫鞅，也抒髯而笑。山中没有一丝声音，就连风儿都安静了下来，似乎只有天地才有资格为这一声长笑见证。

华夏大地的命运，就在这个风和日丽的正午开始了改变。

二、欲将子还兮，子不我思

离开云梦山之前，卫鞅终于深吸一口气，把鲍华叫到一个无人处。

鲍华有些不知所措，笑道："大哥有什么话不能当着鬼谷子大师的面来讲，非要你我二人单独说？"

卫鞅想起了昨日鬼谷老人支开鲍华后，对自己语重心长的一番话……

　　"鞅啊！"老人道，"老夫这个改换华夏大地命运的实验，决然不能让任何人知晓，否则不知多少迂腐士人和氏族大臣要来阻挠。"卫鞅拱手道："有何吩咐老师说便是，卫鞅决然不负老师厚望！""莫要妄下许诺。"老人正色道，"先听老夫说完，再做决定不迟。老夫有两个要求，其一，不能对任何人说出我是你的老师，老夫已有孙膑、庞涓，今后还会有两个纵横名士，若你为老夫之弟子的事再为天下所知，难说不会有人揣摩出其中深意。"卫鞅肃然拱手道："卫鞅明白，卫鞅乃是自学成才，绝无师承。"

　　"小子太过谨慎也！"老人一句感叹，"你身负如此大才，且所行所为极是端正，怎会没有师承？只需说你有老师，但与其有约定，不得说出老师真实姓名，便可。"说罢又是一声沉重的叹息，道："这其二，才是难做也！"说罢看了一眼鲍华离开的方向，道："老夫要你只身入魏。"

　　卫鞅愣怔良久，眼神中掠过一丝挣扎，道："老师不需担心，鲍华小弟不会乱说的。"

　　老人道："鞅啊！你是心迷也！老夫知此子决然不会不利于你，然则有如此俊秀一人在旁，危难之时你如何能隐藏得了行踪，又如何护得此子周全？此子若是横遭不测，届时你安知不会乱了心智？"说罢肃然道："老夫知此举乃强人所难，然则为法家计，为天下计，更为庶民计，老夫必须如此。"

　　良久默然，卫鞅艰难点点头道："卫鞅明白……"

　　卫鞅的心思回到现在，拉着鲍华坐到一旁的大石上笑道："小弟可知，你我多少时日没有聚谈了？"

鲍华也笑道："大哥好没记性，小弟何曾知晓大哥之心意，你我自相识起便从未谈过。"

卫鞅拍了一下脑袋，笑骂道："大哥又健忘一回，小弟莫怪了。"说罢转过头，明亮的眼神直盯着鲍华道："虽然如此，大哥有一事未曾忘记。"

鲍华饶有兴致，追问道："何事？"

卫鞅悠然一叹道："小弟跟大哥离开谷中已有数年，谷主岂能不记挂你我？"

鲍华粲然一笑道："大哥若是做如此想，今日我等便前往齐国！老师在哪落脚小弟一清二楚。"

卫鞅起身道："便是如此了，小弟即刻便起行前往齐国。"

鲍华一时没听出卫鞅话中深意，笑道："便如此。老师也不知……"说罢好像意识到了什么，猛然转头，眼神一闪道："大哥莫非……要赶小弟走？"一双眼睛骤然溢满泪水。

卫鞅长叹道："小弟，大哥志向如何你甚是清楚，卫鞅梦想能在一个有着英明君主的国家实行自己的变法，建立一个全新型的法治国家。此中之艰难超乎意料，权力场中的阴谋更是防不胜防，卫鞅不希望唯一幸存的挚友再遭不测……"

鲍华猛然打断道："大哥难道忘了尸佼前辈的话了么？只要大哥执政之时极心无二虑，尽公不顾私，又怎会有奸佞敢妄加陷害！"

卫鞅拍了拍鲍华的肩膀，道："小弟未解老师之意，老师之言只能保得卫鞅一人无忧，如何护得住小弟？若是有奸佞对小弟暗下毒手，卫鞅岂能坐视不管？届时你我都难逃此劫。"

鲍华垂下脑袋，良久无话。终于下定决心道："小弟还有一事要告知大哥。"说着便摘掉束发，一头瀑布般的长发便黑亮亮地垂在肩头，又脱去一身红色士子布衣，露出素色长裙，一个亭亭玉立、婀娜多姿的少女便出现在卫鞅眼前。

"你，不惊讶？"少女见卫鞅依旧淡然，艰难开口道。

卫鞅语气平静得没有丝毫波澜："小弟不是小弟而是女子之事，卫鞅早已知晓。卫鞅与老师在王屋山修学时，老师便对卫鞅的听力进行过训练，小弟之声虽然颇似男子，然则却有一丝脆亮，决然是女子所有。"

少女直勾勾盯着卫鞅的眼睛，泪水溢出眼眶。卫鞅依旧漠然道："姑娘无须如此，卫鞅一旦入政，其中生死险阻非常人可以想象，卫鞅不愿意让姑娘受到牵连，更不愿让鲍华小弟受到牵连，今日你我无须多言。姑娘走吧。"说罢眼神黯淡下来，不敢直视少女晶亮亮的眼睛。

少女苦涩地笑了，道："既然大哥执意要鲍华走，鲍华便走。"说罢从怀中掏出一把带鞘短剑，双手递给卫鞅道："大哥只需记得一句：小弟永远是大哥的鲍华小弟。"卫鞅伸手接过短剑，脸上依旧没有丝毫表情，鲍华粲然一笑道："大哥无须再装作无事，小弟这便前往齐国。"说罢利落地一转身，又化作一个俊秀士子模样，倏忽消失不见。

卫鞅愣怔良久，终于颓然倒地了。

入冬来的连日大雪淹没了魏国安邑雄峻的高大城墙。街道上终年来来往往的人流也倏忽消失不见，也只有这样一场百年不遇的大雪才能使人们的心思暂时冻结。

卫鞅正坐在安邑洞香春总店的论战堂中悠闲地品尝着凛冽的赵酒，说来也是奇怪，大雪封门，各个酒肆尽皆关门休业，唯独洞香春丝毫不见冷清，依旧是来往士子如潮水般络绎不绝，几乎除了卫鞅位置之外的各个几案都有数个士子交头接耳，时不时有一位士子发表高谈阔论，引得众人纷纷凝神细听。卫鞅曾经对洞香春有一个出乎他人意料的评价：洞香春，乃消息海也！寻常间人到敌国去打探一天，或许也没有在洞香春细听一个时辰知道得多。于是这里也成了卫鞅关注天下变化的最佳所在。

卫鞅喝完了酒又等待了一会儿，觉得今天不太可能再有什么收获，于是起身欲走。一位身着绿裙的侍女轻柔地飘了过来道："公子，外面风大雪大道路难行，何不再等待一时？"

卫鞅淡淡一笑道："足下无须担心，卫鞅住所离此不远也，就在一条街之外。"

侍女捂着嘴惊叹道："四周可全是高官府邸，公子必是贵胄子弟也！"声音却是一如既往的轻柔。

卫鞅面无表情道："足下莫要妄作揣测，卫鞅只不过是丞相府小吏而已。"说罢又要走。侍女抬起手臂拦住卫鞅，笑道："公子已经来洞香春论政堂听人论战数月，每次都是独身一人且无声无息。如此不屑与人谈论者，岂能只是一个小吏？"

卫鞅冷冷道："小吏便是小吏，有何不屑？"说罢自顾自去了。

侍女望着卫鞅背影做个鬼脸，转身飘进了一旁的小间。

卫鞅到安邑已有数月，凭借自己的不世才能顺利见到了魏国丞相公叔痤，投身到其府中做了一个中庶子，每日却到洞香春来打探消息，公叔痤本想向魏侯举荐卫鞅，被卫鞅婉言拒绝，理由是自己尚未加冠，魏侯恐难信任，若是有何国事谏言，皆可借公叔痤之手向魏侯传达，一来公叔痤乃是魏国丞相，说话极有分量，二来卫鞅也是不想再卷入魏国的权力争端中，因为目下谁都看得出来，公叔痤与上将军庞涓政见不和。卫鞅在丞相府还可阅览丞相公叔痤收集的各种兵书与法家书籍。

卫鞅还曾与公叔痤定下一个约定，十年之内如果天下没有一个能够堪为英明之君的国侯出世，卫鞅便要在魏国入政变法。

这日，卫鞅依旧迈着利落的步伐走进了丞相府书房，正看到须发灰白的公叔痤正襟危坐，不怒自威。

卫鞅拱手道："老师。"

公叔痤正在凝眉思考，被卫鞅打断，抬头笑道："鞅啊！人前称老夫为老师，是为了掩人耳目，使你在相府不用处理那些琐事。以你之大才，老夫反而要向你求教也！"

卫鞅恭恭敬敬道："卫鞅明白。不知老师有何事？"

公叔痤沉重地一声叹息，道："庞涓自从当上上将军以来，四面开战，八方树敌，魏国虽然国力强盛，可也耐不得连番苦战，老夫便力主在与秦国接壤的边界处修建一座新城来抵御秦军，使得魏国能从四面受敌改为三面受敌，将主力用在与韩国、赵国还有齐、楚两个大国的交战之上，而不是和秦国这西方的穷困小国纠缠不休，毕竟就算是灭了秦国，也不过是得到一片苦寒之地而已。"

卫鞅点点头，这正是目下魏国最好的选择。

公叔痤忧心道："可是庞涓非要坚持先根除秦国这个背后之患再东出齐国，殊不知就算打赢秦国，又将和更西部的戎狄、义渠接壤，岂能根除后患？况且秦国天生耐得苦战，此番被庞涓逼得更是举族成军，加起来竟有二十万之众！实在是令人头疼也！"

卫鞅知道公叔痤的苦衷，劝慰道："老师何须如此？庞涓乃墨守成规之辈，岂能一下便参透其中奥妙玄机？只要在秦国身上吃几回苦头，自然回心转意，与老师同心协力。"

公叔痤仰天长叹道："不亦悲乎！若是你能为魏国上将军，岂容竖子败坏大魏铁军？"

卫鞅微微一笑道："老师无须担心，十年之后若无明君出世，卫鞅自会效力魏国。"

公叔痤勉强笑道："你小子就是会给老夫宽心！华夏之大，十年之期岂能没有明君即位？老夫只要在这十年中，善用小子之计，维持魏国霸主地位就心满意足也！"

安陵山地南望，一场惊心动魄的搏杀正在进行。天边阴雷滚滚，浓浓的黑云笼罩大地，几乎没有一丝光亮。

对阵的两军，一边是身着火红甲胄的魏国步卒士兵，一边则是衣着怪异、迥乎不同于中原战甲的楚国战车、步兵混搭部队。两方奋力搏杀一阵，直是人声鼎沸，待到人人筋疲力尽、气喘如牛、满身鲜血后才如潮水般散开，留下一地的死尸。

"啪"！楚国令尹昭奚恤一把拍在帅案上，大骂了一句："魏国真是欺人太甚！先是夺我大楚陈[1]地，又以强欺弱对我军动手，往日盟好哪里去也？"其实这句话没有丝毫道理，原本此次大战就是魏国以少击多还占了上风，况且魏国楚国之间一向没有盟约，何谈盟好？昭奚恤如此发怒，只不过是因为此次出兵没有收回陈地还被魏国重创楚军，回军之后定然要被楚王怪罪，一不小心或许刚刚得来的令尹之位也要不保，故而忧愁不已罢了。

"令尹大人。"位于昭奚恤下手的一个绿衣青年拱手道："令尹大人何须着急，现今楚军受魏国重创，恐怕难以再与之交战，为今之计不如先班师回军，与列国结盟共同攻魏，届时定可报此一箭之仇。"看长相和相貌，竟然是原先被关在楚国黄氏封地的昭雎！

昭奚恤原本听到"班师回军"四字，眉头早已皱了起来，又听昭雎说可以与列国结盟攻魏，顿时长舒一口气道："族侄果然天赋大财，此计甚好啦！传老夫命令，秘密收拾辎重，夜晚悄然回军，让魏狗们明日傻愣！"他倒不是高兴抗魏有望，而是如果由自己向楚王提出这个建议，定然会博得满堂喝彩，正好可以功过相抵，到时恐怕就连自己的死对头江乙也没有话说。想到江乙临行前那令人玩味的笑容，昭奚恤暗暗憋气。

庞涓挂着一把长剑，穿着帅甲不怒自威，厚重地开口道："此次与楚军交战，我大魏军队之强大战力已经一览无余，天下决然没有任何人能够与我军匹敌，明日务必全歼楚军！"众将异口同声大吼道："全歼楚军！大魏万岁！上将军万岁！"

楚国郢都。

江乙迈步走入王城偏殿，见楚宣王熊良夫一脸肃然地看着自己，忙低声一鞠道："我王。"

"江乙大夫不必多礼。"楚王迈步走下，轻轻扶起江乙道："今日你我非君臣相见，实乃师生问答也。熊良夫有事要向大夫求教。"

江乙受宠若惊，不知如何是好，结结巴巴道："我王，有、有何事要问臣，臣定当知、知无不言。岂敢受我王师生之比！"说罢就要拜倒在地。

"大夫切莫如此。"楚王一把扶住，将江乙引到一边的案上，自己不上王案，反而是坐在江乙对面的案上，开门见山道："今楚国昭氏部族权力过大，莫说朝中臣下，就是军中大将也多有昭氏子弟，本王观昭氏有僭越之心也！"

江乙心中大动，这简直是打压自己的对头昭奚恤的极好机会，却没有忙于表露心意，反问道："我王观朝中何人最有尾大不掉之意？"先是一句委婉试探。

楚王叹息一声道："大夫何须担心也！本王今日请大夫来此，就是为了坦诚相待，共商大计，本王只有一句：令尹昭奚恤损国谋私本王早欲除之！"

江乙心中怦怦直跳，猛然拱手道："我王大明！臣以私心揣度君意，实在该当万死也！"江乙慷慨激昂，道："令尹此次出兵，臣原本极是反对，奈何势单力孤，无法阻止，若是楚国败于魏，就借此良机问罪于昭奚恤，此人必定百口莫辩也！"

楚王熊良夫拍案叫好道："大夫此计实乃上策，昭奚恤祸国已久，本王必欲除之而后快！虽然我大楚可能损失士卒，但为今之计，壮士断腕在所不惜也！"

魏国安邑的丞相府中，公叔痤忧心忡忡。

虽然知道此次对楚国用兵，魏国必然获胜，可如此一来又将与楚国结下血海深仇，放眼天下战国，与魏国为敌者有十之六七：楚、赵、韩、秦。还有一个态度不甚明朗的齐国，四面开战魏国如何能受得了？幸好卫鞅说出了一个缓解之策——结好齐燕，拉拢赵韩。先暂且稳住与齐国和燕国的和平关系，然后相机恢复与赵韩其中一国的联盟，魏国便可极大地减少压力，因此公叔痤只得先前往齐国商谈，可是成败难料。

"魏国！听天由命也！"公叔痤看着窗外阴沉的天空，仰天长叹道。

注：（1）陈：即周朝诸侯陈国故土，陈国于公元前478年为楚国所灭。陈地大约位于今河南淮阳一带。

三、魏国的蛮横终于树敌天下

赵敬侯对于魏国实在是气愤极了。

魏国先是背弃了三晋盟好之约，偷袭赵国。接着赵国出兵围攻安邑又劳师无功。最近魏国又东征西讨，对赵国也打了几场不大不小的胜仗，虽然未曾夺得赵国分毫土地，但却使赵国的地位一落千丈。赵敬侯本性桀骜不驯，如何能对这样一个国家忍气吞声？因此，赵国始终是坚定地与魏国为敌，甚至拉拢齐国一同对魏国动手。

但魏国丞相公叔痤出使齐国后，竟然稳定住了齐国，使其专注于对燕国用兵，与强大却充满野心的魏国言和。赵敬侯有些坐不住了，他虽然秉性倔强，但对于天下大势的评判还是十分清晰的——任何一个国家如果敢单独与魏国为敌，都必然面临灭国的结局，因为魏国不仅有支持灭国大战的超强国力、耐得苦战的强悍铁军，还有绝对堪称良将的庞涓，这正好是灭国的必要条件。因此一旦齐国放弃与赵国联盟，赵韩两国便要面对魏国的强大攻势，如果韩国耐不得魏国威逼利诱，转而割地言和，魏国岂能放过灭赵的绝好机会？

而就当此时，魏国竟然派出使节与赵国议和！这简直是求之不得的结果，但尽管心中已经要和谈，赵敬侯还是准备刁难一番前来议和的魏使。

随着内侍尖声的宣呼，一个年轻俊秀、衣着雍容华贵的倨傲特使缓缓迈步上殿。看见赵侯，遥遥一拱手笑道："魏使公子卬，拜见赵侯。"

赵敬侯原本看到此人的做派暗骂无礼，一听是魏国公室子弟，顿时舒展开眉头道："魏使无须多礼。"一边用手虚扶着俊秀的特使坐到一张空案中。接着用威严的声音道："贵使来意，本侯早已知晓，无非是要赵魏结好，避免魏国四面受敌罢了，为魏国计，此举实乃上策也；然则为赵国计，却是百害而无一利。"

公子卬笑着摇了摇头道："赵侯差矣，魏卬此来，不光是要为魏国谋划，更是要为赵国安危着想。"

"哦？"赵侯饶有兴致道："方今魏国四面受敌危机渐显，特使不为自己邦国着想，反而要为敌国安危殚精竭虑，也是天下一奇。"言语之间轻蔑与嘲笑混合在一起，见公子卬脸上依旧是一脸春风，赵侯笑道："特使有何见教？"

公子卬正色道："魏卬只是有三件事要告知赵侯，仅此而已。"见赵侯一脸不屑地望着自己，心中暗骂，嘴上却平静得没有丝毫波澜："其一，若是魏国倾全国之力围攻赵国，灭赵轻而易举。"

上将军一声冷笑道："特使此言没有丝毫道理，魏国需要面对韩、楚、秦三国进攻，如何能动员起如此耗费国力的灭国大战？为赵国计，特使杞人忧天也。"

公子卯没有理会上将军的讥讽，继续道："其二，魏国面对赵、韩、楚、秦的围攻，若是一旦陷入危机，必然会孤注一掷，用全国兵力先行消灭一国。"见朝臣与赵侯皆默然不语，公子卯又道："其三，四国之中，赵国先是偷袭安邑，又积极策动其余三国对魏用兵，魏国一旦到了要孤注一掷的地步，必倾全国之力灭赵。"一番话虽然声音不大也毫无气势，却惊得赵侯与群臣尽皆变了脸色，一时间满座哗然，只有公子卯一人依旧微笑着。

出了大殿返回驿馆，公子卯心中实在是快意极了。出使赵国大获全胜，回去后王兄一定对自己器重有加，到时候一定会官拜高职，拥有极大的权力和难以想象的富贵。公子卯不禁对提出出使赵国并将这些说辞教与自己的卫鞅十分感激，更是对这个大才的无私情怀敬佩万分，他到现在还记得当初问卫鞅为何不自己独占此大功时卫鞅的话："卫鞅乃一介布衣之士，在天下没有人望，如何能说动赵侯？公子乃魏国公室子弟，行此特使之事最是顺当，为魏国计，卫鞅必须将这个天大功劳让与公子。"

公子卯心中暗暗决定，今后一定要多多倚重卫鞅的天赋大才，有此名士相助，自己日后必将在魏国占得一席之地，甚至有朝一日丞相公叔痤离世之后，官拜丞相之职也未尝不可……心念及此，公子卯想起了庞涓那张阴沉的脸，猛然打了个寒战不敢再想，转身对侍从厉声道："收拾行装为何如此迟缓？再拖延下去，小心本使问你们个办事不力之罪！"

楚国国内，则悄无人知地慢慢发生着变化。

昭奚恤最近很是得意。联姻秦国对付三晋提出后，楚王私下对自己大为赞赏，不但没有对战败之事做丝毫追究，而且还将昭氏的封地由靠近魏韩边境的淮北迁到了楚国内部最为富庶的淮南。昭氏一族终于稳稳当当成为楚国除熊氏一族，也就是楚国王室之外的第二大族，甚至在富有程度上足以和王室并驾齐驱。但这也带来了一个新的难题，那便是更换后的封地由于之前一直未有领主，所以许多事务都要精干族中子弟重新打理，可目前昭氏一族有出息的后生大多从军，仓促之间无法找到适合的人选，无奈昭奚恤只得暂且让一部分军中后生告假回到新封地处理封地事务，楚王也欣然同意了。昭奚恤不得不对楚王大为感激，觉得自己简直是无上光荣，之前宫中传出的楚王要对自己下手的消息也被抛在脑后了。

后来楚国出兵三晋，虽然昭氏子弟无法前去参战，但楚王允诺一旦战胜，昭氏军中子弟一律与参战者同功受赏，故而昭奚恤对于此次作战还是十分在意的。听说战事陷入僵局，楚军无法攻陷三晋的高城壁垒，但也不敢冒失撤退，以免三晋追击，欲进不能欲退不敢，真真是深陷泥沼了，他也不禁大为忧心。

这一日，楚王诏令群臣到正殿朝会，讨论对三晋战事如何处置，昭奚恤前所未有地重视起来，几乎是最早来到朝堂，眼角瞥见站在一旁的江乙，冷冷一笑不作声了。

群臣齐至，楚王缓缓走上王案，昭奚恤见楚王身着最为正式的王服，戴着一顶流苏天平冠，腰中还挎着一柄金光闪闪的带鞘长剑，用威严的声音道："今日朝会，只议楚国内事，对三晋用兵之事暂且不论。"

话音未落，群臣纷纷小声嘀咕起来，以议定战事的名义将众臣召到殿中，竟然要讨论楚国内政？实在是让人摸不着头脑。

　　"诸位暂且肃静。"大夫江乙拱手道，"诸位皆知晓，内政为一国之本，如果处置不当，定然会危及国之安危。"见群臣皆默然不语，江乙转头看了一眼昭奚恤，脸色肃杀道："现如今楚国权臣当道，以一己之私欲决一国之命运，致使我大楚十数年来对中原战事几无胜利，最近更是害得我大楚惨败于魏国之手，损失将士万余，真真罪大恶极也！"

　　昭奚恤一声冷笑起身离案道："江乙大夫此言，是要指责老夫败坏楚国社稷了？"江乙正色道："正是如此！"昭奚恤猛然大吼道："江乙！你个小人！现如今中原谁人不知谁人不晓本令尹昭奚恤之名？列国之所以惧怕楚国，不敢对楚用兵，皆乃本令尹之功劳！你如何敢指责老夫祸国殃民！"

　　江乙屹然不惧，微微一笑道："哦？令尹大人此言，江乙不明就里也！谁人不知令尹大人以权谋私，凡是论功行赏皆偏向于昭氏子弟，害的多少楚国的忠义之士报国无门？只得在军中为一小卒，在乡野为一隐士？至于中原列国乃是因为惧怕令尹大人而惧怕楚国此事……"见昭奚恤勃然色变，江乙看着楚王笑道："启禀我王，江乙有一个在列国传说的故事要讲与我王。"

　　楚王遥遥招手，示意江乙继续。江乙便清了清嗓子，缓缓道："老虎捕捉各种野兽，有一天捉到一只狐狸。狐狸说：'上天派我做群兽的领袖，如果足下吃掉我，就违背了上天的命令。如果不相信我的话，我在前面走，足下跟在我的后面，看看群兽见了我，有哪一个敢不逃跑的呢？'老虎信以为真，就和狐狸同行，群兽见了它们，都纷纷逃窜，老虎不知晓群兽是害怕自己，却以为是害怕狐狸。如今我大楚拥有华夏一半的广袤土地和百万带甲之士，列国岂能不惧怕楚国？既然惧怕楚国，就定然惧怕楚国朝臣中最有权势的令尹大人，所以列国其实是先惧怕楚国，再惧怕令尹大人。而现如今令尹大人却说列国是先惧怕令尹大人，楚国是沾了令尹大人的光。如此说法自抬身价，岂是我大楚忠良所为？”

昭奚恤依旧是冷然道："江乙，纵然你所说列国是先惧怕楚国，再惧怕本令尹之事属实，但有一事本令尹不服。昭奚恤在楚国为官，虽然有时会中饱私囊偷用国库，但决然未曾陷害忠良之士。”

"果真如此？"江乙依旧是微微一笑道："那么敢请令尹大人看看，我王身边的侍者究竟是谁？”

昭奚恤缓缓转身，心中闪过无数个念头，但几乎都被立即否决，当他看到那个侍者的真面目时，只是惊愕得说不出话来。朝堂之上竟然出现了难得一见的沉默无声。

许久，侍者才开口道："令尹大人方才能言善辩的本事为何消失不见？莫非老夫今日出现在朝堂，害得令尹大人受到惊吓了？”

昭奚恤看到侍者真面目后就知道自己今日必然失败，心中已经没有顾忌，反而坦然道："屈宜臼大夫退隐山林已有数年，别来无恙否？”

"令尹大人无须挂怀，在下在山野之中为一庶民，自认也远比在庙堂之上当一权臣要好得多。毕竟山野之中可没有权臣门客无穷无尽的追杀。"屈宜臼冷冷道，对昭奚恤极尽嘲讽之能事。昭奚恤不论屈宜臼如何说法，只是默默无言。

江乙转身对群臣道："若非屈宜臼大夫出面，今日我等仍然为昭奚恤此佞臣所蒙蔽也。恳请我王将昭奚恤治罪！"群臣也纷纷见风使舵道："恳请我王将昭奚恤治罪！"楚王点了点头道："来人，将昭奚恤暂歇下狱，论其刑罚。"昭奚恤长叹一声，不待卫士上前，便自顾自去了。

楚王看着昭奚恤的背影，叹息道："令尹大人虽说有大错在身，念其数次为楚国征战中原，善待其族中子弟，无须迁连。"说罢话题一转道："今日内政已经议毕，该当决定对三晋之战事如何处置，详细消息诸位皆已知晓，可有良策否？"群臣纷纷小声低语，听起来大都是暂且退兵，容图后议之类的话，显得聒噪不堪。

楚王猛然一拍王案，群臣立刻安静起来，楚王大吼道："难道我大楚就无一人有计策乎！"显然是真的发怒了。

江乙拱手道："启禀我王，江乙有一计，或可一试。"

楚王来了兴趣，立刻和缓下来，没想到江乙竟然又有计策，连忙道："江乙大夫有何妙计？"

四、石门大捷，老秦人终于出了一口恶气

魏国的国土分布实在也是战国一奇。

首先，它大致分为两大部分，其一便是河东河西的西部国土，包括安邑、令狐、少梁等大城在内，算是魏国庙堂决议的中心；其二则是以大梁为中心的东部国土，拥有大梁、高都、温城以及朝歌等富庶无比的中原沃土，较之西部，虽在农耕之上不分伯仲，然而商道却是远超西部，算是魏国商贾聚集、与东方齐国、北方赵国、南方楚国进行商道往来的中心。政治中心与经济中心相隔甚远，这在战国时期极为奇异，便说赵国邯郸、齐国临淄与楚国郢都，皆是身兼双重要职的著名都城，日后的秦都咸阳也是与此三国国都相类，唯独魏国与众不同，足以看出魏国的奇异之处。

更为奇异的是，两个部分竟然没有交界之处，若是以安邑为中心，

大梁便是一大块孤立于东方的飞地，若是以大梁为中心，安邑也是如此。阻隔两大部分的，则是韩国野王、宜阳等城池和周朝王室据有的三川，若是以常理论之，两部分之间要想有所交流，必须经过至少一处他国的领土，实在是艰难万分，但由于三晋联盟，从来都是绝不封锁消息，所以魏国目前无须为此事担心。

但两地的分离状态也时常让有些不熟悉魏国的人忽略一个事实——魏国有两部分需要防守，尤其是刚刚到魏国不足一年的庞涓更是如此。

安陵的魏国守军最近很是安闲，谁都知道楚秦两国正在西方与魏国对峙，齐国又打定主意不参与两方的纠缠，所以目前来说根本无须担心敌军来犯。军中大多都相信这个看起来无甚破绽的说法，渐渐懈怠起来。

又是一个晴朗的午后，天边明亮得没有一丝云彩，就连飞鸟也消失不见。守城士兵打着哈欠，几乎要沐浴着暖暖的阳光陷入沉睡。

南方的天边出现了一抹火红，但却没有一个人在意，谁都知道只有魏国和赵国以红色为国色，来者不论是哪国军队，都决然没有威胁。人们还是低头忙着自己的事。红色衣着的军队渐渐靠近安陵，直至堪堪一箭之地，便猛然脱下身上的红色布衣，露出深绿色的甲胄来。

"楚军来袭！"城下的守城将军只来得及说出这一句话，便被蜂拥而来的楚军骑兵一剑刺倒。慌乱中，城头上一个士卒灵机一动，将一旁的一桶猛火油泼在吊桥上，一把火扔了下去，顿时吊桥被烈焰笼罩，楚军只有极少部分进入城内，大部分被阻于城外只得后退避火。城内守军趁机稳住阵脚，将少数楚军纷纷歼灭，关上了城门。

带队主将熊弈脸色铁青，大吼道："攻城！"

一个时辰的血战之后，安陵城终于陷落，此时楚军已经损失数千士卒。

"什么！"庞涓一把拍在帅案上，震得几案嗡嗡作响，凌厉的眼神直盯着前来报信的士卒，士兵只得咽了一口唾沫犹疑道："楚军偷袭安陵，目下已经接近大梁！"庞涓听罢只觉得一阵天旋地转，大吼道："立刻向国侯请令！本将军要去大梁！"说罢抄起扔在一旁的长剑，急匆匆调集军队去了。

楚国淮南的新昭氏封地，如今已经再次属于楚国王室所有，幸好楚王看在昭奚恤也曾经为楚国征战数次的份上，给昭氏留了不到五十里的封地，昭氏一族才免遭灭顶之灾。可尽管如此，昭氏在军中的势力也已经被连根拔除，封地中的私兵也尽数被派到安陵战场去攻击魏国，以吸引魏国河西河东的守军注意，恐怕九死一生，昭氏无可避免地衰落成了一个微不足道的小族。

昭雎躲在房中一个黑暗的角落，脸色无比的狰狞阴鸷："父亲大人，孩儿一定为昭氏复仇！只要昭雎在世，楚国王室就决然无法安稳！"手中紧紧攥着父亲昭奚恤生前的玉佩，几乎捏得手指咯咯作响！

河西之地的秦国帅帐，此时却弥漫着怪异的气氛。

老人和孩子在军营中往来奔驰，忙活着为军士烧饭，由于目下正值春荒时节，每一个士卒所能分到的粮食都极其有限，甚至不够中原战国一半的数量，毫不客气地讲，只要魏国能再坚守城池一月，秦军必将因为断粮而溃散。在中原战国，断粮的原因大多是由于粮道被阻断，无法输送粮草，而在秦国，断粮的原因则是国库实在是拿不出丝毫的粮食了，由此可见目下秦国已经濒临绝境。

赢渠梁一脸怜悯地看着这老老少少的的庶民百姓，心中不是滋味。若非秦国全部兵力都已经投入对三晋作战，他是决然不会让父亲征召老弱之人进入军营的，那不仅是对于苦苦忠于秦国的庶民百姓的残酷，更是对于秦军将士的残酷。但现在，秦国早已山穷水尽了，赢渠梁摇了摇头，走进了帅帐。

一阵凉风拂过，直吹得那面黑色的秦军旗帜"哗哗"作响。

庞涓做梦也没想到，秦国竟敢不和楚军联合，就单独攻击魏国的坚城壁垒，故而并未对城池守将多做叮嘱，只是告诉守将一旦秦军有动作，就立刻准备备战。毕竟魏军位于黄河以东，秦军要想攻击，就必须先跃过黄河，攻势势必减缓，也无法发动突袭。

一个漆黑的午夜，秦军将士悄悄离开营垒，在河中架起绳索，竟然悄悄渡过了黄河，对石门发动了猛攻，先是用几桶猛火油烧烂了石门的硬木城门，轻而易举进入城中，紧接着便对许多还在睡梦中的魏军进行攻击，但奈何魏军久经训练反应神速，更兼兵甲精良，远非被匆匆送上战场的秦军所能对抗，一时间魏军并未被击溃。

天色渐渐亮了起来，站在山顶上眺望战场的赢渠梁不禁忧心忡忡，突然听到身后响起斥候的报告："魏国于少梁、令狐的援军纷纷到来，不足一百里！"

嬴渠梁大吃一惊，连忙骑上马向中军幕府而去。正看到父亲坐在帅案边，不知在想些什么。嬴渠梁禀报道："启禀公父，魏国援军即将到来！"

一旁的大哥嬴虔惊叫道："什么！"

公父立刻清醒过来，传令道："三军其余兵力立刻投入战场！一定要夺下石门！"

嬴渠梁与大哥"嗨"的一声接令，就要大步离开。

"渠梁且慢！"公父阻拦道。

嬴渠梁转身道："公父还有何事？渠梁万死不辞！"

公父平静道："指挥大军主力之事暂且交由虔儿，你带着轻兵营从魏军背后发动突袭！"

嬴渠梁恍然大悟，立刻点点头道："赳赳老秦，共赴国难！"一转身赳赳去了。

嬴虔带领不到五十个秦军最为精锐的铁鹰剑士，在敌阵中左突右撞，虽然秦国穷困士卒所用之兵器甲胄有些残破，但铁鹰剑士自秦穆公首创以来，便要求极其严格，所以这些勇士还是勇猛非凡，几乎如入无人之境一般。嬴虔手中一把蚩尤天月剑在空中挥舞，每一次都斩断数个敌人的兵刃，实在是勇猛无比。

随着时间的流逝，魏国援军越来越多，秦军渐渐撑持不住，落在了下风，嬴虔在阵中连声怒吼，身边也只剩下不到三十个铁鹰剑士跟随。

一阵惊天动地的喊杀从魏军背后突兀出现，一队未穿任何盔甲的轻兵冲入阵中，将魏军后队冲得七零八落，为首者正是嬴渠梁。魏军大为惊骇，纷纷向后退却，终于开始溃散。

嬴虔一声惊喜的大吼，顿时气力横生，一连劈杀数个魏军士卒，大吼道："魏军败了！冲啊！秦国万岁！"

秦军将士们齐声大吼着"秦国万岁！"将魏军彻底击溃了。

"全军给我追！一战收复河西！"不知何时出现的秦献公立刻下令道。

正在这时，前方出现一群身着火红色衣着的骑兵部队，秦献公一看敌军来势立刻反应过来，吼道："赵军来袭！全军退回营垒！"说罢只得对着空中狠狠地挥舞了一拳，骂道："魏狗，改日定当将魏国赶尽杀绝！"转身回营了。

嬴渠梁粗重地喘息了一声，对着一旁的大哥嬴虔勉强笑道："虽说今日未能收复河西，但秦国对魏国，终究是大胜了一回，也不枉三军将士的浴血奋战。"

嬴虔狠狠道："要不是赵国，秦国定然夺回河西！今后一定要与魏国再战，杀得魏狗片甲不留！"

嬴渠梁一听还要再战，眉头高高皱起，拧成了一团。

数日后。

魏国庙堂已经吵翻了天，没想到强大的魏国居然败在了弱小的秦国身上，实在是"奇耻大辱"。大臣们对秦国恶毒咒骂的同时，也总算体会到了这个弱小邻邦的难缠之处，原先支持上将军庞涓灭掉秦国的大部分朝臣都转而支持丞相公叔痤的计策——在与秦国交界处修建坚城壁垒，专心对中原列国开战。但仍旧有一些庞涓自军中提拔的将领依然主张先灭掉秦国，除去后患再行东出。两方在朝堂上吵得不可开交，魏侯魏罃不禁打了个哈欠。

庞涓拱手道："既然大臣无断，不知君上何意？"他早已打定主意，自己曾经挽救了安邑，也相当于挽救了魏侯，无论如何魏侯都应该赞同自己的主张，灭掉秦国。

公叔痤也毫不示弱，拱手道："敢请君上决断！"身后一班朝臣也异口同声道："君上决断！"

魏侯浑身一颤，回过神来有些不知所措，他刚才根本没有听见朝臣在说些什么，但此时也不能开口相问，以免辱了一国之君的威仪，只得转头对公子卬道："王弟有何见解？"

公子卬一拱手道："启禀君上，在下以为公叔痤老丞相的方略更为妥当。"

魏侯又转向群臣道："诸位又如何？"由于支持公叔痤主张的大臣较多，故而魏侯只听见群臣道："臣等也赞同丞相之主张！"

魏侯连忙道："那便就听老丞相的，就是如此了。"

庞涓一张口，原本还想再说几句，却被铺天盖地的"君上圣明"遮盖住了声音。

秦国此刻却是欢腾一片，几乎每个老秦人都疯了一般地四处奔走相告："秦国打赢魏国了！斩首敌军六万有余！"而每个听到这个消息的老秦人，则都是异口同声道："早就知道咧！就你消息不灵通！"互相笑骂着、欢腾着，原本没有多少人的村庄中顿时喜气洋洋，有些地方甚至舞起了社火，直如过年一般喜庆。人们将村中唯一的耕牛杀了，自发大酺起来。

原本冷冷清清的国都栎阳，仅有的几个寒酸的客栈也纷纷贴出告示：今日大庆，吃食不收分文！而每个冲入店中的老秦人却纷纷摇头道："岂能如此？今日高兴，一分不能少收！"店主与顾客推辞着，最后终于决定支付平常一半价钱，才喜滋滋了事。

正当此时，一个更为惊人的消息传来——周天子派遣特使庆贺秦军大胜，要赏赐给秦公一套高贵的战神礼服——黼黻！还要封给秦国"伯"的尊位，代天子享西部征战大权！这在之前都是绝无仅有的事。秦国举国沸腾了，等到天子特使进入栎阳，兴奋的庶民竟然连人带车将特使抬到了庆典广场，特使满脸是汗，长吁了一口气道："在下还从未见过如此忠于国家之庶民也！秦国岂能不胜乎？"

一番并不算盛大的仪式，秦公接受了天子的赏赐后，举起长剑大吼道："大秦铁军，战无不胜！"广场上的民众如排山倒海一般回应道："大秦铁军，战无不胜！"

秦献公又吼道："赳赳老秦，共赴国难！秦军万岁！秦国万岁！"

民众用更大的声音吼着："赳赳老秦，共赴国难！秦军万岁！秦国万岁！"人们都沉醉在这壮人胆气的雄雄誓言中。

楚宣王做了一个震惊群臣的决定——将商於送与秦国。一时间朝中议论纷纷，都指责楚王帮助一个弱小的秦国，实在没有什么前途可言。

大臣江乙尤其不解，在朝会上问道："敢问我王此事究竟何意？"

楚王微微一笑道："其一，楚国已经与秦国结为姻亲，既然如此，秦国弱小，楚国当然要帮扶一把，否则便失了道义也。"

大臣们没有丝毫反应，大争之世，邦国之交原本就毫无道义可言，譬如三晋对外号称铁盟，实际上也经常龃龉不断，人人都知道楚王说的这些只不过是为了凸显楚国的仁义，下面才是正文，于是纷纷凝神细听。

楚王道："其二，便是商於之地虽然广大，实际却荒蛮无比，极少有庶民居住，既然如此，何不将此地让与秦国，一来可以加强楚秦盟好，二来可以使秦国更加努力对付魏国，楚国便可减少压力，岂不一举两得？"

江乙恍然大悟，肃然一鞠道："我王圣明，江乙即刻启程前往秦国！"

楚王微微一笑道："江乙大夫无须着急，受过令尹大印再走不迟。"

"我王？"江乙惊讶地瞪大了眼睛，许久才反应过来一鞠道："谢过我王！"

数日之后，赵国王城的一个静悄悄的黄昏，另一个国君已经走到了生命的尽头。

赵敬侯勉强对着自己最为钟爱的妃子笑着道："本侯快要走了。"俊俏的妃子泪水溢出眼眶，却说不出话来。

跪在底下的赵国储君赵种泪眼蒙胧道："父侯！你定然不会有事的，父侯一生轰轰烈烈，上天怎么会让父侯死于如此一个寻常的时日？"

赵敬侯摇了摇头，前所未有地和蔼笑道："为父不笃信天命之说，只相信万事皆可为。今后你也切不可为天命之说所蛊惑，啊！"

赵种使劲点了点头，道："儿臣决然不忘父侯嘱托！"

赵敬侯抬头看了看漆黑一片的宫殿，所有的大臣都早已经被他命令不得进入，他不想让别人看到自己如此模样，长叹了一口气道："为父这一生，没有注重德行修养，整日沉迷于声色犬马之中，青史之上，必然被称作一代昏庸君主。"

　　"但是——"不知何时，赵敬侯竟然坐了起来，满面潮红全身冒汗，脸色威严无比，怒吼道："本侯在位至今已有一十二年，赵国从未被天下诸侯所轻视，列国无不闻风丧胆，就连天下霸主魏国，也绝不敢与赵国交恶过甚，赵国之土地没有丝毫损减！本侯若去，决然对得起赵氏列祖列宗！"

　　"父侯！"赵种一声大喊，扶住将要倒在榻上的赵敬侯。赵敬侯粗重地喘息了一声，低沉道："这都是为父善用臣子之故，你可切记，为一国之君，可以没有才能禀赋，但决然必须学会辨识忠奸！"

　　赵种连连点头，看着父侯的脸色又一点点变得苍白起来，连声道："父侯不必再说，儿臣定然不会辱没了赵国社稷！"

　　赵敬侯吃力地点了点头，缓缓倒下道："你要说到做到……"声音越来越低，最终没了声息。

　　"父侯！"赵种大声痛哭起来。

　　韩国弥漫着一股诡异的气氛。

　　新韩侯韩若山，史称韩共侯。此刻正在王城之中。

　　自从登基以后，他便从未出过这个王城，每日的政事也几乎全是丞相公厘子代劳，整日在王城之中无所事事。这一日他突发奇想，要到新郑城头视察一番，便走出后宫，来到了王城大门前。

　　"君上要往何处去？"把守王城大门的侍卫挡住去路。

　　若是一般君主，看到敢有人挡自己的路，还要问自己干什么，此刻应该早已经勃然大怒，但韩若山生性便柔弱不堪，此刻只是小心翼翼道："本侯想去新郑城头看看。"

　　"丞相说过，目下新郑城中可能还有行刺先侯的余党，此时出王城太过危险，君上还是回宫吧！"侍卫虽然用词委婉，但强硬的语气却是不容置疑。

"不！"韩侯终于爆发了，"到底我韩若山是韩侯，还是公厘子是韩侯！你竟敢阻拦本侯！信不信我依法论罪？"

"噫！君上如何在此？"一个阴阳怪气的声音飘了过来，紧接着韩若山便看到那个声音的主人，正是丞相公厘子举荐给自己的内侍总管，便愤然高声道："本侯要出城视察，此人竟敢挡我！"

"哦？竟有此事！"老内侍眉毛一竖，厉声道："竟敢阻拦君上！还不退下？"话音未落，侍卫便利落闪开。

"家老真是忠心也！"韩侯呵呵笑了一声，便迈着鸭子步离开了。

"这个韩若山极其反感被关在王城中……恐怕不好控制也。"侠趁忧心忡忡。

"不中不中！岂能事事如他的心意？"段修也高声道。

公厘子沉吟良久，道："既然如此，或许我们该换一个新的好国君……"脸上平静的没有丝毫表情，仿佛刚才的话不是他说出来的一样。

齐国临淄。

田忌深夜匆匆进入王城。齐国国君田因齐，史称齐威王，当然此刻还只是齐公，一脸疲倦地道："上将军深夜入宫必有要事，说。"

田忌肃然拱手道："君上，前往魏国大梁的特使带回了一个'宝物'。"

齐公有些生气，道："一个小小宝物，就值得深夜大动干戈？"

田忌再次拱手道："君上的'宝物[1]'，可不是珠宝之类也。"

齐公眼睛一亮，道："上将军是说……此人姓甚名谁？"

"君上，"田忌道，"此人名叫孙膑，乃孙武子之后。"说罢低声道："还是云梦鬼谷弟子。"

无论天下大势如何，魏国安邑洞香春永远都是歌舞升平。

最近突然从洞香春传出一个惊人的消息：魏国要对赵国和韩国用兵了！在大多数魏国庶民眼中，这根本是不可能的事，人人都知道一旦三晋彻底反目，魏国便要以一国之力独对天下，魏国决然不会蠢到如此地步。一时间，人人都对这个消息嗤之以鼻。

卫鞅却觉得这个貌似毫无可能的消息却绝非空穴来风，魏国上将军庞涓之秉性，卫鞅十分清楚，用几个字来形容那便是好勇斗狠，不善奇谋。庞涓之所以能够战胜列国大军，凭借的只是手下精锐的士卒，在天下大势的评判上过于拘泥于成例，卫鞅心中甚至都知道庞涓为何要对赵国和韩国开战，庞涓必然是一脸严肃地对魏侯说："臣对赵韩用兵，原因有三，其一，目下魏国暂无外缓，楚国忙于处置国内老氏族专权之难题，难以北上；齐国偏安于东方，不会参与战事；秦国勉强战胜魏国，却也国力大伤，以常理度也不会再攻魏国。所以此时用兵乃是难得良机。其二，三晋虽然号称铁盟，却也有内斗之时，不如先行统一三晋，日后再与楚秦为敌时，军力协调必然快速妥当。其三，魏国东西分隔，若是韩国与魏国反目，便会失去东方讯息，决然不能留此后患。"卫鞅也能猜到，平庸的魏侯根本不可能看出其中的致命错误，几乎一定会同意庞涓的评判，并把公叔痤的劝谏扔到一边，让公叔痤专心防守秦国。

卫鞅曾经想让公子卬在朝会之上反驳庞涓，但想到公子卬恐怕也会赞同庞涓的评判，自己就算说了也是无济于事，而且魏国四面受敌也正符合鬼谷老人的计策，便冷眼旁观了。果然在不到一月之后，庞涓出兵赵韩。

这一日，卫鞅像往常一样从洞香春归来，却没有看到公叔痤的身影，但此刻他已经无暇顾及，从洞香春中得到的消息令他兴奋不已——燕国新君铲除了亚卿势力，成功夺回失落已久的权力，燕国亚卿在亚卿府自焚而死，亚卿府中上上下下所有人都没能逃脱，这其中也有鲍涛，也就是说，卫鞅再也不用担心会有人追杀自己，天下知道卫鞅之才能与抱负的人，只剩下了鬼谷老人、公叔痤和自己那几个好友。

这时，公叔痤急匆匆走入府邸，正看到站在府中出神的卫鞅，眉头一皱道："鞅啊！秦国又攻击魏国了。"卫鞅瞪大了眼睛，没想到一个小小的秦国竟然有如此骨气，敢接连纠缠强大的魏国，卫鞅不禁对秦国刮目相看了。公叔痤叹息一声道："老夫必须马上前往河西。老夫不在之时，府中一应事务皆交予你。"

卫鞅有些惊讶道："老师，卫鞅可是从未处理过丞相府事宜。"

公叔痤一声长叹道："方今天下，有卫鞅之经纬之才者，老夫还从未见过，有何可担心之处？"

卫鞅肃然拱手道："既然如此，卫鞅就勉力一试。"

公叔痤立刻转身离开，只留下卫鞅一个人站在院中，不知心中所思所想。

鬼谷的黑暗山洞中。鬼谷老人走出洞中，抬起头看了看天边那一朵云彩，仿佛看透了历史的沉浮，终于心惊地突然发现那冥冥之中的天意与怪力，仿佛看到了那殿阁楼宇、城池民房、仓廪府库、老弱生民、猪羊牛马、河渠田畴、直道驰道，万千生命、万千民宅，统被火的海洋吞没了。赤红的烈焰压在半天之上，闪烁着妖异的光焰，烧过了春，烧到了夏……老人皱起了眉头，难道穷极自己毕生精力的实验，最终会是这样的结局么？不，一定要试他一试！

安邑的丞相府中。猛然，卫鞅抬头看了看天边那一朵云彩，立刻高声大笑起来，仰天大吼道："世事不难，要我辈何用？"

这是公元前 362 年的故事。

中国五千年文明史中最重要的一个时代即将开始。

注：（1）此处宝物，乃是指人才。关于齐威王视人才如宝物的故事：齐威王二十四年，齐公与魏王在郊外一起打猎。魏王问道："大王也有宝物吗？"威王说："没有。"魏王说："像我这样小的国家，也还有能照亮前后各十二辆车的直径一寸的十颗夜明珠，齐国这样的万乘之国怎么能没有宝物呢？"威王说："我当作宝物的与大王不同。我有个大臣叫檀子的，派他镇南城，楚国人就不敢向东方侵犯掠夺，泗水之滨的十二诸侯都来朝拜。我有个大臣叫盼子的，派他镇守高唐，赵国人就不敢到东边的黄河里捕鱼。我有个官吏叫黔夫的，派他镇守徐州，燕国人就到北门祭祀，赵国人就到西门来祭祀，以求神灵保佑不受攻伐，搬家去追随他的有七千多家。我有个大臣叫种首的，派他戒备盗贼，结果路上没有人把别人丢失的东西拾走。这些都将光照千里，岂只是十二辆车呢！"魏惠王心中惭愧，败兴离去。

我从未想过，这最后一笔竟然落得如此艰难。

这其实是我所能做到的最好的结局。如果有不让人满意之处，请大家原谅我。

坦白说，我觉得自己笔下的卫鞅，其实就是我的化身。

卫鞅所言明的为政、为将之道，都是我自己读史的一些心得体会，不是多么深刻，但至少我认为其中相当多一部分比较新颖。

卫鞅的经历，或许有人会觉得是对千古法圣商君的一种亵渎，完全不符合商君的形象。其实我自己心中，也认为商君的经历似乎应该更加完美一点，比如说，魏熊与卫英的死，还有后来卫鞅因此变得呆滞，这些都不应该出现。商君应该是个能够解决任何难题的人，或者说是神，不应该悲伤。

但我曾经从一本书中看到过这样一段话：

我们都曾经历天真无邪的童年，踌躇满志的少年，也时常梦想着将来一展抱负，开创事业，天下之大，任我往来！

但当你真正融入这个世界，就会发现，这并不是你自己一个人的世界，你会遇到很多的不如意，很多的挫折，事情从来不会如同你所想的那样去进行。

于是人们开始退缩，开始畏惧。

他们开始意识到，在这个世界上生存下去不是那么容易的。

于是有人沉沦，有人消极。

然而英雄就是在此时出现的。

这个世界上本来就不存在着天生的英雄，没有谁一生下来就会刚毅果断，坚强勇敢，在母亲怀中的时候，我们都是同样的人。

如果你的人生就此一帆风顺，那当然值得祝贺。

但可惜的是，这是不可能的。在你的成长历程中，必然会遇到各种各样的挫折。而这些挫折会带给你许多并不快乐的体验，踌躇、痛苦、绝望，纷至沓来，让你不得安宁。

被人打才会知痛！被人骂才会知辱！

当你遭受这些痛和辱的时候，你才会明白，要实现你的目标是多么的不容易，你会开始畏惧，畏惧所有阻挡在你眼前的障碍。

如果你遇到这些困难，感到畏惧和痛苦，支撑不下去的时候，你应该同时意识到，决定你命运的时候到了。

因为畏惧并不是消极的，事实上，它是一个人真正强大的开始，也是成为英雄的起点。

不懂得畏惧的人不知道什么是困难，也无法战胜困难。

只有懂得畏惧的人，才能唤起自己的力量。

只有懂得畏惧的人，才有勇气去战胜畏惧。

懂得畏惧的可怕，还能超越它，征服它，最终成为它的主人的人，就是英雄。所以英雄这个称号，并不单单属于那些建功立业，名留青史的人，事实上，所有懂得畏惧并最后战胜畏惧的人都是英雄。

因为即使你一生碌碌无为，平淡度日，但当你年老回望往事时，仍然可以为之骄傲和自豪：

在那个困难的时刻，我曾做出了勇敢的选择，我是当之无愧的英雄！

这就是我所认为真正的英雄——畏惧并战胜畏惧的人。

所以我将卫鞅塑造成了这样一个人——畏惧并战胜畏惧的人。